新编统计学原理

XINBIAN TONGJIXUE YUANLI

（第三版）

唐庆银 沈学桢 徐 静 编著

立信会计出版社

图书在版编目(CIP)数据

新编统计学原理 / 唐庆银,沈学桢,徐静编著.
—3 版. —上海:立信会计出版社,2011.10
ISBN 978-7-5429-1754-6

Ⅰ.①新… Ⅱ.①唐… ②沈… ③徐… Ⅲ.①统计学—高等职业教育—教材 Ⅳ.①C8

中国版本图书馆 CIP 数据核字(2011)第 207703 号

责任编辑 蔡莉萍
封面设计 周崇文

新编统计学原理(第三版)

出版发行	立信会计出版社		
地　　址	上海市中山西路 2230 号	邮政编码	200235
电　　话	(021)64411389	传　　真	(021)64411325
网　　址	www.lixinaph.com	电子邮箱	lxaph@sh163.net
网上书店	www.shlx.net	电　　话	(021)64411071
经　　销	各地新华书店		

印　　刷	江苏凤凰数码印务有限公司	
开　　本	850 毫米×1168 毫米	1/32
印　　张	9.125	
字　　数	223 千字	
版　　次	2007 年 3 月第 3 版	
印　　次	2018 年 1 月第 9 次	
书　　号	ISBN 978-7-5429-1754-6/F	
定　　价	20.80 元	

前　言

统计是认识社会经济现象的有力武器，是国家管理的重要工具。统计信息是社会经济信息的主体，是为国家制定经济政策，编制国民经济计划，进行国民经济调控提供事实依据。所以，统计制度与一国的经济体制息息相关。随着我国经济体制改革的不断深入，我国统计体制改革也不断地深化。本书就是为适应我国统计制度的改革、提高各财经院校的统计教学质量而编写的，同时也可以作为广大统计干部学习的参考读物。

本书旨在介绍统计的基本理论和方法，同时也介绍了我国统计实务中所采用的主要国民经济指标和国民经济主要分类，这为经济类非统计专业的学生学习统计理论、了解我国统计实务提供了方便。本书在内容上力求通俗易懂，简明扼要，便于各层次学生使用，也便于自学。

参加本书编写的是：唐庆银（第一章、第四章、第五章、第十一章）、沈学桢（第三章、第七章、第八章）、徐静（第二章、第六章、第九章、第十章）。由唐庆银编写各章的 Excel 应用附录并负责全书的总纂和定稿工作。

本书是《新编统计学原理》的第三版，对于前两版能得到社会和市场的认可与积极的反应，我们深感高兴。

此版中增加的主要内容汇总如下：

1. 总量指标、相对指标和平均指标的简单介绍（第一章）。

2. 中位数、众数及偏度的计算（第三章）。

3. 将第一版中的第四章“抽样估计”分成第四章“概率与概率

分布”和第五章“抽样估计”。

4. 多元相关分析(第七章)。

5. 多元回归分析(第八章)。

6. 我国常用的几个经济指数介绍(第十章)。

7. Excel 的应用(第二章、第三章、第四章、第五章、第六章、第八章)。

这次修订,内容基本不变,并保留了原有的写作风格。

由于作者水平有限,书中错误和不足之处在所难免,特此恳请专家、学者和广大读者给予批评指正。

编　者

目　　录

第一章 绪 论

统计学产生于统计工作。统计工作的历史悠久，迄今已有几千年，而统计学的产生，只有三百年左右。

从 1749 年德国学者阿亨瓦尔（G. Achenwall）第一次提出 Statistik（统计学）这个名词到 1867 年德国学者韦特斯坦提出数理统计这个新概念，这一百多年称为统计学的初始阶段或“通用科学”的发展阶段；19 世纪 60 年代后，随着资本主义的发展及自然科学的进步，描述统计学和推断统计学的相继产生，数理统计逐渐分化成一门独立的学科，这一百多年称为统计学的成熟阶段或“通用方法论科学”阶段；近几十年来，现代统计学中的数理统计方法及其应用有了长足的发展，对世界各国包括中国都产生了很大的影响。

在统计学发展的不同阶段，形成三种主要学派。

国势学派。这是 17～18 世纪在德国形成的学派。其代表人物阿亨瓦尔在 1749 年给国势学派一个新名词：统计学（Statistics）①，并第一次把统计学视为一门研究一国或多数国家的显著事项之学。从此，统计学的名称逐渐传播到欧洲各国，并在学术界确立了自己的地位。国势学派主要是用对比分析的方法，以文字记述各国的国家组织、人口、军队、领土、财产等国情国力情况。国

---

① 1787 年英人靳美满博士（Dr. E. A. Zimmerman）把德语 statistik 译为英语 statistics 并开始应用。李惠村：《欧美统计学派发展简史》，中国统计出版社 1984 年 2 月版，第 3～4 页。

势学派不重视数量分析。所以,国势学派又被称作"记述学派"。

政治算术学派。这是17世纪在英国形成的学派。其代表人物威廉·配弟(W. Petty)在其代表作《政治算术》一书中第一次用计算和对比方法对英、法、荷三国的经济实力进行比较,即用数字、重量和尺度来表达自己想说的问题。马克思在《资本论》中称他为"政治经济学之父,在某种程度上也可以说是统计学的创始人"。[①]他所创造的统计方法,如图表法、分组法、推算法等成为社会经济统计学的基本方法。

数理统计学派。这是19世纪60年代在欧洲形成的学派。其创始人为比利时统计学家、数学家凯特勒(A. Quetelet),他充分运用19世纪的最新自然科学成果,首次将概率论引入统计学的研究领域,初步完成了统计学与概率论的结合,使统计学开始进入了一个新的阶段。凯特勒一生著书立说达六十五种之多,他的有关统计学的定义,有关统计学的理论基础,有关"平均人"的概念及犯罪理论,为后人留下了宝贵的精神财富,历史称这一时代为"凯特勒时代"。

在凯特勒之后,由于英美等国学者的努力,统计学在自然领域的研究不断有新的突破。自19世纪末期到20世纪20年代前后,描述统计学和推断统计学相继产生。若以20世纪20年代为界,在此之前,数理统计学派的统计学是描述统计学,其代表人物有葛尔登(F. Galton)、毕尔生(K. Pearson)、爱奇渥斯(F. Y. Edgeworth)和鲍莱(A. L. Bowley)等。他们在数理统计的理论与方法及数理统计方法在各个领域的应用方面各有建树。描述统计学在将复杂的社会问题描述成简洁、清晰的事实方面,迈出了有力的一步,为统计学进入推断阶段作好了准备。20世纪20年代以后的数理统计学派的统计学是推断统计学,其代表人物有戈塞特

---

① 《马克思恩格斯全集》第23卷,人民出版社出版,第302页。

(W. S. Gosset)、费雪(R. A. Fisher)、尼曼(J. Neyman)等。英国数理统计学者费雪在给出 t 分布的数理论证及对有关小样本分析的理论等方面所作的贡献，使得现代统计的理论和方法几乎可以被一切领域所接受。为此，英国统计学家约翰逊认为："从 1920 年起一直到今天这段时期，称之为统计学的费雪时代是恰当的。"

我国统计学的建立和发展经历了三个阶段：解放前为第一阶段，主要沿用西方一套统计的理论和方法，传播英美数理统计观点。解放后至 1978 年为第二阶段，引进了前苏联的社会经济统计学观点，认为统计学是一门研究社会经济发展规律的社会科学，明确了以马克思主义哲学、政治经济学为其指导理论。自党的十一届三中全会以来为第三阶段，该阶段我国统计学界两次对统计学的性质进行了大讨论，第一次是在 20 世纪 80 年代初期，我国统计学界首次明确了统计学是既可以应用于社会经济领域，也可以应用于自然领域的一门方法论科学。20 世纪 90 年代，我国统计学界第二次对统计学的性质进行了大讨论，明确了统计学的方法论基础是数理统计学，社会经济统计学是统计理论和方法在社会经济领域的应用。通过两次大讨论，我国统计学界为建立起具有中国特色、又符合现代统计要求的统计学奠定了基础。

第一节　社会经济统计学的性质

一、统计的涵义

统计一词通常具有三种涵义：统计工作、统计资料和统计学。统计工作是指利用各种统计方法，对各种社会、经济及自然现象的总体数量进行搜集、整理、分析等工作的总称。统计资料是指在统计工作过程中所取得的各项数字资料以及与之相联系的其他资料的总称。统计学是一门认识社会和自然的方法论科学，包括社会经济统计学和数理统计学。统计一词三种涵义关系密切。显而易见，统计工作的好坏直接影响统计资料的数量和质量，统计学与统计工作又存在一种理论与实践的双向作用的关系，所以，习惯上将上述具有密切联系的三者通称为统计。

二、统计学的性质

关于统计学的研究对象及性质问题，理论界一直有两种不同的观点，即统计学是实质性科学还是方法论科学的争论。从统计学的发展史来看，统计学是随着统计方法的不断完善而得以发展的，所以，统计学的性质可以表述为：统计学是一门研究现象总体数量方面的方法论科学。现象包括社会现象和自然现象。作为一门方法论科学，统计学在其研究对象及内容上具有以下特点：

（一）适用的对象极为广泛

统计学所具有的研究社会现象、自然现象总体数量方面的方法论科学的这一性质，决定了它的研究适用范围极为广泛，自然科学领域和社会科学领域中的各种现象，如气象、物理、化学、植物学、经济学、社会学、历史等各个人类涉足的领域，都可以应用相应的统计方法来进行观察与研究。

（二）研究的重心集中突出

从统计学的发展史及现状来看，统计学已从实质性科学中分离出来，它所关心的以及要解决的不是特定对象的本身规律，而是统计方法的选择及改进。无论是描述性统计的有关理论，如抽样理论、估计理论，还是推断性统计的有关理论，如信息理论、博弈理论等，实质上都是统计方法的改进及完善，统计方法的改善过程成为统计学的发展过程。

鉴于上述讨论，我们又可以对统计学的研究对象定义如下：统计学的研究对象是社会经济现象及自然现象的数量方面，即现象的数量表现、数量关系和数量界限的择定。

三、统计学的研究方法

统计学研究对象的性质和特点，决定着统计学的研究方法。统计学研究的基本方法为：大量观察法、统计分组法、综合指标法。

（一）大量观察法

所谓大量观察法就是指对所要研究的事物的全部或足够数量进行观察的方法。统计是把所研究的现象作为一个总体来研究的，而社会经济现象又是受到各种因素相互影响的，如果只选择其中一部分数量单位进行观察，观察的结果往往不足以代表总体的一般特征，只有对总体的全部或足够数量的单位进行观察并加以分析，才可以使现象中的非本质的偶然因素相互抵消，从而反映现象总体的数量特征。

对社会经济现象运用大量观察法调查，可根据对象的具体情况，采用不同的方式，如统计报表、普查等；也可以对反映总体特征的部分单位进行非全面调查，如抽样调查、重点调查等。

（二）统计分组法

统计分组法是根据统计研究的目的和任务，将调查得到的大量统计资料，按照一定的标志划分为若干个不同性质的类型或不同类型的组，使组内的单位具有相对的同质性，组间的单位具有明显的差异性，以揭示现象内部各部分之间的差异，从而达到正确运用统计指标来表明事物本质与规律性的目的。统计分组法在统计资料的搜集、整理、分析各阶段，都有自己的独特意义，因此，统计分组法既是统计研究中的一种基本方法，也是统计分析中的一种重要方法。

（三）综合指标法

综合指标法是指统计是一种通过统计指标来研究和说明现象总体的综合数量特征的方法。统计资料的搜集、整理、分析是通过统计指标这一特有形式来完成的。任何一项具体的社会经济现象，最终都可以归入某项指标范畴。统计指标所反映的不是个别现象的数量特征，而是经过汇总、综合的总体的某项数量特征，所以统计指标亦被称作综合指标。统计指标一般分成总量指标、相对指标、平均指标等。统计分析中其他各种统计方法，如时间数列分析法、指数分析法、抽样等等都是以综合指标为基础的，因此，综合指标法是统计分析中的基本方法。

第二节　统计学中的基本概念

一、统计总体和总体单位

（一）统计总体

统计总体即统计研究的具体对象，它是指客观存在的、在同一性质基础上结合起来的许多个别单位的整体，简称总体。统计总体的一个重要特征是同质性，它是构成总体的必要条件。例如，我们要研究某市股份制企业的状况，该市的全部股份制企业便构成一个统计总体，因为股份制企业是客观存在的，而且每个股份制企业的组织形式都是相同的，即它们在这一点上具有同质性；又如，我们若要研究某地上市公司的经营情况，该地的所有上市公司就组成一个统计总体，因为每个上市公司不仅客观存在，而且它们的筹资方式都相同。统计总体是我们认识的对象。

统计总体的范围随着统计研究目的的不同而改变，其范围可大可小，就像上例中，我们的统计总体可以是某市股份制企业所构成，也可以是全国的股份制企业所构成。

1. 统计总体的特点

统计总体具有以下特点：

（1）大量性。大量性是指统计总体要由足够多的单位数所组成。只有对足够多数量的单位组成的统计总体进行大量观察，观察的结果才不至于受偶然因素的影响，才能抽象出事物的规律性。

(2) 同质性。同质性是指统计总体中所有单位必须具有某一共同的性质。即具有共同的品质标志属性或数量标志特征。同质性是构成统计总体的基础及必要条件。在上例的由上市公司构成的总体中，每家上市公司都具有用发行股票来筹集公司资金这一共同的性质。

(3) 差异性。差异性是指总体单位之间必须具有一个或若干个可变的品质标志或数量标志。总体单位之间在某些方面的不同表现，使统计研究成为必要。没有差异性的统计总体，不可能也没有必要成为统计的研究对象。因此，同类现象之间存在差异性是统计研究的前提条件。

2. 统计总体的类型

统计总体按总体包含的单位数是否有限分为有限总体和无限总体。所谓有限总体，指的是一个总体所包含的单位数是能够用计数的方法获得的，是有限的。例如，全国的人口数，某市的企业总数，职工人数等等。所谓无限总体，指的是一个统计总体中所包含的单位数是无法用计数的方法取得的，是无限的。例如，某些大量连续生产的小零件、小商品等等。对有限总体，可以进行全面调查，也可以进行非全面调查，对无限总体，只能进行非全面调查。

(二) 总体单位

构成统计总体的每个单位叫总体单位，它是各项统计资料最原始的承担者。根据不同的研究目的及要求，总体单位可以是一个企业，一家公司，一件产品等等。例如，我们研究的总体是某市股份制企业，则该市的每一家股份制公司就是一个总体单位。

统计总体与总体单位会随着研究目的的不同而发生变化。例如，在研究某地上市公司的情况下，该地的所有上市公司所构成的整体是统计总体，每家上市公司就成为总体单位，但是，我们一旦改变研究目的，把该地某家上市公司作为研究目标时，这家上市公司就成为新问题中的统计总体了。

二、标志和指标

（一）标志

标志是总体单位所具有的属性和特征的名称。每个总体单位从不同的角度和要求进行观察，可以有多个属性和特征。例如，对一家上市公司来说，公司的组织形式、注册资金、职工人数、产品产量、固定资产原值等都是标志。

按说明现象的性质不同，标志可以分为品质标志和数量标志。标志若以属性上的差异来表示，称为品质标志。品质标志反映了总体单位的品质属性。例如，企业的组织形式、隶属关系、职工的文化程度、性别等。品质标志只能用文字来表示。标志若以数量上的多少来表示，称为数量标志。数量标志反映了总体单位的数量特征。例如，一家公司的注册资金、职工人数、产值、产量、工人的工资等。数量标志用数值来表示，数值称标志值。

可变的数量标志又称变量，变量的具体表现称变量值，标志值就是变量值。变量按其取值是否连续，分为连续变量和离散变量。所谓连续变量，是指变量的取值是连续不断的，相邻两个数值之间可做无限分割，即其取值可以有多位小数。例如，产值、年龄、身高等；所谓离散变量，是指变量的取值是不连续的，相邻两个数值之间以整数断开，即其取值不可能有小数。例如，人口数、企业数、设备台数等。

（二）统计指标

统计指标是反映同类社会经济现象某种综合数量特征的范畴，它表明现象总体在具体的时间、地点和条件下的综合数量表现，即说明总体的特征。统计指标一般由指标名称和指标数值两部分组成。指标名称反映现象所属的一定的社会或经济范畴，指标数值反映现象在具体环境下达到的规模、水平及比例关系。例如，2001 年上海市国内生产总值达 2 365.25 亿元，该指标既表明了我们研究现象的范畴是一个国家（地区）所有常住单位在一定时期内生产活动的最终成果，又给出了其具体的数量表现。

1. 统计指标的特点

统计指标一般具有三个特点：

（1）数量性。统计指标都是用数量表示的。

（2）综合性。统计指标是总体单位同质数量综合的结果。

（3）具体性。统计指标是现象在不同时间、地点、条件下的具体反映。

2. 统计指标的分类。

统计指标可以按其研究目的从不同角度进行分类。

（1）统计指标按其作用和计算方法不同分为总量指标、相对指标和平均指标。总量指标是反映社会经济现象总体总规模和总水平的统计指标，它是各总体单位标志值直接汇总或直接计量的结果，用绝对数表示，所以也称绝对指标。其指标数值大小受总体规模大小影响。

相对指标是反映社会经济现象总体相对水平的统计指标，它是由两个有联系的统计指标对比计算的相对数，其表现形式为无名数和复合单位。相对指标的基本形式为：

$$相对指标=\frac{比数}{基数}$$

常用的相对指标有计划完成程度相对指标、结构相对指标、比例相对指标、比较相对指标、动态相对指标和强度相对指标共六种。它们的基本公式为：

$$计划完成程度相对数=\frac{实际完成数}{同期计划数}\times 100\%$$

$$结构相对数=\frac{总体中某部分数值}{总体全部数值}\times 100\%$$

$$比例相对数=\frac{总体中某一部分数值}{总体中另一部分数值}$$

$$比较相对数=\frac{某一空间的指标数值}{另一空间的同一指标数值}$$

$$动态相对数=\frac{报告期数值}{基期数值}\times 100\%$$

$$强度相对数=\frac{某一指标数值}{另一有联系的不同指标数值}$$

平均指标是反映社会经济现象某一方面一般水平的统计指标，它是总体单位总量与总体标志总量对比计算的平均数，其基本公式为：

$$平均指标=\frac{总体标志总量}{总体单位总量}$$

(2) 统计指标按其反映的时间特点不同，可分为时点指标和时期指标。时点指标是指反映现象在某一时点上的数值表现，如，人口数、黄金储备量等；时期指标是指反映现象在某一段时期内的数量表现，如产值、产量等。

(3) 统计指标按其计量单位的特点，可分为实物指标和价值指标。实物指标是指以实物单位计量的指标，如千克、米、平方公里等；价值指标是指以货币计量的指标，如以人民币、日元、美元计量的指标。

(4) 统计指标按其反映总体特征的不同，可分为数量指标和质量指标。数量指标是指反映总体规模大小、水平高低的指标，一般以绝对数表示，如产值、人口数等；质量指标是指反映总体的强度、密度、效果等的指标，一般用相对数、平均数表示，如劳动生产率、流动比率、速动比率等。

（三）指标与标志的关系

1. 指标与标志的区别

(1) 指标是说明总体特征的，而标志是说明总体单位特征的。

（2）标志有不能用数值表示的品质标志，而指标都是用数值表示的。数量指标用绝对数表示，质量指标用相对数或平均数表示。

2. 指标与标志的联系

（1）指标数值均是由总体单位的数量标志值汇总而来的。

（2）指标与数量标志存在一定的变换关系。随着研究目的的变化，总体和总体单位发生相互转化，由此，指标和标志也会发生相应的相互转化。

三、指标体系

（一）指标体系的概念

指标体系是指一系列相互联系、相互制约、相互补充的指标组合成的整体。它可以全方位、多侧面地反映现象总体的数量特征。

对于一个复杂、多层次的现象总体而言，单个指标往往只能从某个侧面来反映其数量特征。要达到全面反映现象总体的各个侧面和特征的要求，我们必须用一系列相互联系、互为补充的称之为指标体系的组合，来反映总体的全貌。例如，我们可以用出生人口数、死亡人口数、迁入人口数、迁出人口数这四个指标组成的指标体系来反映某城市或某地区人口变动的状况及数量特征。

（二）指标体系的表示形式

指标体系反映的是被研究现象之间的一种依存关系。被研究现象的联系是多种多样的，指标体系的表现形式也应多元化。但从指标数值、数量依存关系的角度出发，指标体系一般可用以下两种数学形式表示：

（1）指标体系数值＝各个相关指标数值之和

例如：

增加值＝固定资产折旧＋劳动者报酬＋生产税净额＋营业盈余

某产品制造成本＝原材料消耗＋人工费用＋制造费用支出

（2）指标体系数值＝各个相关指标数值之积

例如：

国民收入指数＝劳动消耗量指数×按总产值计算的劳动生产率指数×国民收入占总产值的比重

应交税金＝应纳税所得额×相应的税率

（三）指标体系的分类

1．宏观指标体系和微观指标体系

按指标体系反映内容的范围不同，可分为宏观指标体系和微观指标体系。宏观指标体系是指反映全国范围社会经济现象数量特征和数量关系，例如，我国国民经济核算体系中的某些指标体系；微观指标体系是指反映基层单位运行和经营状况的指标体系，例如，反映工业企业的产、供、销指标体系。

2．国民经济指标体系、社会指标体系和科学技术指标体系

按指标体系内容的不同，可分为国民经济指标体系、社会指标体系及科学技术指标体系。国民经济指标体系是指反映整个社会生产、流通、分配、消费等社会再生产过程的指标体系，如我国国民经济核算体系的基本框架及补充表；社会指标体系是指以人们物质文化生活为中心，反映社会状况的指标体系，如人口统计的指标体系；科学技术指标体系是指反映科学技术发展水平及变化情况的指标体系，如科技活动基本情况，自然科学研究与技术开发机构的论文、著作、课题情况等。

3．基本指标体系和专题指标体系

按指标体系的作用不同，可分为基本指标体系和专题指标体系。基本指标体系是指由反映社会经济基本情况的主要指标构成的指标体系，如统计年鉴中综合类的指标体系；专题指标体系是指反映某个专门社会经济问题的指标体系，如教育、文化指标体系等。

（四）建立指标体系的基本要求

建立一套完整、科学的指标体系，要符合以下几个基本要求：

1. 指标体系的目的要明确，中心要突出

用几个相互有关联的指标来组成指标体系，其目的是为了反映某个重要及复杂的社会经济问题，所以，在指标体系的设计过程中，要注意所反映问题的角度及它们之间的协调性，使指标体系中的所有指标都围绕一个中心，从各自角度来反映情况。

2. 指标体系的内容要全面，层次要清楚

由于一个复杂社会经济现象所涉及的问题是多方面、多层次的，所以，在指标体系的设计过程中，应尽量考虑影响社会经济现象变动的方方面面的因素，如政治、军事、文化、科技等方面的因素，避免重复或遗漏；同时，为了将一个复杂的社会经济现象表述清楚、恰当，应将大问题分成几个层次来有序地反映。在指标体系的设计中，还要注意各个层次指标体系之间的内在依存及制约关系，无论从概念上还是计算方法上，都要联系紧密，安排有序。

3. 指标体系的方法要可行，具有可操作性。

指标体系的具体计算方法要切合实际，要符合科学原则，要考虑到电算化的要求，要具有可操作性。

复习思考题

1. 简述社会经济统计的具体任务。
2. 社会经济统计学的研究对象是什么？
3. 什么是统计总体和总体单位，形成总体的主客观条件有哪些？
4. 统计指标有哪两个重要特点？
5. 什么是统计指标体系？如何分类？基本统计指标体系有哪两种？
6. 统计指标有哪些要素构成？
7. 简述统计指标的分类。

第二章　统计资料的搜集和整理

第一节　统计资料的搜集

一、统计资料搜集方案

统计资料的搜集也称统计调查,它是根据统计研究的目的,采用科学的方法,有组织有计划地搜集统计资料的过程。统计资料可分为两种类型:一是初级资料(又称原始资料),是反映各调查单位特征的个体资料;另一是次级资料,是经过加工整理并已公布的统计资料。统计调查是整个统计工作的基础,统计调查工作质量的高低,决定着统计工作的成败。因而,在搜集资料以前,有必要先设计一个调查方案。一个完整的统计资料搜集方案包括以下几个方面:

(一) 确定调查目的

调查目的是指进行统计研究活动所要解决的问题或所要达到的目的。确定调查目的是统计资料搜集方案中的首要问题。调查目的决定了统计调查的调查内容、调查范围等。

(二) 确定调查对象和调查单位

调查对象是根据统计研究目的确定的、需要研究其本质特征和发展变化的统计总体。在统计资料搜集方案中,确定调查对象就是要划清总体界限,即确定统计调查范围。调查单位是组成调查对象的个体单位,也是取得统计调查资料的具体单位。在统计调查方案中,确定调查单位就是明确从哪里取得统计资料。

（三）确定调查项目和调查表

调查项目就是统计调查的内容。在确定了统计调查项目的基础上必须设计调查表。调查表是将调查项目按一定顺序排列所形成的一种表式，它是统计调查的重要工具。调查表一般有两种格式。

1. 单一表

单一表也称卡片。一份单一表只登记一个调查单位。其特点是可容纳较多的调查项目。

2. 一览表

一览表是一份表格要登记若干个调查单位的调查表。其特点是简明扼要。

（四）确定调查时间

确定调查时间有两种含义：第一，确定资料所属的时点和时期。对于时点现象的调查，必须确定调查资料的标准时点；对于时期现象的调查，必须确定调查资料所属时期的起讫时间。第二，规定调查工作期限。调查工作期限是指调查工作进行的起讫时间，包括从搜集统计资料开始到报送统计资料为止的整个统计调查工作所需时间。

（五）调查的组织实施

为确保统计资料搜集工作的顺利进行，在统计资料搜集方案中必须包括调查的组织实施计划。调查组织实施计划的内容主要有：调查工作的组织领导机构、调查人员的组织和培训、调查的组织方式和方法、调查经费以及物资准备等。

二、统计资料的搜集方法

统计资料的搜集方法主要有以下几种：

（一）直接观察法

直接观察法是指有调查人员到现场亲自对调查单位进行观察

或计量以取得第一手资料的方法，如产品质量的现场检测就属于直接观察法。采用直接观察法的优点是可以获得比较准确的数据，缺点是花费的人力、物力、财力和时间较多。

（二）访问法

访问法是指调查人员以调查表或有关材料为依据，逐项向调查者询问有关情况，并将答案记录下来的一种方法，如人口普查中的人口登记即属此法。访问法的优点是可以获得较为准确的数据，但缺点是需要较多的人力和时间。

（三）报告法

报告法是指由报告单位根据各种原始记录和核算资料，按照统一的表格及填报要求，在规定的时间内，以一定程序向上级单位提供统计资料的方法。我国的统计报表制度就属于这类资料搜集方法。报告法的优点是省时省力，还可以促进被调查单位建立健全原始资料；其缺点是当涉及被调查单位的各种利益时，容易出现虚报或瞒报现象。

（四）问卷法

问卷法是以问卷形式提问，由被调查者自愿回答，调查者根据答案汇总成统计资料的一种资料搜集方法，如社会热点问题的调查通常采用这种方法。问卷法的优点是省时省力，缺点是调查问卷的回收率不稳定或反馈答案质量不高。

三、统计资料搜集的组织方式

统计资料搜集的组织方式有两类：一类是统计报表；另一类是专门调查。统计报表是我国定期取得国民经济基本统计资料的基本组织方式。有关统计报表的内容将在第十章阐述，这里只介绍专门调查。专门调查是为了研究某些特定问题而专门组织的调查，这种调查都属一次性调查。专门调查分为普查、重点调查、抽样调查等。

（一）普查

普查是专门组织的一次性全面调查。普查一般在较大范围内进行，通常只有需要查清重要的国情、国力时才有必要采用。普查的调查对象一般是社会经济现象中的时点现象，但有时也会涉及时期现象。例如，我国的人口普查、工业普查等。普查的特点是调查组织规模广、搜集的资料全面，因此，它的工作量较大，耗资较多。

（二）重点调查

重点调查是对总体中重点单位所进行的调查。所谓重点单位是指在总体中，这些单位虽然为数不多，但它们的标志总量在整个总体的标志总量中占绝大比重。重点调查的特点在于通过对少数重点单位进行调查，可了解总体的基本情况；缺点是无法对所研究的总体进行全面描述。

（三）抽样调查

抽样调查指按照随机原则在总体中抽取部分单位组成样本加以研究，并以样本指标推算总体指标的一种非全面调查方式。用抽样调查所取得的资料可以对总体进行全面描述，又能节省大量的人力、物力和财力。有关抽样调查的理论和方法，在后面的章节将作详细介绍。

四、统计资料的审核

为了保证统计资料的准确、及时、全面、系统，在整理统计资料以前，必须对搜集到的资料进行审核。审核主要包括完整性审核和逻辑性审核。

完整性审核包括调查对象中每一个调查单位是否齐全；所有被调查单位的资料是否完整；报送单位、日期等是否全部正确无误。

逻辑检查主要是检查资料的内容是否合理；各个项目之间有

无相矛盾的地方;资料是否符合实际情况等。

第二节　统 计 整 理

通过统计调查能搜集到大量的原始资料和次级资料。其中原始资料是个别的、分散的,只能反映总体中各单位的具体情况,而不能反映总体的综合数量特征,达不到认识总体的目的。因此,在统计分析之前,需要对原始资料进行整理。

统计整理是根据统计研究的目的,将统计调查所得到的原始资料,进行科学的分类和汇总,或对已加工的综合资料进行再加工,使之系统化、条理化,以适合统计分析的需要。

统计整理的核心问题是:统计分组和编制频数分布表。

一、统计分组的概念

统计分组是根据统计研究目的,将总体按一定标志区分为不同类型或不同性质的组,使组与组之间有比较明显的差别,而在同一组内的单位具有相对的同质性,即同一组内各单位之间具有某些共同的特征。

统计分组的作用是:

(1) 划分现象的类型,并反映各类型组的数量特征。

(2) 说明现象的内部结构。即经过分组以后,就可以计算各组在总体中所占的比重,以反映总体内部结构的变化及其规律性。

(3) 揭示现象之间的相互依存关系,也就是说按照研究现象的有关标志来分组可以分析某个因素对另一因素的影响程度和因果关系。

二、统计分组标志的选择

统计分组的关键是分组标志和划分各组的界限。所谓分组标志，就是进行统计分组时所依据的标准。分组标志的选择在统计分组中占有很重要的地位。对于同一材料，由于选择的分组标志不同，常常会得出不同的甚至相反的结论。因此，正确选择分组标志是统计分组中十分重要的理论和实践问题。

统计分组标志有品质标志和数量标志两种。

（一）按品质标志分组

按品质标志分组就是按照事物的品质特征进行分组。一般来讲，按品质标志分组的操作比较容易，分组也相对稳定。

按品质标志分组有的比较简单，如人口按性别分组、职工按文化程度分组、企业按所有制形式分组等；有的则比较复杂，如产品或商品按类别分组、工业生产按部门进行分组等。在统计实践中，一般对重要的品质标志分组往往要编制分类目录，如“工业产品目录”等。

（二）按数量标志分组

按数量标志分组，就是按照事物的数量特征进行分组。例如，企业按职工人数、产值、产量等标志分组，人口按年龄分组等。按数量标志分组不仅在于反映事物的量变情况，而且能通过事物的数量变化揭示出事物的质变特征。由于在某些资料中各组的界限常常不易确定，因而按数量标志分组可能会产生多种分组形式。因此在按数量标志进行分组时，关键在于决定事物质量的数量界限。

三、统计分组体系

分组标志可以是一个也可以是几个。用一个分组标志来划分总体的特征往往是不够的，有时更需要用一系列的分组标志来说明。所谓分组体系就是采用一系列相互联系、相互补充的标志进行多种分组，构成体系。统计分组体系有两种不同的形式，即平行分组体系和复合分组体系。

(一) 平行分组体系

总体按某一个标志分组称为简单分组。而对同一个总体采用两个或两个以上的标志分别进行简单分组称为平行分组体系。例如,职工按性别、学历、年龄等标志进行分组,就可以得到一个平行的分组体系,如下所示。

- 按性别分组
  - 男
  - 女
- 按学历分组
  - 初中以下
  - 高中
  - 大专
  - 本科
  - ……
- 按年龄分组
  - 25 岁以下
  - 25～35 岁
  - 35～45 岁
  - 45～55 岁
  - 55～65 岁

(二) 复合分组体系

对同一总体选择两个或两个以上标志层叠起来分组,就称为复合分组。有复合分组形成的分组系列就称为复合分组体系。例如,职工先按学历分组再按性别分组。如下所示。

- 职工总体
  - 初中及以下学历组
    - 男工组
    - 女工组
  - 高中学历组
    - 男工组
    - 女工组
  - 大专学历组
    - 男工组
    - 女工组
  - 本科及以上学历组
    - 男工组
    - 女工组

四、分布数列

(一) 分布数列的概念

分布数列是指在统计分组的基础上,将总体的所有单位按一定标志分组整理,并按一定顺序排列,形成总体单位在各组的分布的数列。分布数列有两个基本要素构成:一是标志的具体表现所形成的组;二是分布在各组的单位数,即次数或频数。各组次数与总次数之比称频率,又称比重。

根据分组标志的特征的不同，分布数列可分为品质数列和变量数列两种。

1. 品质数列

品质数列是指按品质标志分组形成的、用以反映现象总体的属性分布状况的数列。例如，公司职工按性别分组，可以形成如下的品质分布数列(如表 2-1 所示)。

表 2-1

某公司职工的性别分布

按性别分组	人数(人)	比重(%)
女性	260	32.5
男性	540	67.5
合计	800	100.0
各组名称	频数	频率

2. 变量数列

变量数列是指按数量标志分组形成的，用以反映现象总体的某一数量分布状况的数列(如表 2-2 所示)。

表 2-2

某班同学统计学考试成绩分布

按成绩分组(分)	人数(人)	比重(%)
60 以下	2	5.0
60～70	8	20.0
70～80	15	37.5
80～90	10	25.0
90 以上	5	12.5
合　计	40	100.0
各组变量值	频数	频率

变量数列按照用以分组的变量的表现形式，可以分为单项式

变量数列和组距式变量数列两种。

1. 单项式变量数列

它是指变量数列中的每个组只用一个变量值表示。通常变量值较少的离散型变量适用于编制单项数列。

2. 组距式变量数列

它是指变量数列的每个组用一定范围或距离的两个变量值表示(如表 2-2 所示)。通常变量值较多的离散型变量和连续型变量适用于编制组距数列。

(二) 分布数列的编制

1. 确定变量数列的形式

根据变量的类型和变量值的多少确定是编制单项数列还是编制组距数列。

2. 组距式变量数列编制方法

例如,某部门有 30 名职工的月工资如下(单位:元):

500,550,580,600,610,650,670,700,720,740,750,780,790,800,810,820,850,850,870,880,890,900,910,920,950,960,980,1 000,1 080,1 090

(1) 计算全距。全距是指一变量最大值与最小值之差,用 R 表示。

$$R=\text{最大变量值}-\text{最小变量值}=1\,090-500=590$$

(2) 确定组数。在组距数列中,组数的多少对于反映现象的分布特征具有十分重要的意义。组数过多显得十分繁琐,无法反映现象的分布特征;组数太少,无法反映现象的内部结构,一般以五到十五组为宜。也可以参考史德杰斯经验公式确定组数。其公式为:

$$n=1+3.322\lg N$$

式中 n 表示组数;

N 表示变量值个数。

根据上述资料计算得：

$$n=1+3.322\lg 30=5.9(\text{组})\quad(\text{调整为 6 组})$$

(3) 确定组距。组距是指各组中最大变量值与最小变量值之差，用 i 表示。组距有两种，等组距与不等组距。所谓等组距是指在变量数列中每一组的组距相等；不等组距是指在变量数列中每一组的组距不全相等。在等距分组的条件下，组距、组数和全距存在以下关系：

$$i=\frac{R}{n}=\frac{590}{6}=98.3\quad(\text{调整为 100})$$

调整组距必须满足 $in\geqslant R$ 这一条件。

(4) 确定组限。组限是指限定各组组距的数值。各组的较大值称上限，较小值称下限。因此，组距公式也可以表示为：

$$i=\text{上限}-\text{下限}$$

对于离散型变量，由于变量值不能用小数表示，一般相邻组的组限是间断的。例如，企业按职工人数分为 100 人以下，100～499 人，500～999 人，1 000 人以上等。

对于连续型变量，由于变量值能用小数表示，相邻组的组限必须重叠。例如，按成绩分为 60 以下，60～70，70～80，80～90，90 以上等。通常各组的上限不包括在本组内，如成绩为 70 分，则应归入第三组。遇到极端值时，为了不增加组数或不使组距不必要的扩大，可以采用开口组。开口组是指只有下限或只有上限的组。上、下限都齐全的组称为闭口组。

上述资料通过整理得到以下的次数分布数列（如表 2-3 所示）。

(5) 计算组中值。组中值是上限到下限之间的中点数值，其

表 2-3

30 名工人工资分布表

按工资分组(元)	人　数	人数的比重(%)	累计人数	累计比重(%)	组中值
500～600	3	10	3	10	550
600～700	4	13.33	8	23.33	650
700～800	6	20	14	43.33	750
800～900	8	26.67	22	70	850
900～1 000	6	20	27	90	950
1 000～1 100	3	10	30	100	1 050
合　计	30	100	—	—	—

计算公式为：

$$组中值=\frac{上限+下限}{2}$$

开口组组中值的计算，是假定开口组组距与相邻组组距相等，其计算公式为：

$$缺上限开口组的组中值=下限+\frac{相邻组组距}{2}$$

$$缺下限开口组的组中值=上限-\frac{相邻组组距}{2}$$

组中值是作为各组的代表值，它反映了分布在各组中变量值的一般水平。

五、统计表

统计表是统计资料最常用的表达形式。将统计工作过程中所取得的各种数字资料，经过汇总整理后，按一定的项目和顺序填列在一定表格内，这种表格就称为统计表。

统计表的结构可以从表的形式和内容两方面表述。

（一）统计表的形式

统计表的形式由总标题、横行标题、纵栏标题以及数字资料所组成。

1. 总标题

总标题是统计表的名称，它概括地说明统计表中的全部统计资料的内容，一般写在统计表的上端中央。

2. 横行标题

统计表中各行称横行，横行标题是横行名称，一般写在统计表的左方。

3. 纵栏标题

统计表中各列称纵栏，纵栏标题是纵栏的名称，一般写在统计表的上方。

4. 数字资料

数字资料是写在各横行标题和纵栏标题的交叉处，用来说明社会经济现象总体综合数量特征的统计指标数值。

统计表除上述四种各主要组成部分以外，有的还需要列出补充资料，如注解、附记、资料来源等。

（二）统计表的内容

统计表的内容有主词和宾词两部分组成。

1. 主词

主词是统计表所要说明的对象，包括总体单位的名称或总体的分组等。主词一般安排在统计表的左端。

2. 宾词

宾词是用来说明主词的各种统计指标的。宾词一般安排在统计表的右端。主词和宾词有时为了合理编排，也可以互换位置。

统计表的构成，如表 2-4 所示。

（三）统计表的种类

根据统计表中的主词是否分组以及如何分组，统计表可以分为简单表、分组表和复合表三种。

表 2-4

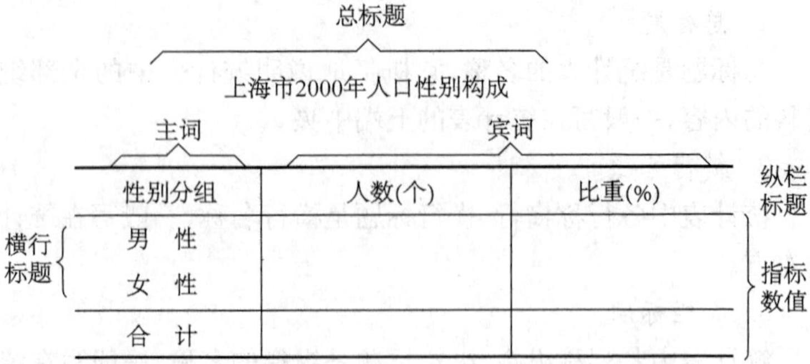

资料来源：上海市统计局。

1. 简单表

简单表是指主词不经过任何统计分组，将总体单位依次序或将现象按时间顺序排列的统计表。

2. 分组表

分组表是指主词按某一标志分组并按一定顺序排列所形成的统计表。

3. 复合表

复合表是指主词同时按两个或两个以上标志分组并按一定顺序排列所形成的统计表。

（四）统计表的设计

统计表上下两端以粗线或双线绘制，称为上基线和下基线，其他线一般用细直线。统计表左右两端不封口。

统计表中各主词项目之间、各宾词项目之间的顺序应该根据时间的先后、数量的大小、空间的位置、指标之间的逻辑顺序等合理编排。各横行需要合计时，一般将“合计”列在最后一行；各纵栏需要合计时，一般将“合计”列在第一栏。

统计表必须注明数字资料的计量单位。全表只要一种计量单位时，可以将计量单位写在表的右上方，若有多种计量单位，可专设计量单位栏或写在纵栏题格内。

统计表上所有指标的数字应有同等的精确度。统计表数字部分不留空格,数字为零时,应该写明;当数字不存在或不应有数字时用小横线"—"表示;缺乏资料时用"…"表示。若有相同数字应全部重写,不得使用"同上"、"同左"等字样代替。

六、频数图

统计图是统计资料的另一种常用的表达方式,它比统计表更直观、更鲜明、更生动。它是用几何图形、物体形象或地图来表示统计资料以说明现象的数量关系的图形。统计图中使用最多的为频数图,频数图中用得最多的是直方图、折线图和曲线图。

(一) 直方图

直方图,即用直方型的宽度和高度来表示频数分布的图形。它是最常用的频数分布的图示法。绘制直方图时,横轴表示各组组限,纵轴表示频数(一般标在图的左方)和频率(一般标在图的右方)。直方图图形如图 2-1 所示。

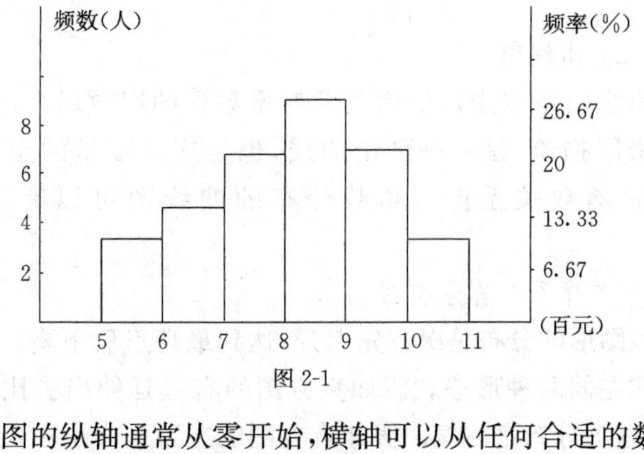

图 2-1

直方图的纵轴通常从零开始,横轴可以从任何合适的数字开始。对于不等距数数列,要先计算出各组的频数密度,然后以组距为宽，以频数密度为高画条形图。

其中频数密度的计算公式为：

频数密度＝频数÷ 组距

（二）折线图

折线图可以在直方图的基础上，将直方图的每个长方形的顶端中点用折线连点而成。如果不绘直方图，也可以用组中值与频数求出坐标点，连接而成。折线图图形如图 2-2 所示。

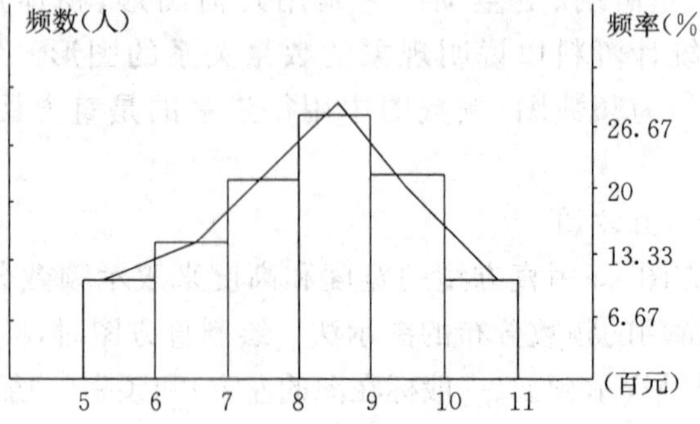

图 2-2

（三）曲线图

曲线图是在变量值增多及变量数列的组数增多时，对折线图的极限描绘，是一种理论曲线，也是连续变量的频数或频率分布的函数关系图。频数分布的曲线图可以有以下几种型态。

1. 单峰不对称分布图

该图形的分布是次数先上升，达到最高点后下降。它可以有右偏和左偏两种形态。假如直方图的右边延伸出去比左边远很多，则这个分布是右偏。假如直方图的左边延伸出去比右边远很多，称这个分布是左偏。如图 2-3 所示。

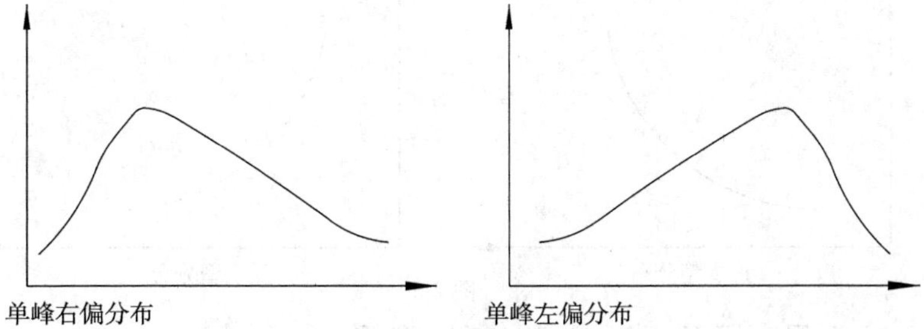

图 2-3

2. 单峰对称分布图

该图形的分布是次数先上升后下降,中间次数较多,两边次数较少,其特点是左右两边对称。这种分布又称为钟型分布。如图 2-4 所示。

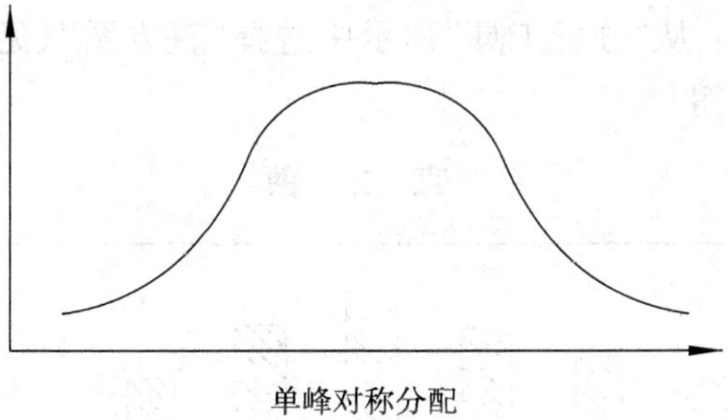

图 2-4

3. J 型分布图

该图形的分布是次数单向上升或下降。最大次数在分布的一端,最小次数在分布的另一端。例如,不同年龄别死亡人数的分布,从婴儿到成年时是反 J 型分布,而成年后到老年则为正 J 型分布。如图 2-5 所示。

除了以上提到的三种基本分布外，可以由此三种基本分布组成各种复合分布，如反 J 型分布和正 J 型分布可以组成 U 型分布。

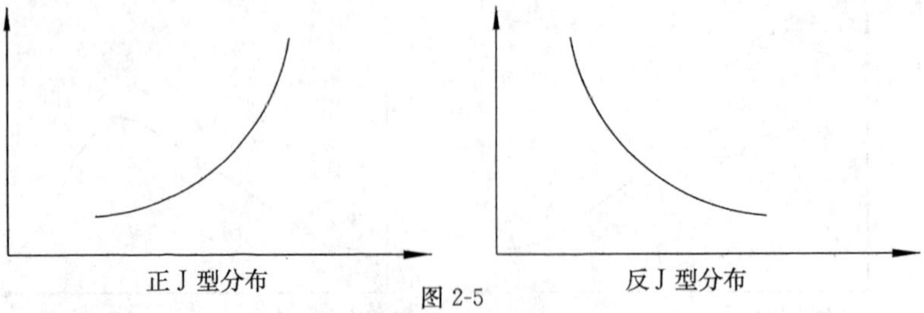

图 2-5

附录 用 Excel 作频数分布和条形图

以 30 名职工的月工资资料为例。

第一步：在 A1—A30 输入 30 名职工的月工资资料。

第二步：在 B1—B6 输入各组的上限。

第三步：选择“工具”下拉菜单。

第四步：选择“数据分析”选项。

第五步：从“分析工具”列示中选择“直方图”(见下图)，然后按“确定”按钮。

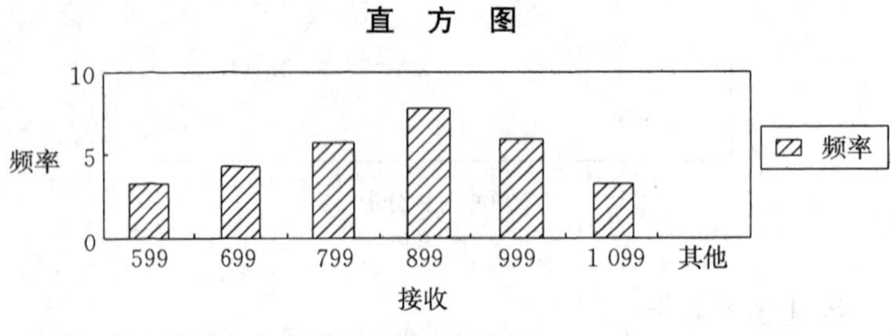

第六步：当“直方图”对话框出现后，

在“输入区域”栏中输入“＄A＄1：＄A＄30”；

在“接收区域”栏中输入“＄B＄1：＄B＄6”；

在“输出选项”中选择“输出区域”；

在“输出区域”栏中输入“＄C＄6”；

在复选框中选择“图表输出”；

选择“确定”按钮。

其输出结果如下：

接　收	频　率
599	3
699	4
799	6
899	8
999	6
1 099	3
其　他	0

复习思考题

1. 试述重点调查、抽样调查的特点。
2. 怎样理解各种调查方式和方法的结合运用？
3. 统计调查有几种类型？
4. 定期统计报表与其他调查方式相比有哪些优点和不足之处？
5. 编制等距数列，其方法和步骤是什么？

习　题

1. 某公司对所属 25 个商业企业 1995 年的全员劳动效率（万元/人）进行调查，得到资料如下：

6.5	9.8	11.3	13.4	15.9
16.8	17.7	18.4	13.6	19.1
19.4	19.7	20.7	21.5	21.8
22.3	23.5	24.1	27.4	28.5
29.3	28.6	29.5	30.1	30.5

要求：根据所给资料编制组距变量数列。

2. 某公司所属32个企业计划利润和年报实际利润如下(单位:万元):

企业序号	计划利润	实际利润	企业序号	计划利润	实际利润
1	720	777.6	17	186	203.0
2	232	232.6	18	732	754.0
3	384	307.2	19	32	38.1
4	260	286.0	20	782	920.4
5	200	244.0	21	392	439.0
6	592	621.6	22	3 612	3 323.0
7	192	182.4	23	60	60.0
8	429	419.4	24	392	384.2
9	240	240.0	25	720	590.4
10	3 920	3 998.4	26	2 380	2 713.2
11	288	325.4	27	92	94.8
12	128	137.2	28	34	34.0
13	336	352.8	29	160	147.2
14	220	217.8	30	50	60.0
15	412	440.8	31	19	24.6
16	192	184.3	32	12	13.0

根据上表资料,计算各个企业利润计划完成程度指标$\left(\text{计算公式:利润计划完成程度}=\dfrac{\text{实际利润}}{\text{计划利润}}\right)$,并按计划完成程度分为三组:① 未完成计划;② 完成计划和超额完成计划10%以内;③ 超额完成计划10%以上。

要求:编制整理表并根据整理结果编制统计表。

第三章　集中趋势和离散趋势

第一节　集　中　趋　势

统计调查取得的统计数据，经过排序和分组整理后，数据的类型和分布特点已得到初步的反映。为了进一步掌握数据分布特征的变化规律，有必要对其进行进一步的讨论及研究。在统计学中，对数据的研究方法有统计描述和统计推断两种。上一章所讨论的统计分组及分配数列的编制是统计描述的最初工作。本章将进一步讨论统计描述内容中的集中趋势和离散趋势。

一、平均数的概念及计算方法

平均数，亦称集中趋势，是指用特定的方法所计算的一组数据的代表值。它是所有数据的中心点，反映了一组数据向某一中心值靠拢的倾向。例如，某企业平均每个工人每月工资 800 元，某班英语考试的平均成绩是 75 分等。平均数具有以下特点：

第一，在一个总体内计算的平均数，将总体各单位某一数量标志值之间的差异抽象化了。

第二，平均数用一个代表数值来说明被研究对象某个方面的一般水平。

平均数是统计学中一个非常重要及广泛应用的概念，很多统计分析方法都是围绕着平均数展开的。平均数根据所处的资料条件及计算方法的不同，可以分为算术平均数、调和平均数、几何平均数、中位数、众数等。下面将分别介绍。

(一) 算术平均数

算术平均数,亦称均值。它是全部数据的算术平均,是集中趋势的最主要测度值。算术平均数在统计学中具有重要地位。根据掌握的资料条件不同,算术平均数又可以分为以下几种。

1. 简单算术平均数

将未分组的各变量值(标志值)相加,除以项数(标志值个数),就得到简单算术平均数。设总体数据为 x_1, x_2,…,x_n,则总体均值 x 的计算公式为:

$$\bar{x}=\frac{x_1+x_2+\cdots+x_n}{n}=\frac{\sum x}{n} \tag{3-1}$$

式中 $\bar{x}$ 表示总体均值;

x 表示总体各变量值;

n 表示总体变量值个数;

$\sum$表示求和符号。

【例 3-1】 某小组有六位同学,统计学考试成绩分别为 60 分,65 分,70 分,80 分,85 分,90 分。计算该小组同学统计学考试的平均成绩为:

$$\bar{x}=\frac{\sum x}{n}=\frac{60+65+70+80+85+90}{6}=75(\text{分})$$

2. 加权算术平均数

统计资料经过分组就形成了变量数列,对已分组的变量数列求平均数,就应采用加权平均方法。设原始数据被分成 K 组,各组的变量值为 x_1,x_2,…,x_k,各组变量值出现的频数(权数)为 f_1,f_2,…,f_k,则总体的加权算术平均数的计算公式为:

$$\bar{x}=\frac{x_1f_1+x_2f_2+\cdots+x_kf_k}{f_1+f_2+\cdots+f_k}=\frac{\sum xf}{\sum f} \tag{3-2}$$

式中 $\bar{x}$ 表示总体加权算术平均数;

x 表示总体各变量值;

f 表示总体中各组变量值出现的次数。

(1) 根据单项数列计算加权算术平均数。这可以直接利用上式计算。

【例 3-2】 设某毛巾厂某车间工人日产量资料如表 3-1 所示：

表 3-1

按日产量分组(条)(x)	工人人数(f)	产量×工人人数($x \cdot f$)
5	4	20
6	8	48
7	10	70
8	10	80
10	8	80
合　计	40	298

根据上表资料可以计算出平均每人日产量为：

$$\bar{x}=\frac{\sum xf}{\sum f}=\frac{298}{40}=7.45(\text{条})$$

(2) 根据组距数列计算加权算术平均数。其方法基本同上，所不同的是，在组距数列中要用组中值代表各组的变量值参加计算。

【例 3-3】 根据某企业职工工资资料，计算平均工资，如表 3-2所示：

表 3-2

按工资分组(元)	职工人数(f)	组中值(x)	工资总数($x \cdot f$)
300～400	30	350	10 500
400～500	80	450	36 000
500～600	120	550	66 000
600～700	200	650	130 000
700～800	350	750	262 500
800～900	120	850	102 000
900 以上	40	950	38 000
合　计	940	—	645 000

由表 3-2 计算平均每人工资为：

$$\bar{x}=\frac{\sum xf}{\sum f}=\frac{645\ 000}{940}=686.17(\text{元})$$

（3）根据相对权数计算加权算术平均数。加权算术平均数的权数可以有两种表现形式：绝对权数和相对权数（即频数和频率）。两种权数虽表现形式不同，但其本质无异，在同样资料条件下，计算结果应该一致。设以$\frac{f}{\sum f}$即频率为权数，其计算公式为：

$$\bar{x}=\frac{\sum xf}{\sum f}\xrightarrow{f\Rightarrow\frac{f}{\sum f}}\frac{\sum x\frac{f}{\sum f}}{\sum\frac{f}{\sum f}}=\sum x\frac{f}{\sum f}\quad\left(\text{所以}\sum\frac{f}{\sum f}=1\right)\qquad(3\text{-}3)$$

【例 3-4】 仍以表 3-1 资料为例，计算平均产量如下表（表3-3）：

表 3-3

按产量分组（条）(x)	工人数		产量×工人数比重 ($x\cdot f/\sum f$)
	绝对数（人）(f)	工人数比重（%）($f/\sum f$)	
5	4	10	0.5
6	8	20	1.2
7	10	25	1.75
8	10	25	2
10	8	20	2
合　计	40	100	7.45

根据上表计算所得的工人平均日产量为：

$$\bar{x}=\sum x\cdot\frac{f}{\sum f}=7.45(\text{条})$$

计算结果同用绝对数加权计算所得的结果完全一致。

根据组距数列计算算术平均数，用组中值代表各组变量值参加计算，是假定各组变量值在组内呈均匀分布。若实际数据与这一假定相吻合，用(3-4)式或(3-5)式计算的结果还是比较准确的；若实际数据与这一假定差距较大，用组距数列计算的算术平均数只能是真实算术平均数的一个近似值。

3. 加权算术平均数与简单算术平均数的关系

简单算术平均数的大小只与变量值的大小有关，加权算术平均数的大小不仅与各组变量值大小有关，而且受各组变量值出现的次数(权数)大小的影响。权数愈大，其对应的变量值对算术平均数的影响愈大；反之，则愈小，权数的大小对算术平均数的大小起着权衡轻重的作用。只有当各组的权数完全相等时，加权算术平均数才等于简单算术平均数。

4. 算术平均数的数学性质

(1) 各变量值与其算术平均数的离差之和等于零，即

$$\sum(x-\overline{x})=0$$

(2) 各变量值与其算术平均数的离差平方之和为最小，即

$$\sum(x-\overline{x})^2 \text{ 为最小值}$$

证明 设 x_0 为不等于 $\overline{x}$ 的任意数，则有 $\overline{x}-x_0=c$，$x_0=\overline{x}-c$，以 x_0 为中心的离差平方和为：

$$\begin{aligned}\sum(x-x_0)^2 &=\sum[x-(\overline{x}-c)]^2=\sum[x-(\overline{x}-c)]^2\\&=\sum[(x-\overline{x})+c)]^2\\&=\sum(x-\overline{x})^2+2c\sum(x-\overline{x})+nc^2\\&=\sum(x-\overline{x})^2+2c\sum(x-\overline{x})+nc^2\\&=\sum(x-\overline{x})^2+nc^2\end{aligned}$$

因为 $nc^2>0$

所以 $$\sum(x-x_0)^2 \geqslant \sum(x-\bar{x})^2$$

所以 $$\sum(x-\bar{x})^2 \text{ 为最小值}$$

（二）调和平均数

调和平均数是根据变量值倒数计算的一种算术平均数，也称倒数平均数。调和平均数根据资料的不同，分为简单调和平均数和加权调和平均数。

1. 简单调和平均数

简单调和平均数往往是根据未分组资料计算的。其公式为：

$$\bar{x}_h=\frac{1}{\frac{\sum\left(\frac{1}{x}\right)}{n}}=\frac{n}{\sum\left(\frac{1}{x}\right)} \tag{3-4}$$

式中 $\bar{x}_h$ 表示简单调和平均数；

x 表示各变量值；

n 表示变量值个数。

【例 3-5】 计算 6，16，24 三个数的调和平均数。

$$\bar{x}_h=\frac{n}{\sum\left(\frac{1}{x}\right)}=\frac{3}{\frac{1}{6}+\frac{1}{16}+\frac{1}{24}}$$

$$=\frac{3}{0.167+0.0625+0.042}=11.05$$

2. 加权调和平均数

加权调和平均数是根据分组资料计算的。其公式为：

$$\bar{x}_h=\frac{1}{\frac{\sum\frac{1}{x}\cdot f}{n}}=\frac{n}{\sum\left(\frac{f}{x}\right)} \tag{3-5}$$

式中 $\bar{x}_h$ 表示加权调和平均数；

x 表示各组变量值；

f 表示各组变量值所出现的次数；

n 表示各组变量值次数之和。

【例 3-6】 仍用表 3-1 资料，计算加权调和平均数如下（见表 3-4）。

表 3-4

按产量分组(条)x	工人数 f	f/x
5	4	0.8
6	8	1.33
7	10	1.43
8	10	1.25
10	8	0.8
合　计	40	5.61

根据上表计算得：$n=\sum f=40$

$$\bar{x}_h=\frac{n}{\sum\left(\frac{f}{x}\right)}=\frac{40}{5.61}=7.13(\text{条})$$

计算结果表明，同一资料的调和平均数总是小于其算术平均数。

（三）几何平均数

几何平均数是 n 个变量值连乘积的 n 次方根，根据所依据的资料不同，也可分为简单几何平均数和加权几何平均数。计算公式为：

1. 简单几何平均数

$$\bar{x}_g=\sqrt[n]{x_1x_2\cdots x_n}=\sqrt[n]{\prod x} \tag{3-6}$$

式中　$\bar{x}_g$ 表示几何平均数；

x 表示各变量值；

n 表示变量值个数；

$\prod$ 表示连乘符号。

【例 3-7】 计算 6,16,24 三个数值的几何平均数。

$$\bar{x}_g=\sqrt[n]{x_1x_2\cdots x_n}=\sqrt[3]{6\times16\times24}=13.21$$

2. 加权几何平均数

对分组资料计算几何平均数,可用下列公式:

$$\bar{x}_g=\sqrt[\sum f]{x_1^{f1}x_2^{f2}x_3^{f3}\cdots x_n^{fn}} \tag{3-7}$$

式中 f 表示各组变量值次数;

$\sum f$ 表示变量值总次数。

几何平均数是适用于特殊数据的一种平均数,它主要用于计算平均比率和平均速度。在统计分析中,几何平均数常用来计算社会经济现象的平均发展速度。

(四) 中位数

将总体各单位的某一变量值按大小顺序排列,位于中间位置上的变量值即为中位数。显然,中位数将全部数据等分成两部分:一部分数据比中位数大,一部分数据比中位数小。从这个意义上说,中位数以其居中的位置,代表了经济现象某一方面的一般水平。

依据资料的不同,中位数的计算,可以有两种不同的方法。

1. 未分组资料

在未分组资料条件下,中位数的计算,关键在于确定中位数的位置,其公式为:中位数位置=$(n+1)/2$(n 为数据的项数)。找到中位数位置后,就能方便地确定中位数的具体数值。

设一组数据 $x_1,x_2,\cdots,x_n$,从小到大排序后为 $x_{(1)},x_{(2)},\cdots,x_{(n)}$

若 n 为奇数,则中位数为 $M_e=x_{(\frac{n+1}{2})}$ (3-8)

若 n 为偶数,则中位数为 $M_e=\frac{1}{2}\{x_{(\frac{n}{2})}+x_{(\frac{n}{2}+1)}\}$ (3-9)

【例 3-9】 设五个工人的日产量(件)分别为:3,8,5,4,9。先按递增排序有:3,4,5,8,9。

则中位数的位置＝$(n+1)/2=(5+1)/2=3$

即中位数为5。

【例3-10】 设六个工人的日产量(件)分别为:3,8,5,4,9,11。先按递增排序有:3,4,5,8,9,11。

则中位数的位置＝$(n+1)/2=(6+1)/2=3.5$

即中位数为$(5+8)/2=6.5$

2. 分组资料

分组资料条下,中位数的计算,仍要先确定中位数的位置,即确定中位数所在的组,然后,用下限公式求出中位数的近似值。

$$M_e=L+\frac{\frac{n}{2}-S_{m-1}}{f_m}\times i \tag{3-10}$$

式中 M_e 为中位数;

n 为数据个数;

L 为中位数所在组的下限;

S_{m-1} 为中位数所在组以前各组的累积频数;

f 为中位数所在组的频数;

i 为中位数所在组的组距。

【例3-11】 仍用表3-2资料,计算中位数如下表所示(见表3-5)。

表3-5

按工资分组(元)	职工人数(f)	累积频数(cf)
300～400	30	30
400～500	80	110
500～600	120	230
600～700	200	430
700～800	350	780
800～900	120	900
900以上	40	940
合　计	940	—

中位数的位置$=\frac{940}{2}=470$，即在 700～800 这一组，$L=700$，$S_{m-1}=430$，$f=350$，$i-100$

$$M_e=700+\frac{470-430}{350}\times 100=711.43(\text{元})$$

利用上式计算中位数，是假定中位数所在组的频数在组内是均匀分布的，但实际情况并不完全如此。如同算术平均数，中位数是唯一的，即一组数据中只有一个中位数；中位数不受极端值的影响，在一组数据中，若有极端值出现，中位数便是一个极佳中心点的衡量值。

（五）众数

众数是指总体中出现次数最多的变量值，它能够鲜明地反映数据分布的集中趋势。一组数据分布的最高峰点所对应的变量值即为众数。在商业活动中，众数应用较为普遍。依据资料的不同，众数的计算可以有两种不同的方法。

1. 未分组资料

在未分组资料条件下，只要用目测法找出次数最多的变量值即找到众数。

【例 3-12】 在 36，35，36，34，36，31，29 七个数中找出众数。

不难发现，众数为 36。

2. 分组资料

在分组资料条件下，也要先确定众数所在的组，然后用下限公式计算众数的估计值。

$$M_0=L+\frac{d_1}{d_1+d_2}\times i \tag{3-11}$$

式中 M_0 为众数；

L 为众数组下限；

d_1 为众数组次数与上一组次数之差；

d_2 为众数组次数与下一组次数之差；

i 为众数组的组距。

【例 3-13】 仍用表 3-2 资料计算众数。

表 3-2 资料表明：出现频数最多的是 350，即众数组为 700～800 这一组，根据(3-11)公式，计算众数如下：

$$M_0=700+\frac{350-200}{(350-200)+(350-120)}\times100=739.47(元)$$

利用下限公式计算众数的前提是，假定众数组频数在组内是均匀分布。众数是一个位置平均数，它不受极端值的影响。与中位数不同，一组数据若无明显集中趋势，众数可不存在；若数据分布有一个或多个集中趋势，可以有一个或多个众数。

3. 众数、中位数与算术平均数的关系

众数、中位数和算术平均数作为反映被研究现象集中趋势的三个主要测度值，既可以从它们的内在联系上进行相互推算，也可利用三者的关系，说明现象的分布特征。

(1) 运用众数、中位数、算术平均数三者关系判断现象的数量分布特征。众数是一组数据分布的峰值，中位数是一组数据中间位置的代表值，算术平均数是全部数据的平均数。因此，不难看出：

当数据呈对称分布时，算术平均数、中位数、众数必定相等，即有 $\bar{x}=M_e=M_0$；

当数据呈左偏分布时，算术平均数小于中位数且小于众数，即有 $\bar{x}<M_e<M_0$；

当数据呈右偏分布时，算术平均数大于中位数且大于众数，即有 $\bar{x}>M_e>M_0$。

上述情况如图 3-1 所示。

(2) 利用上述三者关系进行推断。

从经验看，在数据分布偏斜程度不大的情况下，不论左偏或右偏、算术平均数、中位数、众数存在一定的比例关系：若把众数与

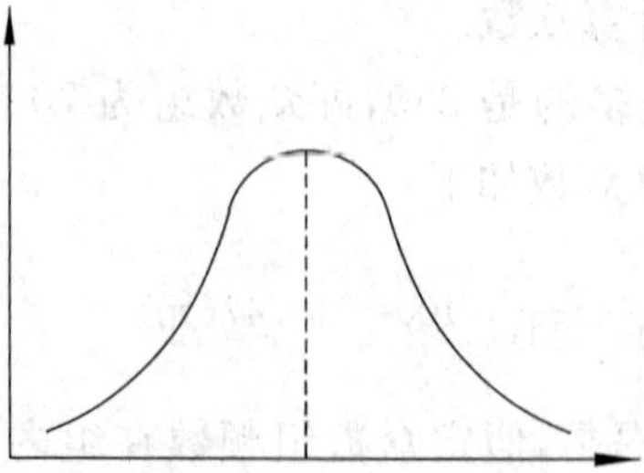

图3-1-a　对称分布

$\bar{x}=M_e=M_0$

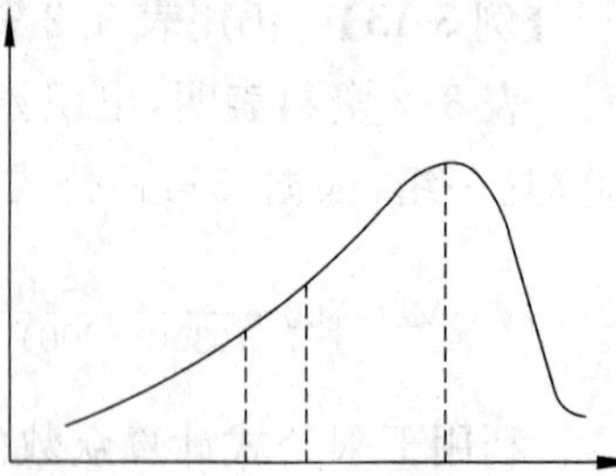

图3-1-b　左偏分布

$\bar{x}<M_e<M_0$

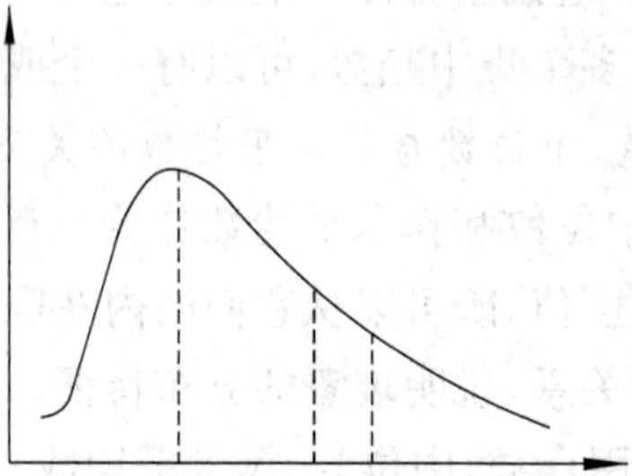

图3-1-c　右偏分布

$\bar{x}>M_e>M_0$

算术平均数之间的距离作为 1，则中位数与算术平均数的距离为 $\frac{1}{3}$，中位数与众数之间的距离为 $\frac{2}{3}$。由此，可以得到推算公式如下：

$$M_0=\bar{x}-3(\bar{x}-M_e)=3M_e-2\bar{x} \tag{3-12}$$

【例 3-14】 根据某公司调查资料计算得到该公司某年职工年收入的众数为 8 000 元，中位数为 8 460 元，问算术平均数为多少？其分布呈何形态？

$$\bar{x}=\frac{3M_e-M_0}{2}=8\ 690(\text{元})$$

计算结果表明，该公司职工年收入呈右偏态分布，说明少数高工资职工将年收入的平均数拉高，多数职工年收入低于算术平均数。

第二节　离 散 趋 势

现象的离散趋势是指总体中某一数量标志的变动范围和分散程度。反映现象离散趋势的统计指标为标志变异指标。

一、标志变异指标的概念及作用

平均数将总体各单位变量值的差异抽象化，通过一个代表数值，反映了总体的一般水平及分布的集中趋势。但集中趋势只从一个侧面说明了数据的分布特征，各变量值之间的差异程度如何，各变量值远离其平均数的程度如何，需要我们从另一个侧面，即数据的离散程度方面来进一步讨论数据的分布特征。有了集中趋势和离散趋势两方面的资料，我们就可以对一个总体的分布特征作出比较准确的评论。在同一组资料的情况下，集中趋势和离散趋势呈现一种反向关系，集中趋势强，离散趋势弱；集中趋势弱，离散趋势强。测定离散趋势的指标就叫做标志变异指标，也称标志变动度。标志变异指标在统计分析中的作用有：

（1）可以衡量平均数的代表性。

（2）可以考察现象发展的均衡性和节奏性。

二、标志变异指标的计算

常用的标志变异指标有极差、平均差、方差和标准差及标准差系数等。

（一）极差

极差也称全距，它是一组数据的最大值与最小值之差。在组距式数列中，级差是最高组上限与最低组下限之差。极差是最简单的标志变异指标。用公式表示为：

$$R = x_{\max} - x_{\min} \tag{3-13}$$

式中　R 表示极差；

x_{max} 与 x_{min} 分别表示数据的最大值和最小值。

【例 3-15】 甲、乙两组工人的日产量(件)资料为：

甲组：2，4，5，6，8。

乙组：3，4，5，6，7。

计算可得两组极差如下：

$$R_{甲}=8-2=6(件)$$

$$R_{乙}=7-3=4(件)$$

计算结果表明，在两组平均数相同的情况下，由于乙组的极差小，乙组的平均数更有代表性。极差是最简单的标志变异制指标，计算简单，易于理解，但易受标志值中极端值的影响，计算结果的精度不够理想。

(二) 平均差

平均差($A.D.$)是各标志值与其算术平均数离差的平均数。由于各标志值与其算术平均数离差总和等于零，因此，要用离差的绝对值来计算平均差。用公式表示为：

1. 在未分组资料情况下

$$A.D.=\frac{\sum|x-\bar{x}|}{n} \tag{3-14}$$

2. 在分组资料情况下

$$A.D.=\frac{\sum|x-\bar{x}|f}{\sum f}\text{或}A.D.=\sum|x-\bar{x}|\cdot\frac{f}{\sum f} \tag{3-15}$$

式中　$A.D.$ 表示平均差；

$\bar{x}$ 表示算术平均数；

n 表示总体单位数；

f 表示各组比变量值出现的次数。

【例 3-16】 计算某企业 50 个工人日产量的平均差(见表3-6)。

计算表明，在两组平均产量相同的情况下，乙组产量的平均差小，说明乙组产量平均数的代表性好。

【例 3-17】 根据某企业 50 个工人日产量的资料，计算工人日产量的平均差（见表 3-6）。

表 3-6

日产量分组(件)	工人数	组中值 x	xf	$\|x-\bar{x}\|$	$\|x-\bar{x}\|f$	$\frac{f}{\sum f}$	$\|x-\bar{x}\|\cdot\frac{f}{\sum f}$
20～30	5	25	125	19	95	0.1	1.9
30～40	10	35	350	9	90	0.2	1.8
40～50	20	45	900	1	20	0.4	0.4
50～60	15	55	825	11	165	0.3	3.3
合　计	50	—	2 200	—	370	1.0	7.4

根据上表计算：

$$\bar{x}=\frac{\sum xf}{\sum f}=\frac{2\ 200}{50}=44(\text{件})$$

$$A.D.=\frac{\sum|x-\bar{x}|f}{\sum f}=\frac{370}{50}=7.4(\text{件})$$

若用频率计算，即：

$$A.D.=\sum|x-\bar{x}|\frac{f}{\sum f}=7.4(\text{件})$$

两者计算结果一致。平均差将每一个变量值作为计算对象，较全面地反映了总体各单位的差异程度。但它采用了离差的绝对值形式，数学处理不够严密。

（三）方差和标准差

方差是各变量值与其算术平均数离差平方的平均数。标准差是总体各单位变量值与其算术平均数离差平方平均数的平方根，也称均方差，它是方差的平方根。

设总体方差为 σ^2，对未分组数据，总体方差的计算公式为：

$$\sigma^2=\frac{\sum(x-\bar{x})^2}{n} \tag{3-16}$$

对分组数据，总体方差的计算公式为：

$$\sigma^2=\frac{\sum(x-\bar{x})^2 f}{\sum f} \tag{3-17}$$

设总体的标准差为 σ，对未分组数据，总体标准差的计算公式为：

$$\sigma=\sqrt{\frac{\sum(x-\bar{x})^2}{n}} \tag{3-18}$$

对分组数据，总体标准差的计算公式为：

$$\sigma=\sqrt{\frac{\sum(x-\bar{x})^2 f}{\sum f}} \tag{3-19}$$

【例 3-18】 仍用表 3-6 资料，计算工人日产量的标准差（详见表 3-7）。

表 3-7

日产量分组	工人数 (f)	组中值 (x)	$x-\bar{x}$	$(x-\bar{x})^2$	$(x-\bar{x})^2 f$	$\frac{f}{\sum f}$	$(x-\bar{x})^2 \cdot \frac{f}{\sum f}$	x^2	$x^2 f$
20～30	5	25	−19	361	1 805	0.1	36.1	625	3 125
30～40	10	35	−9	81	810	0.2	16.2	1 225	12 250
40～50	20	45	1	1	20	0.4	0.4	2 025	40 500
50～60	15	55	11	121	1 815	0.3	36.3	3 025	45 375
合　计	50	—	—	—	4 450	1.0	89	—	101 250

根据上表资料计算得：$\bar{x}=44$(件)

$$\sigma=\sqrt{\frac{\sum(x-\bar{x})^2 f}{\sum f}}=\sqrt{\frac{4\,450}{50}}=9.43\text{(件)}$$

若用频数 $f/\sum f$ 加权，则有：

$$\sigma=\sqrt{\sum(x-\bar{x})^2\frac{f}{\sum f}}=\sqrt{89}=9.43(\text{件})$$

实际应用中，总体标准差可采用下列简捷公式计算：

未分组资料：

$$\sigma=\sqrt{\overline{x^2}-(\bar{x})^2}=\sqrt{\frac{\sum x^2}{n}-\left(\frac{\sum x}{n}\right)^2} \tag{3-20}$$

分组资料：

$$\sigma=\sqrt{\overline{x^2}-(\bar{x})^2}=\sqrt{\frac{\sum x^2 f}{\sum f}-\left(\frac{\sum xf}{\sum f}\right)^2} \tag{3-21}$$

用表 3-7 资料计算可得：

$$\sigma=\sqrt{\overline{x^2}-(\bar{x})^2}=\sqrt{\frac{\sum x^2 f}{\sum f}-\left(\frac{\sum xf}{\sum f}\right)^2}=\sqrt{\frac{101\,250}{50}-44^2}=9.43(\text{件})$$

计算结果同使用公式(3-21)计算的结果完全一致。

方差和标准差是根据全部数据计算的，在准确反映数据的离散程度上，标准差和平均差的意义一致，但标准差数学处理比平均差更为合理。而且，标准差具有量纲，实际意义要比方差清楚，实际工作中，更多使用标准差。

(四) 离散系数

极差、平均差、标准差都是反映标志变异程度有计量单位的绝对数指标，总体和样本的标志变异程度除了受变量值之间的离散程度影响外，还受变量值本身水平高低的影响，因此，在比较不同总体和样本的标志变异程度时，应消除由于变量值水平不同或计量单位不同带来的影响。在统计工作中，用离散系数来比较不同总体的平均数和不同样本的平均数的代表性。

常用的离散系数主要有标准差系数，也称均方差系数。它是一组数据的标准差与其相应的算术平均数之比，其计算公式为：

$$V_\sigma=\frac{\sigma}{\bar{x}} \tag{3-22}$$

离散系数主要是用于不同总体数据的离散程度的比较。离散系数大，说明该组数据的离散程度大；离散系数小，说明该组数据的离散程度也就小。

【例 3-19】 甲、乙两家企业有关月产量资料如表 3-8 所示：

表 3-8

企　业	平均产量	标　准　差	标准差系数
甲	1 000 件	12.5 件	1.25
乙	800 千克	6.3 千克	0.78

表 3-8 中，因甲、乙企业生产不同的产品，其计量单位不同，所以，必须用标准差系数比较两个总体平均数的代表性。

第三节　偏　　态

我们已讨论了数据的对称分布及偏态分布的判别标准，即

当一组数据中，$\bar{x}=M_e=M_0$ 我们称数据为对称分布；

当一组数据中，$\bar{x}>M_e>M_0$ 我们称数据为右偏分布；

当一组数据中，$\bar{x}<M_e>M_0$ 我们称数据为左偏分布。

有时，同为右偏分布或左偏分布的两组数据，需比较偏态程度的大小，可运用皮尔逊偏度系数来测定偏态程度的大小。

$$S_k=\frac{3(\bar{x}-m_e)}{s}$$

式中　S_k 为皮尔逊偏态系数；

$\bar{x}$ 为总体平均数或样本平均数；

M_e 为总体中位数或样本中位数；

s 为样本标准差。

偏态系数的取值范围一般介于 +3 与 −3 之间，当 $S_k=0$ 时，表明数据为对称分布；当 $S_k>0$ 时，表明数据为右偏分布；当 $S_k<0$ 时，表明数据为左偏分布。

【例 3-20】 抽取一组有经验的打字员为样本，测得其平均打字速度每分钟为 87 个字，中位数为 73 个字，样本标准差为 16.9 个字，试求偏态系数并对计算结果进行解释。

$$S_k=\frac{3(\bar{x}-M_e)}{s}=\frac{3(87-73)}{16.9}=2.49$$

打字员的打字速度次数分布呈右偏分布，即有几位打字速度极快的打字员使得全体平均打字速度大于中位数与众数。

附录 用 Excel 计算描述统计量

用[例 3-1]资料进行计算。

第一步：在 A1 输入“成绩”，在 A2～A7 输入每人的成绩。

第二步：选择“工具”下拉菜单。

第三步：选择“数据分析”选项。

第四步：从“分析工具”列示中选择“描述统计”，然后按“确定”按钮。

第五步：当“描述统计”对话框出现后，

在“输入区域”栏中输入“\$A\$1：\$A\$7”；

在“输出选项”中选择“输出区域”；

在“输出区域”栏中输入“\$C\$6”；

在复选框中选择“汇总统计”；

选择“确定”按钮。

其输出结果如下：

成绩	
平均	75
标准误差	4.830459
中值	75
模式	#N/A
标准偏差	11.83216

续表

成　　绩	
样本方差	140
峰值	－1.875
偏斜度	0
区域	30
最小值	60
最大值	90
求和	450
计数	6

复习思考题

1. 什么是平均数？计算平均数的意义有哪些？
2. 为什么平均数必须与标志变动度指标结合使用？
3. 为什么说平均数反映了总体分布的集中趋势？
4. 正确选择平均数的权数应考虑什么问题？
5. 算术平均数与调和平均数的关系如何？分别在什么情况下运用？
6. 为什么说简单算术平均数是加权算术平均数的特例？
7. 什么是标志变异指标？意义如何？有什么作用？
8. 算术平均数的数学性质是什么？

习　　题

1. 某企业职工工资资料如下：

按月工资分组(元)	职工人数(人)
600～700	20
700～800	45
800～900	35
900 以上	10

要求：试用次数权数和比重权数分别计算该企业职工平均工资。

2. 某商场出售某种商品的销售价和销售额如下：

等　级	单价(元/千克)	销售额(元)
一级	20	2 160 000
二级	16	1 152 000
三级	12	720 000

要求：试求该商品的平均销售价格。

3. 某企业工人劳动生产率资料如下：

劳动生产率(件/人)	生产班组	产量(件)
50～60	10	8 250
60～70	8	6 500
70～80	6	5 250
80～90	4	2 550
90 以上	2	1 520

要求：试计算该企业工人平均劳动生产率。

4. 已知某企业资料如下：

按计划完成百分比分组(%)	实际产值(万元)
80～90	68
90～100	57
100～110	126
110～120	184

要求：试计算该企业平均计划完成的百分比。

5. 有一家餐馆到三个集贸市场买鱼，这三个集贸市场鱼的价格分别为：6、5、4.8(元/千克)。该餐馆以两种方式购买：第一种是在每个集贸市场各买20千克鱼；第二种是在每个集贸市场各花120元来购买。

要求:(1) 以第一种方式购买时,求每千克鱼的平均价格(要求列出计算公式);

(2) 以第二种方式购买时,求每千克鱼的平均价格(要求列出计算公式)。

6. 某毛纺厂 1992 年上半年生产情况如下:

毛线等级	毛线产量(千克)		出厂价格(元)
	一季度	二季度	
一级品	600	500	28
二级品	350	400	20
三级品	50	100	15

要求:(1) 计算平均等级说明产品质量变化情况;

(2) 由于质量变化对该厂总产值的影响。

7. 在过去 5 年中,某国家因受严重通货膨胀的困扰,银行为吸收存款而提高利息率。1～5 年的年利息分别为 25%、40%、60%、100%、120%。

要求:(1) 若存入 100 美元,按算术平均数计算平均利率,问:第五年末的实际存款额是多少?

(2) 若存入 100 美元,按几何平均数计算平均利率,问:第五年末的实际存款额是多少?

8. 甲、乙两单位人数及月工资资料如下:

月工资(元)	甲单位人数(人)	乙单位人数(人)
400 以下	4	2
400～600	25	18
600～800	84	73
800～1 000	126	103
1 000 以上	28	42

要求:(1) 比较甲、乙两单位哪个单位工资水平高?

(2) 计算甲、乙两单位的标准差和变异系数,并说明哪个单位的平均工资更具有代表性。

9. 某企业产品的成本资料如下：

单位：元

品　　种	单位成本	总　成　本	
		1995 年	1996 年
甲	15	2 100	3 225
乙	20	3 000	1 500
丙	30	1 500	1 500

要求：试指出哪一年的总平均单位成本高，为什么？

10. 设有甲、乙班组工人日产量资料如下：

甲班组

日产量(件)	工人数
5	6
7	10
9	12
10	8
13	4

乙班组

日产量(件)	工人数
8	11
12	14
14	7
15	6
16	2

要求：试判断甲、乙哪个班组的平均日产量代表性大。

第四章　概率与概率分布

第一节　概率的基本涵义

一、随机事件

为了认识人类社会和自然界的各种运动规律，人们必须进行各种各样的科学实验。在这些科学实验中往往会出现两种现象：一类是确定性现象；另一类是随机现象。

对同一个研究对象，经过多次观察和试验，其结果是确定的，我们称这类现象为确定性现象。例如，在通常条件下，水加热到100℃就会变成气态，而将水温降低到0℃时，就会结冰变成固态。

与上述相反，在众多的观察和实验中，我们常常会遇到这样的情况：在相同的试验条件下，对同一个研究对象反复地进行多次观察和试验，所得到的结果竟是不确定的，我们称这类现象为随机现象。例如，投掷一枚硬币，每次的结果都不尽相同，可能是正面，也可能是反面。我们把出现结果是随机的试验称为随机试验。随机现象在随机试验中可能发生或可能不发生的结果称为随机事件。例如，我们从黑白两个球中任意挑选一个，那么挑中的是白色球的结果就是随机事件，挑中的是黑色球的结果也是随机事件。

二、概率的涵义和性质

概率一词是与“随机事件”相联系的。如前所述，在一定的条件下进行某项试验,某事件 A 可能发生,也可能不发生,则事件 A 就称作随机事件。从理论上说,概率就是用来衡量随机事件在某一次试验中发生的可能性的大小的。为了完整地理解概率的涵义,先解释一个概念——频率。

对随机现象进行了 n 次试验,其中,事件 A 出现了 m 次,则比值$\frac{m}{n}$称为 n 次试验中事件 A 出现的频率,记作 $W(A)$,即 $W(A)=\frac{m}{n}$。那么,频率和概率有什么关系呢?我们知道,随机事件在某次试验中可以发生或不发生,但经过大量的无数次的试验后,它会呈现明显的规律性,即其频率趋于稳定。著名的统计学家卡尔·皮尔逊曾经做过投掷 24 000 次钱币的试验,结果发现正面朝上的次数为 12 012 次,则正面朝上的频率为 $\frac{m}{n}=12\ 012/24\ 000=0.5005$,也就是说,当投掷次数 n 增大时,其频率就接近于 0.5。这个频率的稳定值就可以看成是近似的概率。由此,可以给出概率的定义:

随着随机试验次数 n 的增加,事件 A 出现的频率$\left(\frac{m}{n}\right)$稳定在某个常数 P,则事件 A 的概率记作:

$$P(A)=P \tag{4-1}$$

对任一随机事件 A,其概率总是介于 0～1 之间的数,即有:

$$0\leqslant P(A)\leqslant 1 \tag{4-2}$$

当 $P(A)=0$ 时,表示出现事件 A 的可能性等于零,也就是说,事件 A 是不可能事件;当 $P(A)=1$ 时,表示有 100%的可能性出现事件 A,即事件 A 是必然事件。

【例 4-1】 设有 10 个零件,其中有两件次品。今从中随机地抽取一件,试问抽得次品的概率是多少?

解：在这个问题中，共有 $n=10$ 个事件，其中属于事件 A 即取得次品的事件 $m=2$，则有

$$P(A)=\frac{m}{n}=0.2$$

【例 4-2】 在上例中，抽取两个零件，问取得一件是正品、一件是次品的概率是多少？

解：利用排列组合的知识，本例中，$n=C_{10}^{2}$ 个事件，而取得一件正品、一件次品相当于由 8 件正品和 2 件次品中各取一件而组成 m，$m=C_{8}^{1}\cdot C_{2}^{1}$，即取得一件正品、一件次品的概率为：

$$P(A)=\frac{m}{n}=\frac{C_{8}^{1}\cdot C_{2}^{1}}{C_{10}^{2}}=\frac{32}{90}=0.356$$

三、概率的基本运算

（一）概率的加法公式

当我们有两个事件 A 和 B，并且希望知道事件 A 或事件 B 或者两者都发生的概率时，必须使用加法公式。在讲述加法公式之前，我们先要了解事件的并和事件的交两个概念。

事件 A 和事件 B 的并是指所有属于 A 或 B 同时属于二者的基本事件中至少有一件发生。记作 $A\cup B$。如图 4-1 所示：

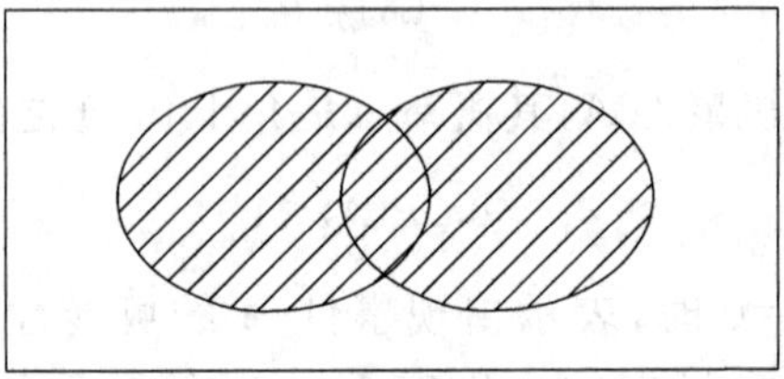

图 4-1

事件 A 和事件 B 的交是指由事件 A 和事件 B 共同组成的基本事件。记作 $A\cap B$。如图 4-2 所示：

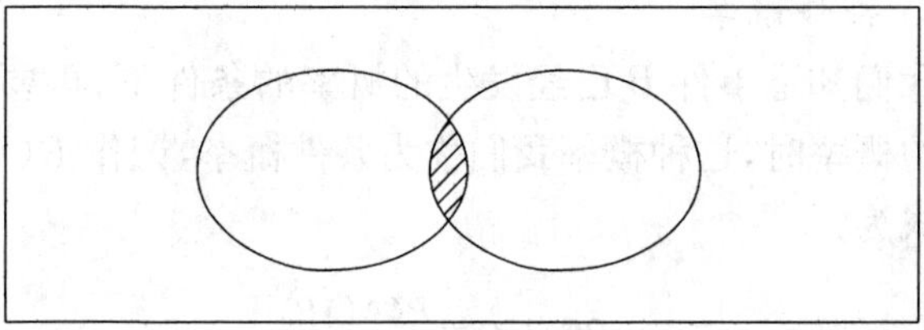

图 4-2

则概率的加法公式可以表示为：

$$P(A \cup B)=P(A)+P(B)-P(A \cap B) \tag{4-3}$$

【例 4-3】 某班 50 名学生进行语文和数学测验，其中 5 人语文不合格，6 人数学不合格，2 人是语文和数学都不合格，那么出现语文或数学不合格的概率是多少呢？

解：设语文不合格为事件 A，数学不合格为事件 B，则有：

$$P(A)=5/50=0.1 \quad P(B)=6/50=0.12 \quad P(A \cap B)=2/50=0.04$$

$$P(A \cup B)=P(A)+P(B)-P(A \cap B)=0.1+0.12-0.04=0.18$$

计算结果说明了在 50 名学生中出现语文、数学分别不及格或者两门课程都不及格的概率为 0.18。

若事件 A 和事件 B 没有公共的基本事件，则称事件 A 与事件 B 互斥。如图 4-3 所示：

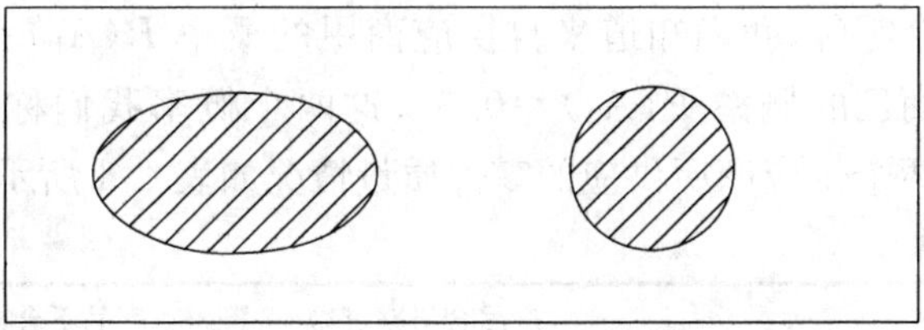

图 4-3

互斥事件的加法公式为：

$$P(A \cup B)=P(A)+P(B) \tag{4-4}$$

（二）条件概率

当我们知道事件 B 已经发生的概率的条件下，再要求得事件 A 发生的概率时，这种概率我们称为条件概率，记作 $P(A|B)$。其计算公式为：

$$P(A|B)=\frac{P(A\cap B)}{P(B)} \tag{4-5}$$

【例 4-4】 仍以[例 4-3]资料为例，当我们已知数学不合格的概率为 0.12，语文和数学都不合格的概率为 0.04，如果我们抽查一个同学发现他的数学成绩不合格，问该同学的语文成绩不合格的概率有多大？

解：$$P(A|B)=\frac{P(A\cap B)}{P(B)}=\frac{0.04}{0.12}=0.33$$

由此我们可以得到概率乘法公式：

$$P(A\cap B)=P(B)P(A|B) \tag{4-6}$$

或
$$P(A\cap B)=P(A)P(B|A) \tag{4-7}$$

（三）贝叶斯定理

【例 4-5】 假设某企业从两个不同的供应商处购买零件，以 A_1 表示零件来自供应商甲，A_2 表示零件来自供应商乙。该企业 65%的零件来自供应商甲，35%的零件来自供应商乙。如果随机抽取一个零件，我们知道来自供应商甲的概率 $P(A_1)=0.65$，来自供应商乙的概率 $P(A_2)=0.35$，这两个概率我们称为先验概率。而两个供应商所供应的零件质量情况如表 4-1 所示：

表 4-1

	产品合格率(%)	产品不合格率(%)
供应商甲	98	2
供应商乙	95	5

以 B 表示事件“零件质量不合格”，则条件概率为：

$$P(B|A_1)=0.02$$

$$P(B|A_2)=0.05$$

若抽出的一个零件为不合格品，问来自供应商甲的概率是多少？

对于这一问题的解决，我们可以用贝叶斯定理：

$$P(A_1|B)=\frac{P(A_1)P(B|A_1)}{P(A_1)P(B|A_1)+P(A_2)P(B|A_2)} \tag{4-8}$$

$$P(A_2|B)=\frac{P(A_2)P(B|A_2)}{P(A_1)P(B|A_1)+P(A_2)P(B|A_2)} \tag{4-9}$$

利用[例 4-5]资料，我们有：

$$P(A_1|B)=\frac{P(A_1)P(B|A_1)}{P(A_1)P(B|A_1)+P(A_2)P(B|A_2)}$$

$$=\frac{0.65\times 0.02}{0.65\times 0.02+0.35\times 0.05}$$

$$=0.4262$$

而来自供应商乙的概率为：

$$P(A_2|B)=\frac{P(A_2)P(B|A_2)}{P(A_1)P(B|A_1)+P(A_2)P(B|A_2)}$$

$$=\frac{0.35\times 0.05}{0.65\times 0.02+0.35\times 0.05}$$

$$=0.5738$$

第二节　离散型随机变量的概率分布

一、随机变量

在我们所进行的各种各样的随机试验中，其试验结果都是不确定的，可能是数值，也可能是用定性表示的。我们用 X 表示在随机试验中所发生的每一种试验结果。由于试验结果的不确定性，所以称 X 为随机变量。

例如，从生产流水线上任意抽取一件产品，其结果会是两种情况：合格品与不合格品。若用 1 表示合格品，0 表示不合格品，则试验结果 X 的取值为 0 和 1。X 可称为随机变量。又如某化肥厂生产的化肥，按规定每袋化肥重量为 50 千克，生产结果是每袋化肥的重量在 50.20 千克和 49.90 千克之间波动。在标准重量 X 的取值范围为[49.90，50.20]千克之间，X 也可称为随机变量。

从上面的两例中可以看出，随机变量在试验中可取得的值分为两类：一类是在试验中可以取得有限个或可列举的数值，称为离散型随机变量；另一类是在试验中其结果可以取得某一区间内的任何数值，称为连续型随机变量。

二、离散型随机变量的概率分布

经过以上论述，可以知道随机变量 X 的可能取值以及可能的取值范围。但是，如果要掌握 X 的统计分布规律，仅仅知道随机变量可能取哪些值是不够的，而更应该知道取这些值的概率是多少。每一个随机变量都有一个概率分布。所谓概率分布，就是用图形或公式来描述随机变量的可能取值及其所对应的概率。若变量是离散型变量，假设随机变量 X 的可能取值为 $x_1, x_2, \cdots, x_n$，而取这些值的概率分别为 $P(x_1), P(x_2), \cdots, P(x_n)$，则可以列出如表 4-2 所示的概率分布表：

表 4-2

X	x_1	x_2	…	x_n
P	$P(x_1)$	$P(x_2)$	…	$P(x_n)$

其中所有的概率应满足等式：

$$\sum P(x_i)=1 \quad (i=1,2,\cdots,n)$$

根据概率分布表可以画出概率分布图(见图 4-4)：

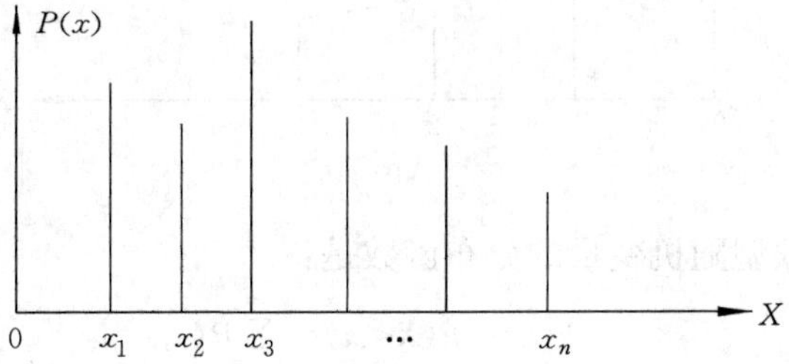

图 4-4

【例 4-6】 一批零件中有 9 个合格品和 3 个废品。安装机器时,从这批零件中任取一个。如果每次取出的废品不再放回去,求在取得合格品以前已取出的废品数的分布。

解:以 X 表示在取得合格品以前取出的废品数,则 X 是一个随机变量,它能取的可能数值是 0,1,2,3。取得这些数值的概率为：

$$P(x=0)=9/12=0.750$$

$$P(x=1)=(3/12)\times(9/11)=0.204$$

$$P(x=2)=(3/12)\times(2/11)\times(9/10)=0.041$$

$$P(x=3)=(3/12)\times(2/11)\times(1/10)=0.005$$

列成概率分布表如表 4-3 所示：

表 4-3

x_i	0	1	2	3
$P(x_i)$	0.750	0.204	0.041	0.005

绘成分布图如图 4-5 所示：

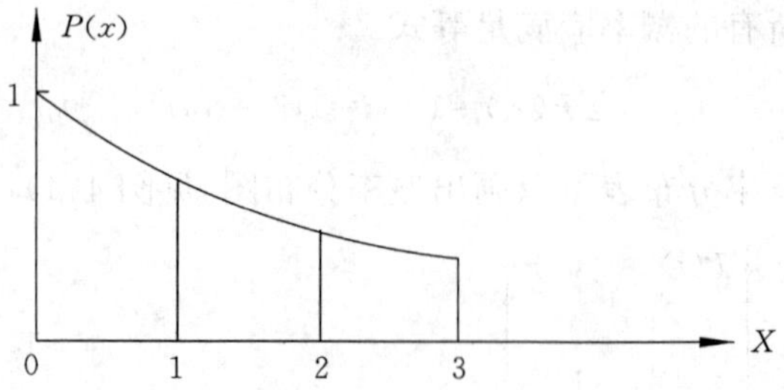

图 4-5

离散型随机变量的分布函数是：

$$F(x)=P(X<x)=\sum_{x_i<x}P(x_i) \tag{4-10}$$

$F(x)$也称为随机变量 X 的累积概率分布。

【例 4-7】 设某运动员投篮投中的概率为 $P=0.3$，求一次投篮时投中次数的概率分布表和分布函数。

解：投篮的投中次数是一个随机变量，用 X 表示。X 的取值有两种情况：$X_1=0$ 表示投中 0 次，即没有投中；$X_2=1$ 表示投中一次。投中一次的概率是 $P(1)=0.3$，投中 0 次的概率是 $P(0)=1-0.3=0.7$，则得到如下的概率分布表（见表 4-4）。

表 4-4

X_i	0	1
$P(x_i)$	0.7	0.3

根据(4-10)式可以求出分布函数。下面分别讨论 X 在不同的区间时，分布函数 $F(x)$的数值。

(1) 当 $x\leqslant 0$ 时，则事件 $X<x$，相当于在 X 小于 0 的范围取值。在本例中 X 小于 0 是不可能事件，$P(X<x)=0$，所以

$$F(x)=\sum_{x_i<x}P(x_i)=0$$

(2) 当 $x\leqslant 1$ 时，则事件 $X<x$，相当于在 X 小于 1 的范围取

值,这范围有一个可能值 $x_1=0$,$P(X<x)=P(0)=0.7$,所以

$$F(x)=\sum_{x_i<x}P(x_i)=0.7$$

(3) 当 $x>1$ 时,则事件 $X<x$ 包含了两种情况:$x_1=0$,$x_2=1$,所以

$$F(x)=\sum_{x_i<x}P(x_i)=P(0)+P(1)=0.7+0.3=1$$

综合上述三种情况,有分布函数如下:

$$F(x)=\begin{cases}0 & x<0\\ 0.7 & 0<x\leqslant 1\\ 1 & x>1\end{cases}$$

三、二项分布

在实际问题中,许多随机实验只有两种结果:成功或者失败。进行这种随机实验称为贝努里试验。如果在相同条件下进行 n 次贝努里试验,则称为二项试验。一个二项试验具有以下四个性质:

(1) 试验由一个包括 n 次相同的试验序列组成。

(2) 每次试验有两种可能结果,一个成功,一个失败。

(3) 成功的概率用 P 表示,失败的概率用$(1-P)$表示。成功和失败的概率在每次试验中都相同。

(4) 每次试验都是独立的。

二项分布的概率函数是:

$$P(X=x)=C_n^x P^x(1-P)^{n-x} \tag{4-11}$$

其中:P 是参数(即成功的概率),$0<P<1$;

n 是试验次数,且 $n>0$;

x 是成功的次数,$x=1,2,\cdots,n$。

其图形如图 4-6 所示：

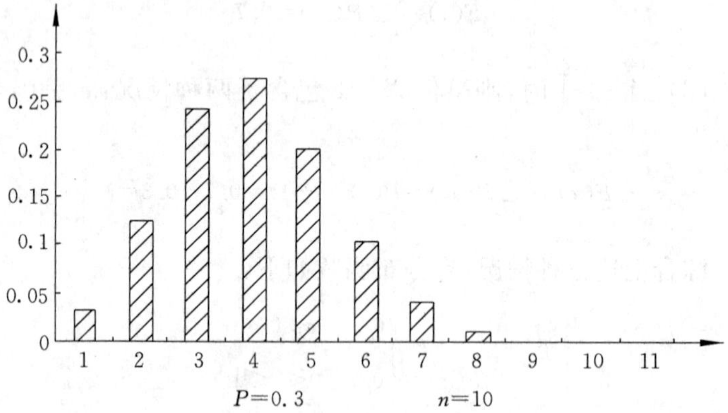

图 4-6

【例 4-8】 有 6 个顾客进入书店，一般情况下顾客买书的概率为 0.3，问这 6 个顾客中有 4 人买书的概率是多少？

解：在该问题中，试验次数为 $n=6$，买书(即成功)的概率为 $P=0.3$，成功的次数为 $X=4$，则

$$P(X=4)=C_6^4\times 0.3^4\times(1-0.3)^{6-4}=0.0595$$

计算结果表明 6 名顾客中有 4 人买书的概率为 0.0595。

四、泊松分布

泊松分布是离散型分布中另一种重要分布，它主要研究在特定时间或特定空间某一随机事件出现的次数。

泊松分布的概率函数是：

$$P(X=x)=\frac{\lambda^x e^{-\lambda}}{x!} \tag{4-12}$$

其中 λ 是参数($\lambda=np$)，$0<\lambda<\infty$，$x=1,2,\cdots,n$。

其图形如图 4-7 所示：

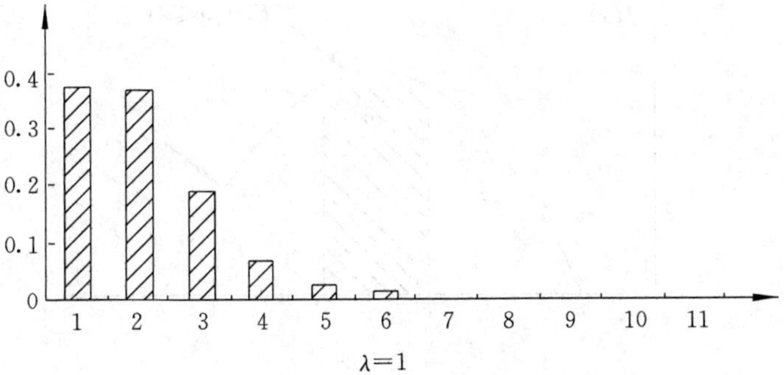

图 4-7

当成功的概率 P 很小，试验的次数 n 很大时，泊松分布可用作二项分布的近似。

第三节 连续型随机变量的概率分布

连续型随机变量表明其结果可以在某一区间取任何数值。我们不可能将所取的数值一一列举，也无法像离散型随机变量那样一一指明变量 X 取一切可能取的值 x_i 时的概率值，而只能用连续的函数来进行描述。连续型随机变量的概率分布图将是一条连续曲线，其函数式记作：

$$y=f(x) \quad (a\leqslant x\leqslant b) \tag{4-13}$$

这里$[a,b]$是随机变量 X 的取值范围，而 $f(x)$称为 X 的概率密度函数，它的示意图如图 4-8 所示。

可以看到，X 取值在某区间$[c,d]$之间的概率等于 $f(x)$下从 c 到 d 的曲边梯形面积，如图 4-8 中的阴影部分。根据微积分的理论，这部分面积等于 $f(x)$在$[c,d]$区间上的定积分，即面积 $=\int_c^d f(x)\mathrm{d}x$

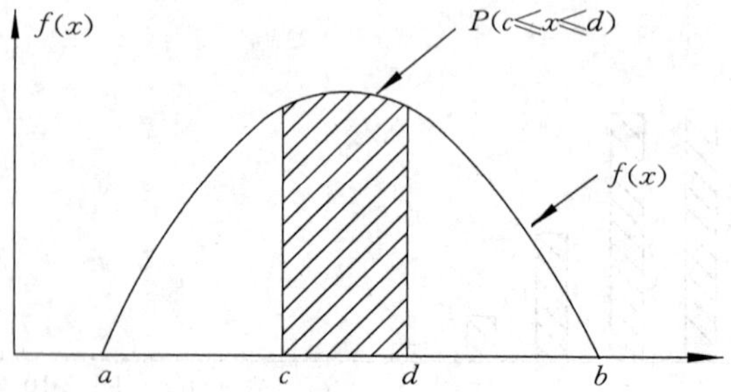

图 4-8

所以 $$P\{(c\leqslant x\leqslant d)\}=\int_c^d f(x)\mathrm{d}x \tag{4-14}$$

记作 $F(x)=P\{(c\leqslant x\leqslant d)\}$,则 $F(x)=\int_c^d f(x)\mathrm{d}x$ 称为连续型随机变量 X 的概率分布函数。一般常把连续型随机变量 X 的概率密度函数 $f(x)$ 和概率分布函数 $F(x)$ 统称为随机变量 X 的概率分布。

特别要说明的是,如果 $[a,b]$ 是 x 所有可能的取值范围,则 X 落入 $[a,b]$ 是必然事件,那么

$$\int_a^b f(x)\mathrm{d}x=1$$

常用的连续型随机变量的概率分布有均匀分布、正态分布和指数分布等。其中,正态分布是统计学中十分普遍和非常重要的分布。

在客观世界中有许多随机现象是服从正态分布的,如学生考试成绩的分布,家庭收入的分布等。

正态分布的概率密度函数为:

$$f(x)=\frac{1}{\sqrt{2\pi}\sigma}e^{\frac{-(x-\mu)^2}{2\sigma^2}} \quad (-\infty\leqslant x<\infty,\sigma>0) \tag{4-15}$$

其中,μ 和 σ 是参数,μ 是 X 的平均值,σ 是 X 的标准差。一

般将随机变量 X 服从(4-15)式的分布称为正态分布,并简记为 $x \sim N(\mu,\sigma)$,其图形如图 4-9 所示:

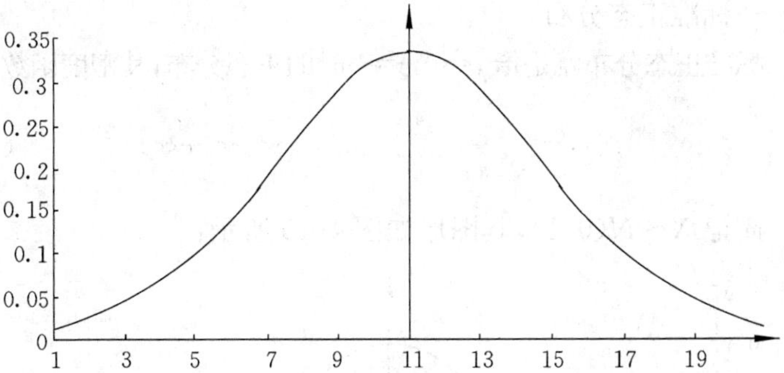

图 4-9

从正态分布的概率密度函数和图形可以看出正态分布具有以下性质:

(1) $f(x)$是单峰的左右对称的钟形曲线,对称轴是 $x=\mu$。

(2) $f(x) > 0$,且以 X 为渐近线。

(3) X 的取值范围是整个 X,$-\infty < x < \infty$,也即 $\int_{-\infty}^{\infty} f(x)\mathrm{d}x = 1$。

(4) σ 越大,曲线越平缓;σ 越小,曲线越陡峭。

此外,还可以证明曲线在 $x=\mu\pm\sigma$ 处有拐点。

正态分布的分布函数为:

$$F(x)=P(x_1<x<x_2)=\frac{1}{\sqrt{2\pi}\sigma}\int_{x_1}^{x_2} e^{-\frac{(x-\mu)^2}{2\sigma^2}}\,\mathrm{d}x \qquad (4\text{-}16)$$

正态分布概念最早是在 1733 年有德漠维尔(De. moiver)首先提出的,是概率论中很重要的一种分布。到了 19 世纪初期,正态分布经高斯(C. F. Gauss)和兰普莱斯(Laplace)的发展,用作随机误差分析。从此,正态分布为世人所重视。不仅很多随机现象服从正态分布,而且还有不少随机变量虽不服从正态分布,但在一定条件下，也用正态分布进行近视计算。因此，正态分布的应用非常广泛。同时，在实际工作中，人们更多地采用正态分布的另一种形式——标准正态分布。

标准正态分布就是指 $\mu=0,\sigma=1$ 时的正态分布，其密度函数为：

$$f(x)=\frac{1}{\sqrt{2\pi}}e^{-\frac{x^2}{2}} \quad (-\infty<x<+\infty) \tag{4-17}$$

简记 $X\sim N(0,1)$，其图形如图 4-10 所示：

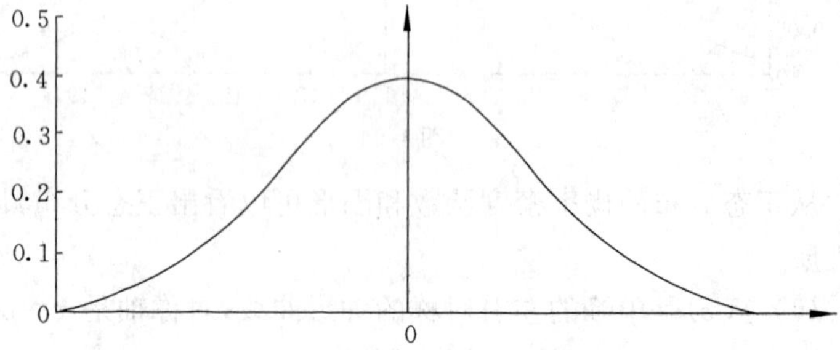

图 4-10

标准正态分布的分布函数：

$$F(x)=P(x_1<x<x_2)=\frac{1}{\sqrt{2\pi}}\int_{x_1}^{x_2}e^{-\frac{x^2}{2}}\mathrm{d}x \tag{4-18}$$

其数值用图形表示为图 4-11 中阴影部分的面积。

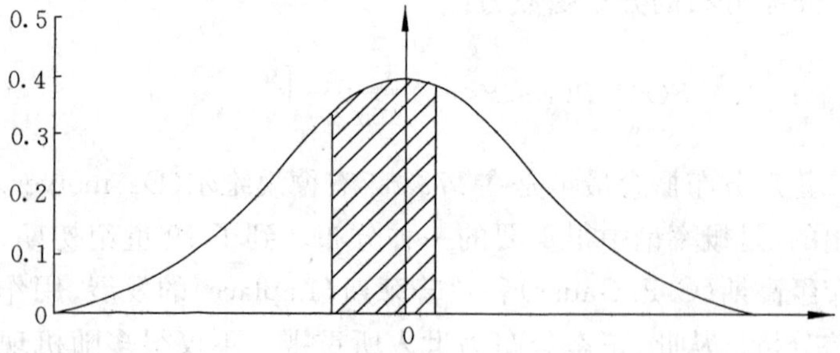

图 4-11

$F(x)$是 x 的正态分布函数，要计算 $F(x)$的数值时，只需要查标准正态分布表即可。而对于具有任意平均数 μ 和标准差 σ 的正态分布时，我们可以通过将其转换成标准正态分布来计算其概率问题，其转换公式为：

$$z=\frac{x-\mu}{\sigma} \tag{4-19}$$

【例 4-9】 某公司生产的轮胎平均行驶里程 $\mu=36\ 500$ 公里，标准差 $\sigma=5\ 000$ 公里，问该公司生产的轮胎行驶里程超过 40 000 公里的比例是多少？

解：这个问题实际上可以转换为该公司生产的轮胎行驶里程超过 40 000 公里的概率是多少。则有，$x=40\ 000$，$\mu=36\ 000$，$\sigma=5\ 000$。

$$z=\frac{x-\mu}{\sigma}=\frac{40\ 000-36\ 500}{5\ 000}=0.7$$

查标准正态分布表得：$z=0.7$ 时，其概率为 0.242。由此我们可以得出结论，该公司生产的轮胎大约有 24.2%行驶里程将超过 40 000 公里。

附录

一、用 Excel 计算离散型概率分布

以[例 4-8]资料计算。

第一步：选择 A1。

第二步：选择“插入”下拉菜单。

第三步：选择“函数”选项。

第四步：从“函数分类”中选择“统计”，并从“函数名”中选择“BINOMDIST”，按“确定”按钮。

第五步：在 BINOMDIST 对话框出现后，

在 Number_s 中输入“4”；

在 Trials 中输入“6”；

在 Probability_s 中输入“0.3”；

在 Cumulative 中输入“0”，然后按“确定”按钮，得此概率为 0.059535。

二、用 Excel 计算连续型概率分布

以[例 4-9]资料计算。

第一步：选择 A1。

第二步：选择“插入”下拉菜单。

第三步：选择“函数”选项。

第四步：从“函数分类”中选择“统计”，并从“函数名”中选择“MORMDIST”，按“确定”按钮。

第五步：在 MORMDIST 对话框出现后，

在 X 中输入“40 000”；

在 Mean 中输入“36 500”；

在 Standard_dev 中输入“5 000”；

在 Cumulative 中输入“1”，然后按“确定”按钮，得此概率为 0.758036422。

0.758 是表明轮胎的行驶里程小于或等于 40 000 公里的概率，则轮胎行驶里程大于 40 000 公里的概率为：1－0.758＝0.242。

复习思考题

1. 什么是概率？什么是概率分布？
2. 什么是二项分布？它的极限分布是什么？
3. 什么是正态分布？它有哪些特征？

习　题

1. 有一批产品共 100 件，其中有 6 件次品。从这批产品中不重复随机抽取 20 件产品进行质量检验，问这 20 件产品中的次品不超过 3 件的概率是多少？

2. 在 30 只自行车轮胎中有 5 只是坏的，从中不重复随机抽取 3 只，求这 3 只轮胎中有 2 只是坏的概率。

3. 有甲、乙两台设备生产相同的产品，甲设备生产 12 件，有 3 件次品；乙设备生产 16 件，有 2 件次品。若随机地从这 28 件产品中抽取一件，检验出是次品，则该产品是甲设备生产的概率是多少？是乙设备生产的概率又是多少？

4. 某班有 50 名学生，期末考试中数学有 5 人不及格，英语有 7 人不及格，有 3 人是英语和数学都不及格。从该班同学中随机抽选一名学生，问期末考试有一门课程不及格的概率是多少？

5. 一幢楼有 24 户居民，每户都有一台电冰箱，每台电冰箱在一小时内进行制冷 15 分钟，问在同一单位时间内至少有 20 台电冰箱在进行制冷的概率是多少？

6. 假定男性第一次结婚的平均年龄为 27 岁，标准差为 5 岁，且服从正态分布。则一个男人第一次结婚时的年龄小于 30 岁的概率有多大？一个男人第一次结婚时的年龄在 22～32 岁之间的概率有多大？

7. 某校学生《大学英语四级》考试平均成绩 52 分，标准差 15 分。若随机抽取一名学生，则该学生考试及格(60 分为及格线)的概率是多少？

8. 连续抛掷一枚硬币 10 次，问正面出现 6 次的概率是多少？若前 6 次出现的都是正面，则抛掷第七次时出现正面的概率是多少？

第五章 抽样估计

第一节 抽样估计中的基本概念

一、抽样估计

抽样估计又称为抽样推断，它是在抽样调查的基础上所进行的数据推算，即用抽样调查所得到的一部分单位的数量特征来估计和推算总体的数量特征。抽样估计是对总体进行描述的另一种重要方法。它具有花费小、适用性强、科学性高等特点。因此，国内外在许多领域都广泛地运用抽样推断来搜集和分析统计资料。

二、全及总体和样本总体

从统计调查的范围来看，我们通常将所研究对象的全体称为全及总体，简称为总体。从全及总体中抽取一部分单位所构成的总体称为抽样总体，又称为样本。抽样估计就是用样本的数量特征来估计总体的数量特征。一般来说，全及总体的单位数用 N 表示，抽样总体的单位数用 n 表示。当研究目的一旦确定，全及总体也就相应确定，而从全及总体中抽取的抽样总体则是不确定的。

三、全及指标和样本指标

统计是通过统计指标达到对总体的认识的。根据全及总体计算的综合指标称为全及指标。它可以有全及平均数(用 $\overline{X}$ 表示)、全及成数(用 P 表示)、全及方差(用 σ^2 表示)。根据样本总体计算的综合指标称为抽样指标即样本指标。同样，样本平均数用 $\overline{x}$

表示，样本成数用 p 表示，样本方差用 S^2 表示。在抽样估计中，全及指标是固定的量，而样本指标则是随机变量。

第二节　抽样和样本分布

一、样本单位的抽选方法

样本就是从总体中抽取一部分单位所构成的总体。选择样本的基本要求是样本应该对总体具有代表性。但不同的选样方法所抽取的样本对总体的代表性有着直接的影响。

（一）随机抽样和非随机抽样

1. 随机抽样

随机抽样是根据随机原则从总体中抽取部分单位构成样本的方法。所谓随机原则就是在抽选单位时，完全排除人的主观意识，其基本要求是保证全及总体中的每一个单位都有确定的不等于零的被抽中概率，某一单位在某次抽样中是否被抽中纯属偶然。只有遵守随机原则抽取样本单位，才能保证所研究的变量是随机的，才能运用概率论和数理统计的有关定理进行抽样推算。随机抽样是现代统计学中最重要的抽样方法，在实际抽样调查中被广泛应用。以下介绍几种较常用的随机抽样的组织形式。

（1）简单随机抽样。简单随机抽样又称为纯随机抽样，是抽样中最基本的组织方式。它是对全及总体中每一个单位不作任何处理，直接采用随机原则在全及总体中抽选样本单位。运用纯随机抽样，需要将全及总体的每一个单位进行编号，如果全及总体的单位数有 4 000 个，那么可以从 0 号开始编到 3 999 号。其抽取样本的方法有编号抽签法和随机数字表法。

简单随机抽样的优点是它最符合随机原则，但在实际操作中存在着局限性，即当总体单位数较多时，编号的工作量就会很大；

又当总体各单位标志值之间的差异较大时，就需要抽取更多的单位数来减少误差，以保证样本对总体的代表性。所以，简单随机抽样比较适合于总体单位标志值差异不大，且总体单位数较少的情况。

(2) 分层抽样。分层抽样又称分类抽样、类型抽样。它是将全及总体按照某一标志分成若干个类型或层次，然后在各类型中随机抽取样本单位。

按样本所抽取的单位数在总体各类型之间的分配方法不同，可分为等比例抽样和不等比例抽样。

等比例抽样是样本中各类型的单位数比例与全及总体相对应的各类型的单位数比例一致。例如，样本单位数 n 占全及总体单位数 N 的比例是 $f=\frac{n}{N}$，分层次第一类样本单位数 n_1 在相关类型总体单位数 N_1 中所占的比例 $f_1=\frac{n_1}{N_1}$ 等于 f。同样，$f_2=f$，$f_3=f\cdots$

例如，某总体有单位数 100 个，分三层(组)，第一组单位数 20 个，第二组单位数 30 个，第三组单位数 50 个。现用分类抽样抽取 10 个单位组成样本，根据等比例抽样，各组应抽取的单位数为：

$$f=\frac{10}{100}=0.1$$

第一组：$n_1=N_1\cdot f_1=N_1\cdot f=20\times 0.1=2$(个)

第二组：$n_2=30\times 0.1=3$(个)

第三组：$n_3=50\times 0.1=5$(个)

若样本中各组的单位数与全及总体相对应的各组单位数比例不一致，则称为不等比例抽样。一般情况下，对于标志变动度较大的组，抽取的单位数比例较大，而对于标志变动度小的组，抽取样本单位数的比例少一些。在实际应用中，往往较多地采用等比例抽样。在全及总体各单位标志值差异较大时，采用分层抽样比采用纯随机抽样会取得更满意的效果。

(3) 机械抽样。机械抽样也称等距抽样。它是将全及总体各单位按一定标志顺序加以排队，按随机原则抽取第一个单位，然后按相等的距离抽选其余的单位。

用机械抽样方式组织抽样，先对全及总体单位数进行排队。我们可以选择与调查研究内容有关的标志进行排队，称有关标志排队，如研究家庭每月支出情况时，可以选择按各家庭每月收入多少进行排队；也可以选择与调查研究内容无关的标志进行排队，如在研究学生平均成绩情况时，可以按学号排队。当然，无关标志和有关标志并没有严格的划分界限。

等距抽样的抽样距离是根据抽取的样本单位数和全及总体单位数计算而得，即抽样的间距 $K=\frac{N}{n}$。例如，某街道一居委会有 2 000户家庭，现抽取 20 户家庭调查其每月收入情况，则可先将 2 000户家庭按编号进行排队，从第 1 号排队至 2 000 号，计算出抽取的间隔数 $K=\frac{N}{n}=\frac{2\,000}{20}=100$。若在第一间隔段 1～100 号间随机抽得样本单位的编号为 15 号，即从 15 号开始，每隔 100 号再抽一个单位，直至抽满 20 户家庭。

这里要指出的是，等距抽样的间隔应避免与现象本身的规律性相一致，以免引起抽样偏差。

等距抽样的优点就在于简化了抽样程序。无论是按有关标志还是无关标志排队，在确定了第一个样本单位以后，其余的样本单位只要按一定的间隔很容易确定。

(4) 整群抽样。上述介绍的三种抽样方式都是一个一个地从全及总体中抽取样本单位，而整群抽样则是一群一群地从全及总体中抽取样本单位，每一群中都包含若干个样本单位，对被抽中的各群内的所有单位进行全面调查。它一般适用于两种情况:一种是全及总体单位数不易编号,如流水线上生产的产品;另一种是全及总体单位在地理分布上较广,用个体抽样得到的样本较分散,如对某山区农户的全年收入进行调查等。

整群抽样的优点在于抽选单位比较集中,调查较为方便。

2. 非随机抽样

从上面的讨论中,我们可以看到众多的随机抽样组织方式在实践中得以广泛应用。但是在某些场合,为了某些研究目的的需要,非随机抽样也具有一定的优势。所谓非随机抽样,就是不需要遵守随机原则从总体中抽取单位构成样本。现将几种非随机抽样方式分述如下:

(1) 定额抽样。这种抽样方法常用于民意测验和市场调查。一般是由调查人员确定样本单位,选择与研究目的有关的品质标志,如性别、民族、职业等,来确定和总体比例一致的样本比例。其样本的代表性大小,主要取决于调查人员的熟练程度和工作态度。定额抽样的主要优点在于它比随机抽样能节省更多的费用。

(2) 判断抽样。判断抽样也是一种有意识抽样。它是在对全及总体全面了解的基础上,凭主观意识判断抽取样本单位。例如,典型调查和重点调查,都是在对总体作深入细致地调查的基础上,选择一部分对总体有代表性的典型单位或重点单位进行调查的。在小型调查和试点调查中,判断选样以优质、低耗和快效而优于随机抽样,而在大样本中(样本单位大于 30 时),判断选样则不宜采用。

(二) 重复抽样和不重复抽样

从总体中抽取一部分单位构成样本,其抽样方法可以有重复抽样和不重复抽样两种。

重复抽样就是从总体 N 个单位中抽取 n 个单位组成样本,每当抽出一个单位进行计量后，在下一次抽选单位之前将前一次选出的单位放回原总体，这样，在每次抽选样本单位时，全及总体的容量 N 是不变的。当然，同一单位在各次抽选时，有被重复抽中的可能。一般情况下，从全及总体 N 个单位中抽取 n 个单位组成样本，在考虑样本单位构成顺序的情况下，可以抽得 N^n 个样本，若不考虑样本单位构成顺序，则可以抽得 C_{N+n-1}^n 个样本。

不重复抽样就是当第一个单位抽出以后不再放回原来的总体中，总体单位在每次抽选时是不同的。这种不重复抽样在实际工作中较常采用。同样，从全及总体 N 个单位中抽取 n 个单位，若考虑样本单位构成顺序，则可组成 $\frac{N!}{(N-n)!}$ 个样本；若不考虑样本单位构成顺序，则可组成 C_N^n 个样本。

在一个总体中，无论是采用重复抽样还是采用不重复抽样，都可以抽到很多个样本，而组成每个样本的单位数称为样本容量，用 n 表示。当样本容量 n 小于 30 时称为小样本，样本容量 n 超过 30 时称为大样本。在许多实际抽样中，抽出的样本均为大样本。

二、抽样分布

（一）样本平均数的抽样分布

在随机抽样的条件下，样本平均数是随机变量，因为从总体中可以抽得多个样本，而每一个样本的平均数是不同的。从概率论和数理统计可以知道，每一个随机变量都有其特定的分布规律。样本平均数的分布规律具有以下特征：

1. 全及总体服从 $N(\mu,\sigma^2)$ 分布时

（1）样本平均数 x 的分布不论样本大小均服从正态分布。

（2）样本平均数的数学期望 $\overline{x}$ 等于全及总体的平均数 $\overline{X}$，即 $\overline{x}=\overline{X}$。

（3）样本平均数的方差 $\sigma_{\bar{x}}^2$ 与全及总体的方差 σ^2 成正比，与样

本单位成反比：

$$\sigma_{\bar{x}}^2=\frac{\sigma^2}{n}$$

2. 全及总体不服从正态分布时

在这种情况下，只要样本容量足够大（样本单位数大于 30 的大样本），样本平均数 x 的分布将近似地服从正态分布。

（二）样本成数的抽样分布

成数是全及总体或样本中具有某种特征的单位数的比重，是一个交替标志的结构相对数。所谓交替标志就是对某一标志而言，其标志值的表现为“是”与“否”两种结果。一般将“是”的标志值用“1”表示，“否”的标志值用“0”表示。表 5-1 是成数的平均数和标准差的计算表。

表 5-1

变量 x 值	比重 $(f/\sum f)$	$x\cdot f/\sum f$	变量值与平均数离差	离差平方	离差平方×权数
1	p	p	$1-p$	$(1-p)^2$	$(1-p)^2\cdot p$
0	q	0	$0-p$	$(0-p)^2$	$(0-p)^2\cdot q$
合　计	1	p			$P(1-p)$

从表上计算可得：

$$\text{成数的平均数}=0+p=p$$

$$\text{成数的标准差}=\sqrt{p(1-P)}$$

我们可以用样本平均数分布的性质来讨论样本成数的性质，即

当样本容量很大时，样本成数 p 近似地服从正态分布。

样本成数的数学期望 $\overline{P}$ 等于全及成数 P，即 $\overline{P}=p$。

样本成数的方差等于$\dfrac{P(1-P)}{n}$。

三、抽样误差

（一）抽样误差的含义

抽样误差是指因随机抽样而引起的样本结构与总体结构不一致所产生的样本指标与总体指标之间的差异。在抽样调查中，产生统计误差的原因主要有三方面：

1. 登记性误差

登记性误差是指在调查资料的搜集、整理过程中由于疏忽而产生的人为误差，也是一切调查活动都可能产生的误差。

2. 系统误差

系统误差是指由于在抽样过程中违反随机原则或采用一些不正确的计算方法，导致样本对总体失去足够的代表性而产生的误差。

3. 随机误差

随机误差是指遵循随机原则进行抽样所产生的偶然性的误差。在抽样调查中，这是一种不可避免的误差。我们通常所说的抽样误差也仅指这种随机误差。

（二）抽样平均误差

从全及总体中抽取的样本可以是多个的。根据每个样本计算的样本指标也是不确定的，由此计算的样本指标与总体指标之间的误差也就不确定。但在实际抽样中，我们一般只是抽取其中的一个样本。由于总体指标在抽样推断过程中是未知的，因此单一样本指标与总体指标之间的实际抽样误差也是未知的。那么，用什么误差来衡量某个可能的样本指标的抽样误差呢？合理的方法就是计算所有可能的样本指标与总体指标的平均误差。

抽样平均误差就是指所有可能的样本指标与总体指标之间的平均离差，其计算公式为：

$$\mu_{\bar{x}}=\sqrt{\frac{\sum(\bar{x}-\bar{X})^2}{K}} \tag{5-1}$$

$$\mu_p=\sqrt{\frac{\sum(p-P)^2}{K}} \tag{5-2}$$

式中　$\mu_{\bar{x}}$，μ_p 分别表示样本平均数和样本成数的抽样平均误差；

$\bar{x}$，p 分别表示样本平均数和样本成数；

$\bar{X}$，P 分别表示全及总体平均数和全及总体成数；

K 表示样本平均数或样本成数的样本个数。

例如，有四位工人的日产量资料如表 5-2 所示：

表 5-2

工人编号	1	2	3	4
日产量(件)	12	14	16	18

现用随机不重复抽样抽取两个工人组成样本，其可能的样本数为 6 个$\left(C_4^2=\frac{4\times3}{2\times1}=6\right)$，抽样结果如表 5-3 所示：

表 5-3

样　本	样本变量 x	样本平均数 $\bar{x}$	抽样误差 $(\bar{x}-\bar{X})$	误差平方 $(\bar{x}-\bar{X})^2$
1,2	12,14	13	−2	4
1,3	12,16	14	−1	1
1,4	12,18	15	0	0
2,3	14,16	15	0	0
2,4	14,18	16	1	1
3,4	16,18	17	2	4
合　计	—	—	—	10

$$\text{总体平均数}\bar{X}=\frac{\sum X}{N}=\frac{12+14+16+18}{4}=15(\text{件})$$

$$\mu_{\bar{x}}=\sqrt{\frac{\sum(\bar{x}-\bar{X})^2}{K}}=\sqrt{\frac{10}{6}}=1.291(件)$$

上式计算表明,抽取的 6 个样本其所有样本平均数与总体平均数的平均离差是 1.291 件,同理,也可以计算随机重复抽样的平均误差。

然而,在实际工作中应用上式抽样平均误差的定义公式来计算是不可能的,其理由有两点:

(1) 全及指标 $\bar{X}$ 或 P 是一个未知量,无法在公式中使用。

(2) 在抽样过程中,我们不可能将所有可能的样本个个都抽取,即不可能得到所有样本的平均数或样本成数。

根据数理统计理论,可以得出如下的关系公式。

在重复抽样情况下:

$$\mu_{\bar{x}}=\sqrt{\frac{\sigma^2}{n}} \tag{5-3}$$

$$\mu_p=\sqrt{\frac{P(1-P)}{n}} \tag{5-4}$$

在不重复抽样情况下:

$$\mu_{\bar{x}}=\sqrt{\frac{\sigma^2}{n}\left(\frac{N-n}{N-1}\right)} \tag{5-5}$$

$$\mu_p=\sqrt{\frac{P(1-P)}{n}\left(\frac{N-n}{N-1}\right)} \tag{5-6}$$

式中 $\mu_{\bar{x}}$,μ_p 分别表示样本平均数的抽样平均误差和样本成数的抽样平均误差;

σ^2,$P(1-P)$分别表示平均数和成数的总体方差;

n 表示样本容量(样本单位数);

N 表示全及总体单位数。

于是,表 5-2 的资料可以用公式计算为:

$$\overline{X}=\frac{\sum X}{N}=\frac{12+14+16+18}{4}=15(\text{件})$$

$$\sigma^2=\frac{\sum(x-\overline{X})^2}{N}=\frac{20}{4}=5(\text{件})$$

$$\mu_{\bar{x}}=\sqrt{\frac{\sigma^2}{n}\left(\frac{N-n}{N-1}\right)}=\sqrt{\frac{5}{2}\left(\frac{4-2}{4-1}\right)}=1.291(\text{件})$$

其计算过程如表 5-4 所示：

表 5-4

工人编号	产量 X	$x-\overline{X}$	$(x-\overline{X})^2$
1	12	−3	9
2	14	−1	1
3	16	1	1
4	18	3	9
合　计	60	—	20

从表中可知，$\mu_{\bar{x}}$ 和表 5-3 的计算结果完全一致。

一般对上述抽样平均误差的计算公式有如下解释：

(1) 当全及总体单位数很大时，不重复抽样平均误差公式中的($N-1$)可以用 N 来代替，即(5-5)式、(5-6)式可以写成：

$$\mu_{\bar{x}}=\sqrt{\frac{\sigma^2}{n}\left(1-\frac{n}{N}\right)} \tag{5-7}$$

$$\mu_p=\sqrt{\frac{P(1-P)}{n}\left(1-\frac{n}{N}\right)} \tag{5-8}$$

(2) 在实际抽样中，常使用不重复抽样方法进行抽样，但当$\frac{n}{N}<5\%$时，不重复抽样均可采用重复抽样误差公式计算抽样平均误差。

(3) 在上述抽样平均误差的计算公式中，σ^2，$P(1-P)$是总体方差，是未知的量。在实际工作中一般都用样本方差来代替总体方差。事实上，当样本容量很大时，样本方差与总体方差会很接近。

下面举例说明抽样平均误差的计算方法。

【例 5-1】 设某地已成熟的 2 000 亩小麦即将收割，为估计小麦的亩产量，现按随机抽样方法抽取 10 亩小麦进行收割，收割后测得 10 亩小麦的平均亩产量是 350 千克，标准差是 12 千克。试计算抽样平均误差。

解：根据上述资料，已知 $N=2\,000$ 亩，$n=10$ 亩，$\bar{x}=350$ 千克，$S=12$ 千克。

用不重复抽样公式计算：

$$\mu_{\bar{x}}=\sqrt{\frac{\sigma^2}{n}\left(1-\frac{n}{N}\right)}=\sqrt{\frac{S^2}{n}\left(1-\frac{n}{N}\right)}$$

$$=\sqrt{\frac{12^2}{10}\left(1-\frac{10}{2\,000}\right)}=3.785(\text{千克})$$

因$\frac{n}{N}=\frac{10}{2\,000}=0.5\%$，故也可以用重复抽样公式计算，计算过程为：

$$\mu_{\bar{x}}=\sqrt{\frac{\sigma^2}{n}}=\sqrt{\frac{S^2}{n}}=\sqrt{\frac{12^2}{10}}=3.795(\text{千克})$$

上式计算的意义是：在重复抽样情况下，每一个样本平均亩产量与总体 2 000 亩小麦的平均亩产量之间的平均抽样误差是 3.795 千克；在不重复抽样情况下，抽样平均误差是 3.785 千克。由此也可以说明，重复抽样误差总比不重复抽样误差来得大。

【例 5-2】 某学校在 1 500 个学生中抽取 100 个学生进行视力健康调查，结果发现 30 个同学眼睛近视。试计算近视率的抽样平均误差。

解：已知 $N=1\,500$，$n=100$

$$\text{近视率 } p=\frac{30}{100}=30\%$$

不重复抽样的抽样平均误差：

$$\mu_p=\sqrt{\frac{P(1-P)}{n}\left(1-\frac{n}{N}\right)}=\sqrt{\frac{0.3\times0.7}{100}\left(1-\frac{100}{1\,500}\right)}=4.43\%$$

重复抽样的抽样平均误差：

$$\mu_p=\sqrt{\frac{P(1-P)}{n}}=\sqrt{\frac{0.3\times0.7}{100}}=4.58\%$$

上式计算的意义说明在重复抽样和不重复抽样情况下，每一个样本的近视率与总体的近视率之间的抽样平均误差分别为4.58%和4.43%。

第三节　总体指标估计

以上各节我们已经介绍了抽样的方法、抽样的平均误差以及抽样估计的数学基础。本节所讨论的是：如何用样本指标来估计总体指标，以完成抽样推算的最终任务。

样本指标对总体指标的推算方法主要有两种：一种是点估计；另一种是区间估计。

一、点估计

点估计也称定值估计，它是用样本指标值直接作为总体指标的估计值，就是用样本平均数直接估计总体平均数，即 $\bar{x}=\overline{X}$；用样本成数直接估计总体成数，即 $p=P$。用定值估计，在计算了样本指标以后，总体指标的估计值也随之得知。它是一种简单方便的估计方法，一般适用于对抽样估计的精度要求不高，或样本容量很大的情况。然而，在抽样实践中，由于抽样误差不可避免，所以点估计方法很少采用，而更多的是使用区间估计。

二、区间估计

区间估计就是运用样本指标、抽样误差和概率所构成的区间以估计总体指标存在的可能范围。在统计抽样中，区间估计被广泛使用。

如前所述，若全及总体服从正态分布，则样本平均数也服从正态分布，$\bar{x}=\bar{X}$，$\sigma_{\bar{x}}^2=\dfrac{\sigma^2}{n}$。样本平均数 $\bar{x}$ 落在以总体平均数 $\bar{X}$ 为中心的一定范围以内，可以根据样本平均数标准差来估计样本平均数的离散范围，且离散范围可用一定的概率表示。

即 $\bar{X}-\sigma_{\bar{x}}\leqslant\bar{x}\leqslant\bar{X}+\sigma_{\bar{x}}$　概率 68.27％

$\bar{X}-2\sigma_{\bar{x}}\leqslant\bar{x}\leqslant\bar{X}+2\sigma_{\bar{x}}$　概率 95.45％

$\bar{X}-3\sigma_{\bar{x}}\leqslant\bar{x}\leqslant\bar{X}+3\sigma_{\bar{x}}$　概率 99.73％

这可用图 5-1 表示：

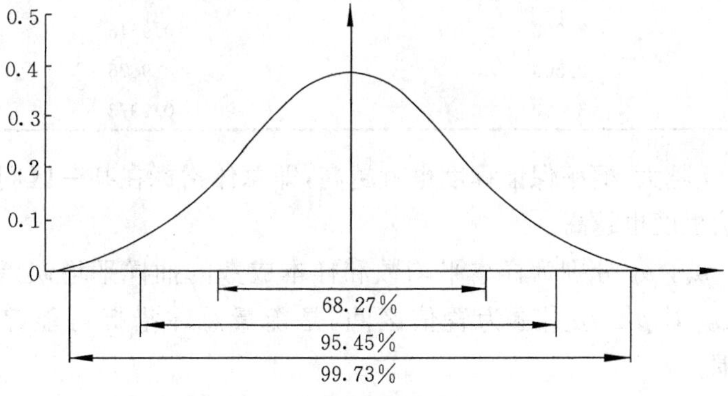

图 5-1

上述公式由于总体平均数是未知量，因而不等式为：

$\bar{x}-\sigma_{\bar{x}}\leqslant\bar{X}\leqslant\bar{x}+\sigma_{\bar{x}}$　概率 68.27％

$\bar{x}-2\sigma_{\bar{x}}\leqslant\bar{X}\leqslant\bar{x}+2\sigma_{\bar{x}}$　概率 95.45％

$\bar{x}-3\sigma_{\bar{x}}\leqslant\bar{X}\leqslant\bar{x}+3\sigma_{\bar{x}}$　概率 99.73％

交换后的不等式即用样本平均数去估计总体平均数的所在区间。用公式表示总体平均数的估计区间如下：

$\bar{x}-t\mu_{\bar{x}}\leqslant\bar{X}\leqslant\bar{x}+t\mu_{\bar{x}}$　有 $F(t)$的可信程度

同理，总体成数的估计区间为：

$$p - t\mu_p \leqslant P \leqslant p + t\mu_p \quad \text{有 } F(t) \text{的可信程度}$$

这里，$F(t)$是t的正态分布函数，t是概率度，二者的对应关系可以查"正态分布概率表"。这里摘录n个常用的数据关系，如表5-5所示：

表 5-5

t	$F(t)$
1.000	0.6827
1.500	0.8664
1.645	0.9000
1.960	0.9500
2.000	0.9545
2.500	0.9876
3.000	0.9973

t越大，概率保证程度也就越高，即总体指标在某一区间内的可信程度也越高。

$\mu_{\bar{x}}$，μ_p分别为样本平均数和样本成数的抽样平均误差，$[\bar{x} \pm t\mu_{\bar{x}}]$，$[p \pm t\mu_p]$称为置信区间，是衡量总体指标可能存在的范围。

【例 5-3】 仍用[例 5-1]资料，样本亩产量 350 千克，样本标准差 12 千克，以 95.45%的概率估计 2 000 亩小麦的平均亩产量范围以及 2 000 亩小麦总产量范围。

解：根据资料计算

$$\mu_{\bar{x}} = \sqrt{\frac{\sigma^2}{n}} = \sqrt{\frac{12^2}{10}} = 3.795(\text{千克})$$

由 $F(t) = 95.45\%$，查表得 $t=2$

即 $\bar{x} + t\mu_{\bar{x}} = 350 + 2 \times 3.795 = 357.59(\text{千克})$

$\bar{x} - t\mu_{\bar{x}} = 350 - 2 \times 3.795 = 342.41(\text{千克})$

则在 95.45%的概率保证下，2 000 亩小麦的平均亩产量在[342.41，357.59]千克之间。

若估计总产量范围，则可用 $N[\bar{x}\pm t\mu_{\bar{x}}]$来计算，即

$$2\,000\times[342.41,\ 357.59]\rightarrow[684\,820,\ 715\,180]\text{千克}$$

也就是在 95.45%的概率保证下，2 000 亩小麦总产量在 684 820～715 180 千克范围之间。

【例 5-4】 根据[例 5-2]的资料，以 99.73%的概率估计全校学生的近视率范围。

解：
$$p=\frac{30}{100}=30\%$$

$$\mu_p=\sqrt{\frac{P(1-P)}{n}}=\sqrt{\frac{0.3\times(1-0.3)}{100}}=4.58\%$$

由 $F(t)=99.73\%$，查表得 $t=3$

$$p+t\mu_p=30\%+3\times4.58\%=43.74\%$$

$$p-t\mu_p=30\%-3\times4.58\%=16.26\%$$

即以 99.73%的概率推算全校学生的近视率在 16.26%～43.74%之间。

【例 5-5】 从 5 000 件产品中随机不重复抽取 50 件产品进行重量测试，结果如表 5-6 所示：

表 5-6

按产品重量分组(克)	产品数(f)	组中值(x)	xf	$x-\bar{x}$	$(x-\bar{x})^2$	$(x-\bar{x})^2f$
100～120	2	110	220	−43.2	1 866.24	3 732.48
120～140	3	130	390	−23.2	538.24	1 614.72
140～160	30	150	4 500	−3.2	10.24	307.2
160～180	15	170	2 550	16.8	282.24	4 233.6
合　计	50	—	7 660	—	—	9 888

要求：在 95.45%概率保证下估计：

(1) 产品的平均重量范围。

(2) 若产品重量低于 140 克为不合格品，求合格率的可能范围。

解：(1) 根据表 5-6 的资料，先计算样本标准差，再用样本标准差直接代替总体标准差计算抽样平均误差。

$$\bar{x}=\frac{\sum xf}{\sum f}=\frac{7\ 660}{50}=153.2(\text{克})$$

$$S^2=\frac{\sum(x-\bar{x})^2 f}{\sum f}=\frac{9\ 888}{50}=197.76(\text{克})$$

$$\mu_x=\sqrt{\frac{S^2}{n}\left(1-\frac{n}{N}\right)}=\sqrt{\frac{197.76}{50}\left(1-\frac{50}{5\ 000}\right)}=1.979(\text{克})$$

由 $F(t)=95.45\%$，查表得 $t=2$

有
$$\bar{x}+t\mu_{\bar{x}}=153.2+2\times1.979=157.158(\text{克})$$
$$\bar{x}-t\mu_{\bar{x}}=153.2-2\times1.979=149.242(\text{克})$$

即以 95.45%概率估计 5 000 件产品的平均重量在 149.242～157.158 之间。

(2)
$$p=\frac{n_1}{n}=\frac{45}{40}=0.9=90\%$$

$$\mu_p=\sqrt{\frac{p(1-p)}{n}\left(1-\frac{n}{N}\right)}=\sqrt{\frac{0.9\times0.1}{50}\left(1-\frac{50}{5\ 000}\right)}=4.22\%$$

$$p+t\mu_p=90\%+2\times4.22\%=98.44\%$$
$$p-t\mu_p=90\%-2\times4.22\%=81.56\%$$

即以 95.45%概率估计 5 000 件产品的合格率在 81.56%～98.44%之间。

三、区间估计的必要样本单位数的确定

(一) 确定抽样单位数的依据

在组织抽样调查时，抽多少单位组成样本是一个十分重要的

问题。若抽取单位数过多，抽样误差会小一些，但所需费用会很高；若抽取的单位数过少，则会引起抽样误差偏大，用样本指标推算总体指标的精确度就会减少。因此，如何恰到好处地抽选必要的单位数，是在抽样以前所必须解决的问题。那么，确定样本单位数多少的依据是什么呢？

第一，样本单位数多少决定于总体标志变动度的大小。若总体标志变动度较大，说明总体各单位的差异较大，标志值分布不够均匀，为了减少抽样误差，则需要抽取较多的单位组成样本；若总体标志变动度较小，则说明总体各单位的差异较少，可以抽取较少的单位组成样本。

第二，抽样组织方式不同也会影响抽取样本单位数的多少。一般来说，分层抽样和按有关标志排队的等距抽样的抽样单位数小于纯随机抽样，不重复抽样的抽样单位数小于重复抽样的单位数。

除了以上两个主要因素以外，若抽样精度要求较高，则也需要抽取较多的单位数。当然，抽样所涉及的时间、地点和条件不同，也会影响必要的抽样单位数的确定。

（二）必要抽样单位数的计算公式

要确定必要的抽样单位数，抽样误差必须事先确定。从前面的讨论中我们知道，样本指标是一个随机变量，它与全及指标之差就是抽样误差，这个抽样误差可以是一个正离差，也可以是一个负离差。于是，样本指标与全及指标之间就有个误差范围的问题。统计上，在用样本指标估计总体指标时，将这个误差范围称为极限误差范围；而在确定必要抽样单位数时则称其为允许误差范围。

用 Δ_x，Δ_p 分别表示样本平均数和样本成数的极限误差范围，则

$$\Delta_x - |\bar{x}-\bar{X}| \qquad (5\text{-}9)$$

$$\Delta_p - |p-P| \tag{5-10}$$

由于 Δ_x,Δ_p 是随机变量,它和与根据计算所确定的抽样平均误差 $\mu_{\bar{x}}$,μ_p 的关系可表示为:

$$\Delta_x = t\mu_{\bar{x}} \tag{5-11}$$

$$\Delta_p = t\mu_p \tag{5-12}$$

分别用重复抽样和不重复抽样的抽样平均误差 $\mu_{\bar{x}}$、μ_p 代入上式,就可以得到必要抽样单位数的计算公式。

重复抽样必要单位数的计算公式为:

$$\Delta_x = t\mu_{\bar{x}} = t \cdot \sqrt{\frac{\sigma^2}{n}} \Rightarrow n = \frac{t^2\sigma^2}{\Delta_x^2} \tag{5-13}$$

$$\Delta_p = t\mu_p = t \cdot \sqrt{\frac{P(1-P)}{n}} \Rightarrow n = \frac{t^2 P(-P)}{\Delta_p^2} \tag{5-14}$$

不重复抽样必要单位数的计算公式为:

$$\Delta_x = t\mu_{\bar{x}} = t \cdot \sqrt{\frac{\sigma^2}{n}\left(1-\frac{n}{N}\right)} \Rightarrow n = \frac{t^2 N\sigma^2}{N\Delta_x^2 + t^2\sigma^2} \tag{5-15}$$

$$\Delta_p = t\mu_p = t \cdot \sqrt{\frac{P(1-P)}{n}\left(1-\frac{n}{N}\right)} \Rightarrow n$$

$$= \frac{t^2 NP(-P)}{N\Delta_p^2 + t^2 P(1-P)} \tag{5-16}$$

在上述公式中,σ^2、$P(1-P)$是平均数和成数的总体方差,在实际中通常可以用以下数据代替:

(1) 用样本方差代替总体方差。

(2) 用以往历史资料中的较大方差代替总体未知方差。

(3) 当成数方差未知时,可以用 $P=1/2$ 来进行计算。因为当 $P=1/2$ 时,成数方差为最大值。

【例 5-6】 对某型号电池进行电流强度的测试。二次抽样测得电流强度的标准差分别为 0.5A 和 0.6A,合格率分别为 90%

和 92%。要求在 95.45%概率保证下,抽样平均电流强度的极限误差不超过 0.08A,抽样合格率的极限误差不超过 6%,确定必要抽样单位数。

解:以知 $\sigma_1=0.5A$,$\sigma_2=0.6A$,$\Delta_x=0.08A$,$\Delta_p=6\%$,$t=2$。

$$P=90\% \quad p(1-p)=90\%\times10\%=0.09$$
$$P=92\% \quad p(1-p)=92\%\times8\%=0.0736$$

则有

$$n=\frac{t^2\sigma^2}{\Delta_x^2}=\frac{2^2\times0.6^2}{0.08^2}=225(\text{个})$$

$$n=\frac{t^2p(1-p)}{\Delta_p^2}=\frac{2^2\times0.09}{0.06^2}=100(\text{个})$$

所以,在 95.45%的概率保证下,使样本平均数的误差范围不超过 0.08A,应抽取 225 个单位进行调查;使样本成数的误差范围不超过 6%,应抽取 100 个单位进行调查;若同时满足上述 Δ_x 和 Δ_p 的条件,则应抽取 225 个单位进行调查。

【例 5-7】 为使抽样成数的误差范围不超过 5%,概率度为 2,试确定重复抽样情况下必要抽样单位数。

解:$\Delta_p=5\%$,$t=2$,$p=0.5$

$$n=\frac{t^2p(1-p)}{\Delta_p^2}=\frac{2^2\times0.5\times0.5}{0.05^2}=400(\text{单位})$$

若抽取 400 个单位组成样本,在 95.45%的概率保证下,抽样成数的抽样误差范围不会超过 5%。

附录 用 Excel 计算置信区间

用[例 3-1]资料进行计算。

第一步:在 A1 输入“成绩”,在 A2~A7 输入每人的成绩。

第二步:选择“工具”下拉菜单。

第三步:选择“数据分析”选项。

第四步：从“分析工具”列示中选择“描述统计”，然后按“确定”按钮。

第五步：当“描述统计”对话框出现后，

在“输入区域”栏中输入“＄A＄1：＄A＄7”；

在“输出选项”中选择“输出区域”；

在“输出区域”栏中输入“＄b＄1”；

在复选框中选择“汇总统计”；

选择“确定”按钮。

第六步：选择单元格 D3，输入公式＝2×C4，得抽样极限误差 9.660918。

第七步：选择单元格 E3，输入公式＝C3＋D3，得区间估计上限 84.66。

选择单元格 E4，输入公式＝C3－D3，得区间估计下限 65.34。

复习思考题

1. 什么是随机原则？在抽样调查中为什么要遵循随机原则？

2. 计算抽样平均误差时，如果不知道总体方差 σ^2 和 $p(1-p)$，通常有几种解决方法？

3. 为什么必须确定合理的抽样单位数？

4. 影响抽样数目的主要因素有哪些？

5. 什么是重复抽样和不重复抽样？它们有何差别？

6. 抽样误差与一般的调查误差有什么不同？

7. 抽样估计有哪些特点？其优良标准是什么？

8. 影响抽样误差的主要因素有哪些？

9. 重复抽样的抽样误差为什么总是大于不重复抽样的抽样误差？

10. 样本与总体有何区别与联系？

11. 抽样极限误差、概率度和抽样误差三者之间有何关系？概率度与概率之间有何关系？

12. 试述几种常用的抽样组织形式。它们在应用时各有什么特点？

习　题

1. 调查一批零件的合格率，根据以往资料合格率为95%。

要求：如果极限不超过1%，推断的概率保证程度为95%，问应抽取多少零件进行检查？

2. 某茶叶公司销售一种名茶，规定每包规格重量不低于150克，现抽取1%检验，结果如下表：

按每包重量分组(克)	148～149	149～150	150～151	151～152	合　计
包数(包)	10	20	50	20	100

要求：试以99.73%的概率，

(1) 评估这批茶叶平均每包重量的范围是否符合规格重量的要求(按重复抽样计算)。

(2) 估计这批茶叶包装的合格率范围。

3. 在2 000名工人中，采取重复抽样方式，随机抽取144名工人的土方工程进行测算，测量结果每人的平均工作量为$5.32m^3$，标准差$1.5m^3$。

要求：

(1) 以95%的概率保证程度($t=1.96$)来推算抽样极限误差。

(2) 根据上述条件，若要求Δ不超过$0.1m^3$，$t=1$，问应抽多少人调查？

4. 某地区组织职工家庭生活抽样调查，已知职工家庭平均每月每人生活费收入的标准差为11.5元。

要求：如果可靠程度为0.9545，极限误差为1元，问应抽取多少户进行调查？

5. 在纯随机重复抽样中，抽样单位数增加了1倍或3倍。

要求：

(1) 问平均数的抽样平均误差是如何变化的？

(2) 若抽样单位数减少50%或75%，抽样平均误差又如何变化？

6. 从仓库中随机抽选了200个零件，经检查有40个零件是一级品，又知道抽样数是仓库零件总数的1%。

要求：当把握程度为95.45%时，试估计该仓库这种零件一级品的区间范围。

7. 某洗衣机厂随机抽选100台洗衣机进行质量检验，发现有5台不合格。

要求：

(1) 试计算以68.27%的概率保证程度推断这批洗衣机的合格率。

(2) 若概率保证程度提高到95.45%，则这批洗衣机的合格率将怎样变化？

(3) 由此例说明误差范围与概率度之间的关系。

8. 从以往的调查知道，某产品重量标准差不超过2克。

要求：抽样极限误差不超过0.2克，可靠程度为95.45%，试问需要抽多少个单位？

9. 某高校进行一次英语测验，为了解考试情况，随机抽选1%的学生进行调查，所得资料如下：

考试成绩	60以下	60～70	70～80	80～90	90～100
学生人数	10	20	22	40	8

要求：试以95.45%的可靠性估计：

(1) 该校学生英语考试的平均成绩。

(2) 成绩在80分以上的学生所占的比重。

10. 如果成数方差未知，抽样极限误差不超过2%，概率保证程度为95.45%。

要求：试问在这种情况下，应抽取多少单位？

11. 从某县小麦收获面积中随机抽选100亩，经计算亩产量标准差为40千克。

要求：试计算该县小麦平均亩产在442.16～457.84千克之间的概率保证程度是多少？

12. 某厂对新试制的一批产品的使用寿命进行测试，随机抽选100个零件，测得其平均寿命为2 000小时，标准差为10小时。

要求：试计算：

(1) 以 0.6827 的概率,推断其平均寿命的范围。

(2) 如果抽样极限误差减少一半,概率不变,则应该抽查多少个零件?

(3) 如果抽样极限误差减少一半,概率提高到 0.9545,则又应该抽查多少个零件?根据上述条件变化与计算结果,如何理解样本单位数、抽样极限误差、概率度三者之间的关系?

第六章　假 设 检 验

抽样估计使我们对一些无法进行全面调查的总体，可以通过对样本信息的搜集来估计其特征，这是统计推断的内容之一。上一章所阐述的点估计和区间估计，在统计学中则称之为参数估计。而假设检验则是统计推断的另一方面内容。假设检验亦称显著性检验，是以样本指标为依据来分析总体指标的假设值（估计值）是否成立。通常是用样本指标和总体指标假设值之间的差异的显著性来说明。差异小，假设值的真实性就可能大；差异大，假设值的真实性就可能小。因此假设检验又称为显著性检验。

第一节　假设检验的基本概念

假设检验是在以某一总体指标作为假设的前提下进行的。例如，对某批产品抽样所得的每件平均重量是 480 克，而每件标准重量应是 500 克，那么其产品重量是否在合格范围内呢？这就是假设检验问题。下面介绍一些假设检验的基本概念。

一、总体的自然状态

总体是统计研究的基本出发点。在一定条件下总体所表现的特征即为总体的自然状态或称为可能状态，可用 W 来表示。当条件发生变化时，其自然状态也会发生变化，但不管怎样，总体自然状态可以表现为两种：一是真实自然状态，用 W_1 表示；二是非真实的自然状态，用 W_2 表示。对总体指标的假设正是基于总体的自然状态。

二、总体指标的假设

对总体指标提出假设，一般同时包括两个部分，即原假设和替代假设。

原假设又称虚无假设或零假设，是我们要检验的假设，用 H_0 表示；替代假设又称对立假设或备择假设，是当原假设被否定时即可成立的假设，用 H_1 表示。原假设和替代假设是相互对立的。若接受原假设 H_0，则否定替代假设 H_1；若否定原假设 H_0，则接受替代假设 H_1。以服从正态分布的 μ 为例，其假设有三种情况：

(1) μ 是否等于某个给定值 μ_0？

$$H_0: \mu = \mu_0;\ H_1: \mu \neq \mu_0$$

(2) μ 是否大于等于某个给定值 μ_0？

$$H_0: \mu \geqslant \mu_0;\ H_1: \mu < \mu_0$$

(3) μ 是否小于等于某个给定值 μ_0？

$$H_0: \mu \leqslant \mu_0;\ H_1: \mu > \mu_0$$

上述(1)式中我们所提出的原假设是 $\mu = \mu_0$（这里 μ 可以是其他参数，如方差、成数等），那么只要“$\mu > \mu_0$”或“$\mu < \mu_0$”有一个成立，就可以否定原假设。这种假设称为双边检验。而(2)、(3)式中，我们指出的原假设是“$\mu \geqslant \mu_0$”或“$\mu \leqslant \mu_0$”，那么只要“$\mu < \mu_0$”或“$\mu > \mu_0$”，就可以否定原假设，这种假设检验问题就称为单边检验。

为了对原假设 H_0 进行检验，可以作一次或 n 次试验，可以把所得结果，即所得到的观察值，作为接受或拒绝原假设 H_0 的依据。若拒绝 H_0 就等于接受 H_1，问题是当 θ（检验的统计量）出现什么数值时才接受 H_0，出现什么数值时则拒受 H_0。当然，在一

切可能出现的 θ 值中，如一部分作为可以接受原假设 H_0 的取值范围，其余部分一定就是属于拒受的范围。通常把属于拒受范围的值称为检验的临界区域或判断区域，这里每一个试验结果都可以用数轴上的某个点来表示。在数轴上，整个样本空间被分成接受区域和拒受区域两部分，因此，建立一个统计假设的问题实际上就是选择一个临界区域的问题。

三、两类错误

假设样本空间占了整个数轴的正向位置，我们选定 $x>1$ 的部分为临界区域(即拒受范围)，试问这样的选择是否合理？结果怎样？

如果原假设 H_0 是真实的，而观察值却为 $x>1$，因为 $x>1$ 的点已落入临界区域，故拒受原假设 H_0。显然这样的判断是错误的，即将总体真实的自然状态检验为总体的非真实自然状态。这类错误我们称之为第一类错误(错误Ⅰ)。另一种情况是：如果实际上替代假设 H_1 是真实的，而观察值没有超过 1，于是接受原假设 H_0。这个判断也是错误的，即将非真实的自然状态检验为真实的自然状态，这类错误称为第二类错误(错误Ⅱ)。上述两种可能错误的决策和两种可能正确的决策可用表 6-1 表示：

表 6-1

	原假设 H_0 真实	替代假设 H_1 真实
$x>1$(拒受 H_0)	错误Ⅰ	正确决策
$X\leqslant 1$(接受 H_0)	正确决策	错误Ⅱ

下面我们讨论衡量这两类错误大小的方法。错误Ⅰ的大小用犯错误Ⅰ的概率来表示，也就是原假设真实，而样本点都落入临界区域的概率，常用 α 表示。即显著性水平 $\alpha=1-F(t)$。错误Ⅱ的大小，用犯错误Ⅱ的概率表示，也就是替代假设 H_1 真实，而样

本点都落入非临界区域的概率，常用β表示。

有了这两类错误的衡量方法，有助于提出判别假设检验优劣的一些基本原则。因为当其他条件不变时，α大则β小；反之，α小则β大。通常对错误Ⅰ大小相同的检验，应选择错误Ⅱ尽可能小的检验，使两类错误的总和最小。在实践中，统计学家常常先确定一个可允许的错误Ⅰ，然后建立一个使错误Ⅱ最小的检验。对试验次数给定的试验来说，当错误Ⅰ减少时，错误Ⅱ就增大，因此不可能做到既要使错误Ⅰ达到所要求的小，而又不影响错误Ⅱ的增大。因此，在试验中经常要调整错误Ⅰ，使两类错误的大小达到平衡的状态。根据经验，错误Ⅰ常取0.05，即$\alpha=0.05$，以避免繁复的调整，这就是说真实假设被拒受的概率是0.05。当然，这个$\alpha=0.05$是任选的，在实务中也可以用$\alpha=0.10$，$\alpha=0.01$等。而$\alpha=0.05$是最常用的。很多试验，可以先设$\alpha=0.05$，再计算β值，如β太大，再对α进行调整。

四、检验统计量

由样本所构造的随机变量称为统计量。所有的样本指标都可以称作统计量。在假设检验中，我们根据样本的数据，计算出相应的检验统计量，从而判断接受还是拒受参数的假设。

设被研究的总体服从正态分布$N(\mu,\sigma^2)$，其中参数σ已知，μ未知。现对参数μ进行统计检验。

由于变量x服从正态分布，则样本$\bar{x}$也服从正态分布$N\left(\mu,\frac{\sigma^2}{n}\right)$。为了检验$\mu$是否等于$\mu_0$，我们建立$H_0:\mu=\mu_0$，从而建立统计量$Z$，并有：

$$Z=\frac{\bar{x}-\mu_0}{\sigma/\sqrt{n}} \tag{6-1}$$

若参数σ未知，则可建立统计量t：

$$t=\frac{\overline{x}-\mu_0}{S/\sqrt{n}} \tag{6-2}$$

检验统计量的基本形式可表示为：

$$\text{检验统计量}=\frac{\text{样本统计量}-\text{参数假设值}}{\text{统计量的标准差}}$$

综上所述，假设检验的基本过程为：

(1) 根据要求，提出原假设 H_0 和替代假设 H_1，在检验进行中，假设 H_0 是真实的。

(2) 选定合适的检验统计量。

(3) 决定显著性水平 α，α 常取 0.05 或 0.01。

(4) 根据显著性水平确定统计量的临界区域，同时注意是双边检验还是单边检验。

(5) 根据计算的统计量及所确定的显著水平作出决策，如果统计量的值落在临界区域，说明原假设和样本描述的情况有显著差异，应该否定原假设；如果统计量的值落在非临界区域(接受区域内)，说明样本和原假设的值差异不显著。一般情况下，只要对原假设作出判断就可以得出最后的结论。

第二节　假 设 检 验

一、总体平均数的假设检验

总体平均数的假设检验就假设提出的不同可以分为单边检验和双边检验。其检验统计量的选择取决于总体分布的特征及样本单位数的多少。现分述如下：

(一) 总体为正态分布且方差已知

1. 双边检验

【例 6-1】 设某异常区磁场强度服从 $N(\mu,\sigma)$ 的正态分布，

由以前的观察已知 $\mu=56$，$\sigma=20$。现有一台新型号机器，用它进行磁测，抽测了 41 个点，测得平均数 $\bar{x}=61.1$，$S=20$，问此仪器测得的结果是否合乎要求。

解：假设 $H_0: \mu=\mu_0=56$

$H_1: \mu\neq\mu_0\neq56$

因为总体服从正态分布，且方差已知，若 H_0 真实，则选用统计量：

$$Z=\frac{\bar{x}-\mu_0}{\sigma/\sqrt{n}}$$

怎样根据统计量 Z 进行决策呢？我们先作一些分析。

例中，原假设 $\mu=\mu_0=56$，若 $\mu>56$ 或 $\mu<56$，则可否定原假设，因而这是一个双边检验问题。对样本平均数 $\bar{x}$ 正态分布标准化后得到的变量 Z，其临界区位于标准正态分布曲线的两边。我们将临界区域的端点作为临界值，那么在显著水平为 α 的情况下，由于要求在接受域的概率是 $1-\alpha$，这就相当于在两边的拒受域的概率之和为 α，即每一边的概率是 $\frac{\alpha}{2}$，故它的临界值分别为 $-Z_{\frac{\alpha}{2}}$，$Z_{\frac{\alpha}{2}}$。并只要 $Z\geqslant Z_{\frac{\alpha}{2}}$ 或 $Z\leqslant -Z_{\frac{\alpha}{2}}$，就可以否定原假设。对于标准正态分布来说，$|Z|\geqslant Z_{\frac{\alpha}{2}}$，就否定原假设，如图 6-1 所示：

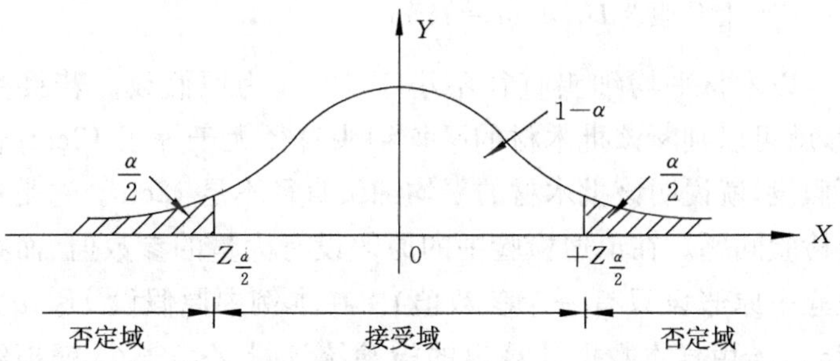

图 6-1

选择 $\alpha=0.05$ 的显著水平，查正态分布表得 $Z_{\frac{\alpha}{2}}=1.96$，$-Z_{\frac{\alpha}{2}}=-1.96$

将已知数据代入上式，得

$$Z=\frac{61.1-56}{20/\sqrt{41}}=1.63$$

由于 $|Z|<Z_{\frac{\alpha}{2}}(1.96)$ 落在接受域中，所以接受原假设，即新仪器测试结果符合要求。结果如图 6-2 所示：

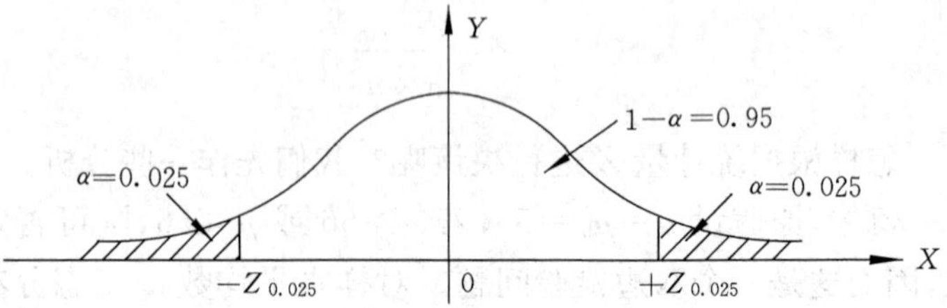

图 6-2

2. 单边检验

【例 6-2】 设从一批木材中抽出 100 根，测其细头的直径，得到样本平均数 $\bar{x}=11.2\text{cm}$，已知标准差 $\sigma=2.6\text{cm}$，问该批木材平均细头直径是否不小于 12cm？

解：原假设为 $H_0:\mu\geqslant\mu_0=12\text{cm}$

替代假设 $H_1:\mu<\mu_0=12\text{cm}$

以木材平均细头直径不小于 12cm 为原假设。若接受原假设，就可以判断该批木材的平均细头直径大于等于 12cm；若拒绝原假设，就说明该批木材的平均细头直径不足 12cm。这是一个单边检验问题。在单边检验中的原假设有大量的参数值（而在双边检验中原假设只有一个参数值）。在本例中原假设 $H_0:\mu\geqslant\mu_0=12\text{cm}$，若由样本数据计算出的检验统计量 $Z<-Z_\alpha$，就拒绝原假设；若 $Z>Z_\alpha$，就接受原假设，如图 6-3 所示：

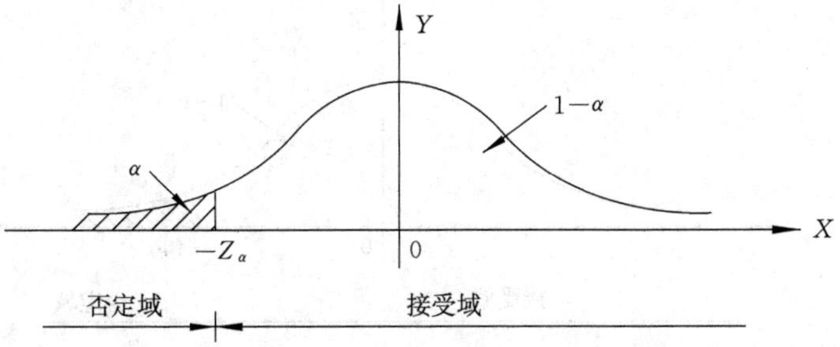

图 6-3

同样，在显著水平为 α 的情况下，临界值为 $-Z_\alpha$。因为临界值落在正态分布曲线的左边，故又称左侧检验。本例中 $\bar{x}=11.2\text{cm}$，$\sigma=2.6\text{cm}$，$n=100$，$\mu_0=12\text{cm}$，故我们仍选用统计量 Z。

$$Z=\frac{\bar{x}-\mu_0}{\sigma/\sqrt{n}}$$

将已知数据代入上式，有

$$Z=\frac{11.2-12}{2.6/\sqrt{100}}=\frac{-0.8}{0.26}=-3.08$$

当选择 $\alpha=0.05$ 的显著水平，查正态分布表得 $Z_\alpha=1.64$

因 $Z(-3.08)<-Z_\alpha(-1.64)$，则应该拒绝原假设，说明该批木材的平均细头直径不可能大于 12cm。

同理，我们也可以得出临界值 Z_α 在正态分布曲线右边的检验，即右侧检验。

若假设　　$H_0: \mu\leqslant\mu_0$

　　　　　$H_1: \mu>\mu_0$

则 $Z\geqslant Z_\alpha$ 为否定域，$Z<Z_\alpha$ 为接受域，如图 6-4 所示。

【例 6-3】 根据历史资料，某厂产值日产量 X 服从正态分布，其平均值 μ_0 为 65 件；标准差 σ 为 4 件。为了满足市场供应，现

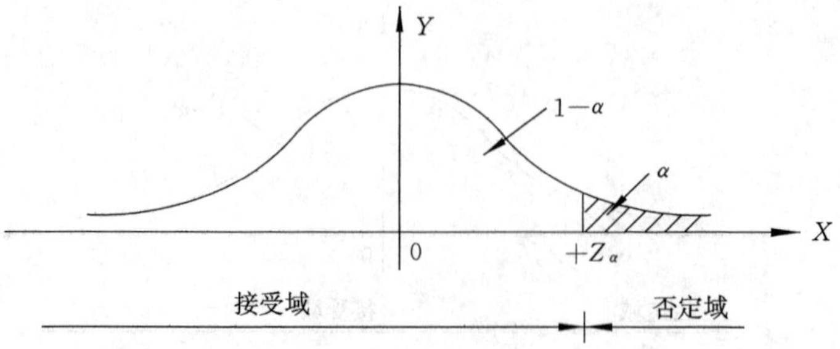

图 6-4

进行了设备更新。随机抽取 7 天的产量，求得平均产量为 68 件。试问在显著水平 $\alpha=0.05$ 情况下，设备更新后的日产量有否明显提高？

解：样本平均产量为 68 件，似乎已看出产量有所提高，但不能排除抽取的样本其产量在总体产量中偏高的偶然性。因而，必须通过假设检验来得出结论。若将产量减少作为原假设，那么只要拒绝原假设，就说明产量有明显提高。这是一个右侧检验问题。

假设 $H_0: \mu \leqslant \mu_0 = 65$

$H_1: \mu > \mu_0 = 65$

由于总体服从正态分布，且方差已知，所以选用统计量 Z。

$$Z=\frac{68-65}{4/\sqrt{7}}=\frac{3}{4/\sqrt{7}}=1.984$$

当选择 $\alpha=0.05$ 的显著水平，查正态分布表得 $Z_\alpha=1.64$

因为 $Z(1.984)>Z_\alpha(1.64)$，故拒绝原假设产量小于 65 件。所以，经过检验可以说明设备更新后的产量比原来有明显提高。

（二）总体为正态分布但方差未知

当总体标准差 σ 未知时，不能直接运用 Z 统计量进行检验。这时用样本标准差 S 来估计总体标准差 σ，于是得到新的统计量 t。

$$t=\frac{\overline{x}-\mu_0}{S/\sqrt{n}}$$

称为服从自由度 $n-1$ 的 t 分布。

t 分布是英国统计学家戈塞特(1876～1937)于 20 世纪初首先发现的。他的学生以“Student”作为笔名发表此研究结果,所以该研究成果又称学生分布,即 t 分布。t 分布和正态分布一样,均属对称分布,并且其图形表现为向 X 轴无限接近。但以 t 分布和正态分布相比较,t 分布的中心部分较低,两边较高。对于不同的样本容量都有相应的 t 分布,并且当样本容量很大时,t 分布接近于正态分布。当样本容量大于 30 时,就可以用正态分布来取代 t 分布,二者关系可用图 6-5 表示:

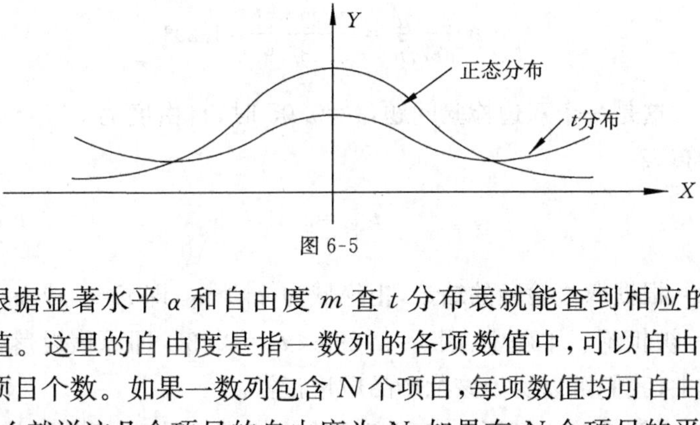

图 6-5

根据显著水平 α 和自由度 m 查 t 分布表就能查到相应的 t 分布值。这里的自由度是指一数列的各项数值中,可以自由变动的项目个数。如果一数列包含 N 个项目,每项数值均可自由变动,那么就说这几个项目的自由度为 N;如果在 N 个项目的平均数已经确定的条件下,则只有 $N-1$ 个项目可以自由变动,而另一个项目的数值必须由平均数及 $N-1$ 个项目数值所决定,不能自由变动,故其自由度为 $N-1$。统计量 $t=\frac{\overline{x}-\mu_0}{S/\sqrt{n}}$ 中的自由度为$n-1$。

t 检验的方法和步骤与 Z 检验基本相同,所不同的只是使用 t 统计量。它同样有双边检验、单边检验之分。

【例 6-4】 某机器在正常工作情况下，平均每件产品重量应为 50 千克，今从该机器所生产的某批产品中抽取 9 件产品，分别测得其重量为(单位：千克)：

52.1，50.5，51.2，49.7，49.5，50.5，58.7，50.5，48.3

问该批产品质量是否正常？

解：按题意，建立如下的假设：

原假设　$H_0: \mu \leq \mu_0 = 50$

替代假设　$H_1: \mu > \mu_0 = 50$

根据样本计算结果如下：

$$\bar{x} = 51.22 \text{ 千克} \quad S = 2.83 \text{ 千克} \quad n = 9$$

$$t = \frac{\bar{x} - \mu_0}{S/\sqrt{n}} = \frac{51.22 - 50}{2.83/\sqrt{9}} = 1.293$$

这是一个双边检验问题，$\alpha = 0.05$ 时，自由度为 8(9－1)，查 t 分布表：

$$t_{\frac{0.05}{2}} = 2.31$$

根据双边检验的结论，拒绝域为 $|t| > t_{\frac{\alpha}{2}}$，即 $t > t_{\frac{\alpha}{2}}$ 或 $t < -t_{\frac{\alpha}{2}}$，$H_0$ 被拒绝。本题中，因 $t = 1.293 < t_{\frac{\alpha}{2}} = 2.31$，即原假设落在接受域中，我们可以认为该批产品质量正常。

【例 6-5】 某厂生产某产品的单位成本是 70 元，今从产品中抽出 16 件进行测试，测得单位成本 72 元，标准差 4 元。假设在 $\alpha = 0.05$情况下，问单位成本是否比原来提高？

解：建立假设：

原假设　$H_0: \mu \leqslant \mu_0 = 70$

替代假设　$H_1: \mu > \mu_0 = 70$

由于总体方差未知，应选取统计量 t：

$$t=\frac{\overline{x}-\mu_0}{S/\sqrt{n}}$$

它服从自由度为 15 的 t 分布。根据题意，$\overline{x}=72$，$S=4$，$\mu_0=70$，$n=16$，代入上式：

$$t=\frac{\overline{x}-\mu_0}{S/\sqrt{n}}=\frac{72-70}{4/\sqrt{16}}=2$$

本题属单边右侧检验，由 $\alpha=0.05$，查自由度 15 的单侧 t 分布表，确定其临界值为：

$$t_{0.05}(15)=1.753$$

根据单边右侧检验的结论，其拒受域应为 $t>t_\alpha$。本题$t(2)>t_\alpha(1.753)$成立，故拒绝 H_0。说明产品的单位成本比原来有所提高。

（三）总体为非正态分布

我们所讨论的许多总体，其变量并非都服从正态分布。对于非正态分布平均数的假设检验，需要样本的容量足够大，一般对于容量大于 30 的大样本可选用检验统计量 Z。

$$Z=\frac{\overline{x}-\mu_0}{\sigma/\sqrt{n}}$$

Z 值近似地服从正态分布。若总体方差 σ^2 未知，也可用样本方差 S^2 来代替，且选用统计量 t。

$$t=\frac{\overline{x}-\mu_0}{S/\sqrt{n}}$$

它服从自由度为 $n-1$ 的 t 分布。

（四）两总体平均数之差的假设检验

在各门学科中经常遇到的问题之一，是把一个试验的结果与控制的目标进行比较，以观察试验是否产生了有意义的结果。解决这种问题的一个方法是：检验被试验的两个总体的平均值是否在本质上相同。当两个总体均为正态分布或近似正态分布，且两总体的方差 σ_1^2,σ_2^2 为已知，$\bar{x}_1,\bar{x}_2$ 表示两总体的平均数，则可用统计量 Z 进行检验：

$$Z=\frac{(\bar{x}_1-\bar{x}_2)-(\mu_1-\mu_2)}{\sqrt{\dfrac{\sigma_1^2}{n_1}+\dfrac{\sigma_2^2}{n_2}}} \tag{6-3}$$

在显著水平为 α 的情况下：

检验假设 $H_0:\mu_1=\mu_2$ 的拒绝域为 $|Z|>Z_{\frac{\alpha}{2}}$；

检验假设 $H_0:\mu_1\geqslant\mu_2$ 的拒绝域为 $Z<Z_\alpha$；

检验假设 $H_0:\mu_1\leqslant\mu_2$ 的拒绝域为 $Z>Z_\alpha$。

当两总体均为正态分布但方差未知时，可用样本方差 S_1^2,S_2^2 代替总体方差 σ_1^2,σ_2^2，且可用 t 统计量进行检验，这里 $n_1=n_2$。

$$t=\frac{(\bar{x}_1-\bar{x}_2)-(\mu_1-\mu_2)}{\sqrt{\dfrac{S_1^2}{n_1}+\dfrac{S_2^2}{n_2}}} \tag{6-4}$$

t 服从自由度为 n_1+n_2-2 的 t 分布。

在检验水平为 α 的情况下：

检验假设 $H_0:\mu_1=\mu_2$ 的拒绝域为 $|t|>t_{\frac{\alpha}{2}}$；

检验假设 $H_0:\mu_1\geqslant\mu_2$ 的拒绝域为 $t<t_\alpha$；

检验假设 $H_0:\mu_1\leqslant\mu_2$ 的拒绝域为 $t>t_\alpha$。

【例 6-6】 某厂生产 A、B 两种牌号的灯泡，现各抽 50 只进行测试，发现 A 的平均寿命为1 282 小时，标准差为 80 小时；B 的平均寿命为1 208 小时，标准差为 90 小时，问能否断定两种灯泡的质量(平均寿命)实际上是不同的。

解：建立假设：

$$H_0:\mu_1=\mu_2$$

$$H_1:\mu_1\neq\mu_2$$

根据题意：

$\bar{x}_1 = 1\,282$ 小时，$\bar{x}_2 = 1\,208$ 小时，$S_1 = 80$ 小时，$S_2 = 90$ 小时，

$n_1 = n_2 = 50$ 只。

因总体方差未知，选用 t 统计量进行检验：

$$t = \frac{(\bar{x}_1 - \bar{x}_2) - (\mu_1 - \mu_2)}{\sqrt{\frac{S_1^2}{n_1} + \frac{S_2^2}{n_2}}} = \frac{1\,282 - 1\,208}{\sqrt{\frac{80^2}{50} + \frac{90^2}{50}}} = 4.35$$

根据 H_1 的要求，检验的临界区域应取在 $\bar{x}_1 - \bar{x}_2$ 分布的双侧，属双边检验。若我们选 $\alpha = 0.05$，查自由度为 98(50+50−2)的 t 分布双边检验，得 $t_{\frac{0.05}{2}}(98) \approx 1.980$。根据双边检验的判断，其拒绝域应用 $|t| > t_{\frac{\alpha}{2}}$，本题中的 $t = 4.35$，$t_{\frac{\alpha}{2}} = 1.98$，故 $t > t_{\frac{\alpha}{2}}$，则 $\bar{x}_1 - \bar{x}_2$ 已落入临界区域中，因而拒绝 H_0。从而可以判断，两种灯泡的质量实际上是不同的。

当两个样本容量不同($n_1 \neq n_2$)，总体方差未知时，则统计量 t 为：

$$t = \sqrt{\frac{n_1 n_2 (n_1 + n_2 - 2)}{n_1 + n_2}} \cdot \frac{\bar{x}_1 - \bar{x}_2}{\sqrt{n_1 S_1^2 + n_2 S_2^2}} \tag{6-5}$$

服从自由度 $n_1 + n_2 - 2$ 的 t 分布。

当 $n_1 = n_2$ 时，(6-5)式就等同于(6-4)式。

【例 6-7】 从某锌矿的 A、B 两支矿脉中各抽取样本容量为 8 和 9 的样本，分析后计算其含锌的平均数(%)及方差资料如下：

A 支：$\bar{x}_1 = 0.230$，$S_1^2 = 0.1337$，$n_1 = 9$

B 支：$\bar{x}_2 = 0.269$，$S_2^2 = 0.1736$，$n_2 = 8$

若 A、B 两支矿脉的含锌量都服从正态分布，试问 A、B 两支矿脉的含锌量的平均值是否可看作是一致的。

解：这是一个由两个样本来检验两总体的平均值是否一致的问题，且这里总体方差未知，样本容量不同，应选用公式(6-5)统计量进行检验。

建立假设：$H_0:\mu_1=\mu_2$

$$t=\sqrt{\frac{n_1n_2(n_1+n_2-2)}{n_1+n_2}}\cdot\frac{\bar{x}_1-\bar{x}_2}{\sqrt{n_1S_1^2+n_2S_2^2}}$$

$$=\sqrt{\frac{9\times8\times(9+8-2)}{9+8}}\cdot\frac{0.230-0.269}{\sqrt{9\times0.1338+8\times0.1736}}$$

$$=\sqrt{63.5294}\cdot\frac{-0.039}{\sqrt{2.5921}}$$

$$=-1.931$$

若显著水平 $\alpha=0.05$，按自由度 15(9＋8－2)，查 t 分布双边检验得 $t_{0.05}(15)=2.13$。根据 t 分布的双边检验的判断，其接受域为 $|t|<t_\alpha$，本题中

$$|t|=0.1931<2.13$$

所以原假设 $H_0:\mu_1=\mu_2$ 成立，可以说明 A、B 两支矿脉的平均含锌量是一致的。

二、总体成数的假设检验

(一) 单一总体成数的假设检验

上一章我们讨论了平均数 $\bar{x}$ 的分布及成数 p 的分布。一般来说，在大样本情况下，即 $np>5$，$n(1-p)>5$ 时，可将成数 p 的分布转化为正态分布，通常地可将样本成数 p 看成近似地服从均值为 p，方差为 $\frac{1}{n}p(1-p)$ 的正态分布。于是我们可用 Z 统计量作为总体成数 p 的检验统计量，表示为：

$$Z=\frac{p-p_0}{\sqrt{\frac{p_0(1-p_0)}{n}}} \tag{6-6}$$

式中　p 表示指样本成数；

p_0 表示总体成数。

【例 6-8】 某电视节目的以往收视率是 55%。为了吸引更多的电视观众,对该节目进行改版。现对 100 户家庭进行调查,发现 61 户家庭观看该电视节目。在显著水平为 0.05 条件下,问收视率是否有所提高。

解:建立假设:

$$H_0: p \leqslant p_0 \leqslant 0.55$$

$$H_1: p > p_0 > 0.55$$

根据资料计算:

$$p=\frac{61}{100}=61\%=0.61$$

$$np=100\times 0.61=61>5$$

$$n(1-p)=100\times(1-0.61)=100\times 0.39=39>5$$

近似地服从正态分布,可选用 Z 统计量进行检验:

$$Z=\frac{p-p_0}{\sqrt{\dfrac{p_0(1-p_0)}{n}}}=\frac{0.61-0.55}{\sqrt{\dfrac{0.55(1-0.55)}{100}}}=1.207$$

在显著水平 $\alpha=0.05$ 条件下,查正态分布表:$Z_{0.05}=1.645$

这是右侧检验。根据右侧检验的判断标准,拒绝域为 $Z>Z_\alpha$,接受域为 $Z<Z_\alpha$。本题中 $Z=1.207<Z_\alpha$,所以接受 H_0 的假设。说明节目改版后,收视率并没有提高。

(二)两总体成数之差的假设检验

同两总体均值的假设检验相似,两总体成数之差的假设检验可以对两总体成数差异进行比较。设 n_1、n_2 代表两样本容量,p_1、p_2 为两样本成数,当试验次数 n_1 与 n_2 充分大时,样本成数之差 p_1-p_2 将近似地服从正态分布,其均值为 p_1-p_2,方差为 $\dfrac{p_1(1-p_1)}{n_1}+\dfrac{p_2(1-p_2)}{n_2}$。因而也可以用 Z 统计量进行检验:

$$Z=\frac{(p_1-p_2)-p_0}{\sqrt{\frac{p_1(1-p_1)}{n_1}+\frac{p_2(1-p_2)}{n_2}}} \tag{6-7}$$

【例 6-9】 某冷藏库用两种方法存贮果品各 50 箱，一段时期后，发现用 A 方法贮藏，有 22 箱果品完好；用 B 方法贮藏，有 18 箱完好，问能否认为这两种贮藏方法没有差别。

解：设 p_1、p_2 分别表示 A、B 两法保存若干时期以后的果品完好率。则建立统计假设：

$$H_0: p_1=p_2$$

$$H_1: p_1\neq p_2$$

在假设 $p_1=p_2$ 下，其均值 $p_0=p_1-p_2=0$

$$p_1=\frac{22}{50}=0.44$$

$$p_2=\frac{18}{50}=0.36$$

用 Z 统计量进行检验：

$$Z=\frac{(p_1-p_2)-p_0}{\sqrt{\frac{p_1(1-p_1)}{n_1}+\frac{p_2(1-p_2)}{n_2}}}$$

$$=\frac{0.44-0.36}{\sqrt{\frac{0.44(1-0.44)}{50}+\frac{0.36(1-0.36)}{50}}}$$

$$=\frac{0.08}{0.098}=0.816$$

在显著水平 $\alpha=0.05$ 下，取双侧检验，$Z_{0.025}=1.96$，其拒绝域为 $|Z|>Z_\alpha$，本题中 $Z<Z_\alpha(0.816<1.96)$，故接受 H_0 假设。可以认为两种贮存方式基本无差异。

以上我们所讨论的是对总体的平均数及成数进行的统计假设检验。对正态分布而言，其另一参数方差也可以进行检验。这里不再描述了。

三、区间估计和假设检验的关系

统计的区间估计和假设检验是统计推断的两个组成部分。它们都是利用样本、样本统计量及其分布对总体进行推理估计。但两者的推断角度是不同的。区间估计是根据样本信息去估计总体的未知信息，而假设检验则是对总体参数提出一个假设值，如平均数 $\bar{x}<70$，然后再利用样本的信息去研究 $\bar{x}<70$ 的假设是否成立。我们用平均数的双边检验来讨论区间估计和假设检验的关系。

总体平均数的双边检验所提出的假设：

$$H_0: \mu=\mu_0$$

$$H_1: \mu\neq\mu_0$$

当总体为正态分布且方差已知时，我们可用 Z 统计量检验其原假设是否成立。

$$Z=\frac{\bar{x}-\mu_0}{\sigma/\sqrt{n}}$$

根据双边检验的判断，当 $|Z|\geqslant Z_{\frac{\alpha}{2}}$ 时，拒绝 H_0；当 $|Z|<Z_{\frac{\alpha}{2}}$ 时，接受 H_0，即在显著水平为 α 的情况下，其接受域为 $-Z_{\frac{\alpha}{2}}<Z<Z_{\frac{\alpha}{2}}$。用图 6-6 表示如下：

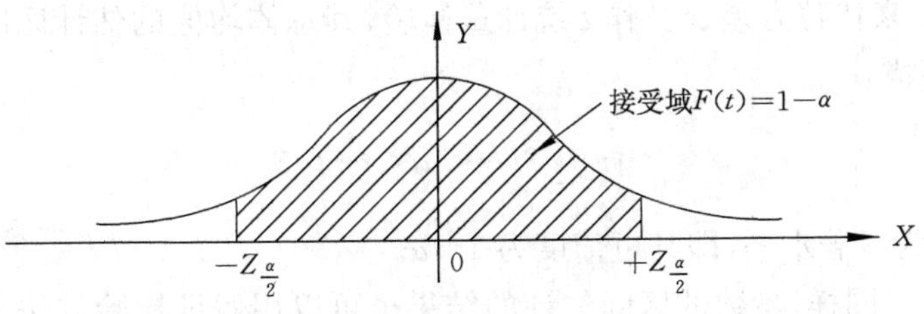

图 6-6

即，接受域可表示为：

$$-Z_{\frac{\alpha}{2}}<\frac{\overline{x}-\mu_0}{\sigma/\sqrt{n}}<Z_{\frac{\alpha}{2}}$$

从上式可得　$\overline{x}-Z_{\frac{\alpha}{2}}\sigma/\sqrt{n}<\mu_0<\overline{x}+Z_{\frac{\alpha}{2}}\sigma/\sqrt{n}$

即总体均值的估计区间为 $\overline{x}\pm Z_{\frac{\alpha}{2}}\sigma/\sqrt{n}$。式中的 $\overline{x}$ 是样本平均数，$Z_{\frac{\alpha}{2}}$ 称为概率度，它和指定的置信水平 α 有关，$\sigma/\sqrt{n}$为 $\overline{x}$ 的标准差，其值等同于 $\overline{x}$ 的抽样平均误差。

【例 6-11】　用[例 6-1]的资料，以 95%的可信程度估计平均磁场强度的区间。

解：由[例 6-1]可知 $\overline{x}=61.1$，$\sigma=20$，$n=41$。在显著水平 $\alpha=0.05$ 时，置信水平为 0.95，查 $Z_{0.025}$ 的正态分布表，得 $Z_{0.025}=1.96$，则总体均值的估计区间为：

$$\overline{x}-Z_{\frac{\alpha}{2}}\sigma/\sqrt{n}<\mu_0<\overline{x}+Z_{\frac{\alpha}{2}}\sigma/\sqrt{n}$$

$$61.1-1.96\times3.12<\mu_0<61.1+1.96\times3.12$$

$$54.98<\mu_0<67.22$$

即在 95%的概率保证下，平均磁场强度在[54.98,67.22]之间。同假设检验中的原假设平均磁场强度为 56 被接受的结论是一致的。

当然，当总体服从正态分布，但方差未知时，可以用样本方差 S^2 来代替方差 σ^2。作 t 统计量检验，其总体均值的估计区间可以写成：

$$\overline{x}-t_{\frac{\alpha}{2}}S/\sqrt{n}<\mu_0<\overline{x}+t_{\frac{\alpha}{2}}S/\sqrt{n}$$

α 为显著水平，即其可信度为 $1-\alpha$。

同样，参数的区间估计的结果也可以用假设检验方法进行检验。在统计上，区间估计和假设检验是互相对应的。

附录　用 Excel 进行两个总体的平均数检验

设有两个组的同学成绩如下：

甲 组 成 绩	乙 组 成 绩
55	78
65	65
98	48
78	90
59	87
69	67
79	58
82	84
83	63
91	73

第一步：在A1输入“甲组成绩”，在A2～A11输入每人的成绩；

在B1输入“甲组成绩”，在B2～B11输入每人的成绩。

第二步：选择“工具”下拉菜单。

第三步：选择“数据分析”选项。

第四步：从“分析工具”列示中选择“Z-检验：双样本平均差检验”，然后按“确定”按钮。

第五步：当“Z-检验：双样本平均差检验”对话框出现后，

在“变量1”栏中输入“A2:A11”；

在“变量2”栏中输入“B2:B11”；

在“假设平均差”栏中输入“0”，表示双侧检验；

在“变量1方差”栏中输入甲组成绩的方差；

在“变量2方差”栏中输入乙组成绩的方差；

在“输出选项”中选择“输出区域”；

在“输出区域”栏中输入“＄C＄1”；

在 α 框中输入“0.05”；

选择“确定”按钮。

输出结果表明甲、乙两组同学成绩不存在显著差异。

复习思考题

1. 什么是总体的自然状态?
2. 试述第Ⅰ类错误和第Ⅱ类错误的关系。
3. 什么情况下用双边检验？什么情况下用单边检验?
4. 试述假设检验的步骤。
5. 什么是统计量？试举例说明。
6. 试述区间估计和假设检验的关系。

习　题

1. 从一批工业钻石中随机抽样 6 颗，其平均重量为 0.53 克拉，标准差为 0.05 克拉，试问能否认为这一批钻石总体的均值为 0.5(显著水平 $\alpha=0.05$)。

2. 某食品公司生产水果罐头，按标准规定每罐的净重是 245 克。根据以往的经验，标准差是 3 克。现在生产的一批产品中抽取 100 罐进行检验，测得其平均重量为 246 克。在显著水平 $\alpha=0.05$ 的情况下，问该批水果罐头是否合乎标准?

3. 某工厂生产的产品规定，废品率不超过 1%可以出厂。现从一批产品中随机抽取 80 件，发现有次品 2 件，问在显著水平 $\alpha=0.05$ 的情况下，该批产品能否出厂?

4. 某电工器材厂生产一种云母片，其平均厚度经常保持在 0.13 毫米。某日检查 10 处云母片厚度，发现平均厚度为 0.14 毫米，样本标准差为 0.015 毫米，显著水平在 $\alpha=0.05$ 的情况下，检验该云母片平均厚度与平时相比有无显著差异。

5. 对某地区甲、乙两个零售店的销售额进行抽样调查得到如下资料：

	甲	乙
销售次数	20	18
平均销售额 $\bar{x}$(百元)	170	205
标准差 S(百元)	20	25

问这两店的销售额是否有显著差异。(显著水平 $\alpha=0.05$)

6. 某企业生产的一种金属线材的折断力服从正态分布,根据以前资料,已知总体标准差为 10 千克,部颁质量标准要求该金属线材的平均折断力不低于 480 千克。该企业从产品中随机抽取 5 个样品,测得平均折断力为 476 千克。能否就此认为该企业产品符合部颁质量标准。($\alpha=0.01$)

7. 某厂生产某型号轴承,按规定轴承标准承载压力为 4 200 千克。标准差为 200 千克。现随机抽取 100 件轴承,经试验结果平均压力为 4 162 千克。要求在 $\alpha=0.05$ 的显著水平下,检验该厂生产的轴承的承载压力与标准压力有无明显差异。

8. 某企业用甲、乙两条生产线生产同一产品。根据经验可证明两条生产线的产量都近似服从正态分布,甲生产线标准差为 7 台,乙生产线标准差为 9 台。后来甲生产线进行了技术改造,其目的是要使甲生产线多 3 台。为证实这次技术改造的结果,对甲生产线随机抽取 25 天进行观察,得平均日产量为 80 台,对乙生产线随机抽取 25 天观察,得平均日产量为 74 台,取 $\alpha=0.05$。问甲生产线技术改造后平均日产量是否比乙生产线多 3 台。

第七章 相关分析

第一节 相关分析的意义

一、相关分析的概念

在我们研究的社会经济问题中，存在两个或两个以上具有内部依存关系变量的情况十分普遍。例如，企业的广告费与销售额之间的关系；某种商品的销售额与该种商品的销售量以及该种商品价格之间的关系，这种客观现象之间的关系，有的称之为函数关系，有的称之为相关关系。相关分析就是对两个或两个以上具有相关关系的变量进行分析的一种独特的统计技术。

现象之间的相互依存关系可以分成两种类型：

（一）函数关系

函数关系是指变量之间存在着严格的数量依存关系，即当给定一个自变量数值时，就有一个相应的因变量数值与之对应，如圆的面积 S 与其半径 R 存在函数关系：$S=\pi R^2$。当给定 R 值时，便有一个确定的 S 值与之对应；又如当固定资产折旧率不变的情况下，固定资产的折旧额与其原值之间存在函数关系：固定资产折旧额＝固定资产原值×某一折旧率。一般把引起其他变量变化的变量称为自变量，用 X 表示，把受到影响而发生变化的变量称为因变量，用 Y 表示。

函数关系具有以下特点：

(1) 变量之间存在着数量上的依存关系。

(2) 变量之间数量上的依存关系的具体关系值是固定的，可以用数学公式表示。

(二) 相关关系

相关关系是指变量之间存在着不严格的数量依存关系，即对应于某一个自变量值，就有多个因变量值可能发生，尽管因变量的取值不确定，但它按某种规律在一定的范围内变化。相关关系可以是直接的因果关系，也可以是非直接的因果关系，如原材料的进价与产品的制造成本是一种直接的因果关系；又如成本与利润，尽管成本是决定利润的一个主要因素，但是在相同的成本条件下，由于受市场供求状况、消费者的消费倾向、替代商品等诸多因素的影响，企业的利润水平可以有很大不同，存在着一种非直接的因果关系。社会经济现象受随机因素影响很大，它们之间多为相关关系。

相关关系的特点：

(1) 变量之间确实存在着数量上的依存关系。

(2) 变量之间数量上的依存关系的具体关系值难以固定，难以用数学公式表示。

变量之间的相关关系和函数关系，在一定条件下可以相互转换。本来具有函数关系的变量，由于存在观测误差，其函数关系往往以相关关系的形式表现出来；而具有高度相关关系的变量，如果我们对它们的变化规律有了深刻的认识，对它们配以合适的方程，这时的相关关系就变成了函数关系。

二、相关关系的种类

变量之间的相关关系按不同的角度，可以分成多种形式：

(一) 按研究变量的个数多少，可以分成单相关和复相关

单相关是指两个变量之间的相关关系，即研究的问题只涉及一个自变量和一个因变量，如我们研究身高对体重的影响时，这两者的关系为单相关。本章主要讨论单相关。

复相关是指三个或三个以上变量之间的相关关系，即研究的问题涉及若干个自变量与一个因变量，同时研究成本、市场供求状况、消费倾向对利润的影响时，这几个因素之间的关系为复相关。

（二）按变量之间依存关系的形式，可以分成线性相关和非线性相关

线性相关（也称直线相关）是指在两个变量之间，当自变量 X 数值发生变动时，因变量 Y 跟着发生大致均等的变动。在相关图上，近似地表现为直线形式。

非线性相关（也称曲线相关）是指在两个变量之间，当自变量 X 数值发生变动时，因变量 Y 数值发生不均等的变动。在相关图上，表现为抛物线、双曲线、指数曲线等非直线形式。

（三）按变量变化的方向，可以分成正相关和负相关

正相关是指两个变量有着一致的变动方向，即当自变量 X 的数值增加时，因变量 Y 的数值也随着增加；或当自变量 X 的数值减少时，因变量 Y 的数值也随着减少。例如，企业的生产总成本与产品产量之间一般为正相关。

负相关是指两个变量有着不同的变动方向，即当自变量 X 的数值增加时，因变量 Y 的数值相应减少；或当自变量 X 的数值减少时，因变量 Y 的数值相应增加。例如，在一定的产量变动范围内，单位成本中的固定成本与产量之间为负相关。

（四）按相关程度，可以分为完全相关、不完全相关和不相关

完全相关是指两个变量之间具有完全确定的关系，即因变量 Y 的数值完全随自变量 X 的数值的变动而变动，它在直线相关图上，表现为所有的观察点都落在同一根直线上。这时，相关关系便成为函数关系。因此也可以说，函数关系是相关关系的一个特例。

不相关是指两个变量之间不存在相关关系，即两个变量的变

动互不影响。自变量 X 变动时，因变量 Y 不随之作相应变动。例如，家庭年收入多少与孩子的多少之间不存在相关关系。不完全相关是指介于完全相关和不相关之间的一种相关关系。例如，妇女的结婚年龄与受教育程度之间的关系。不完全相关关系是统计学研究的主要对象。

零相关是指在线性条件下，自变量 X 与因变量 Y 之间没有相关关系，即相关系数计算结果为零。

正相关、负相关、曲线相关、不相关的图形参见图 7-1、图 7-2、图 7-3、图 7-4、图 7-5：

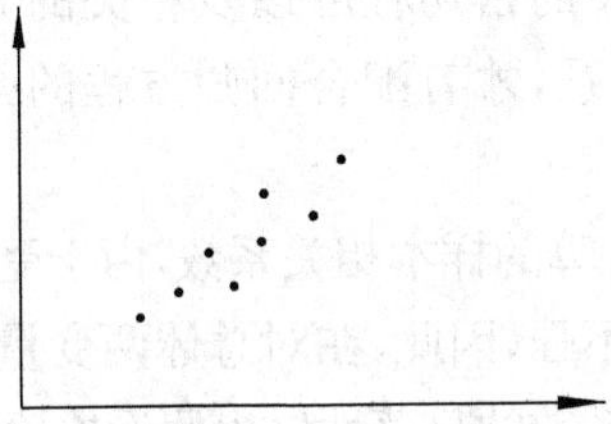

图 7-1　正相关图

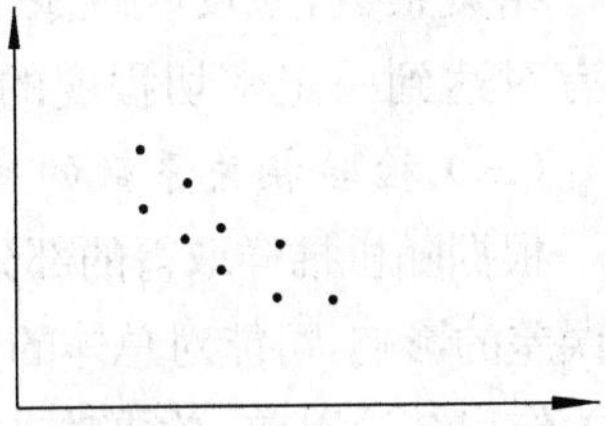

图 7-2　负相关图

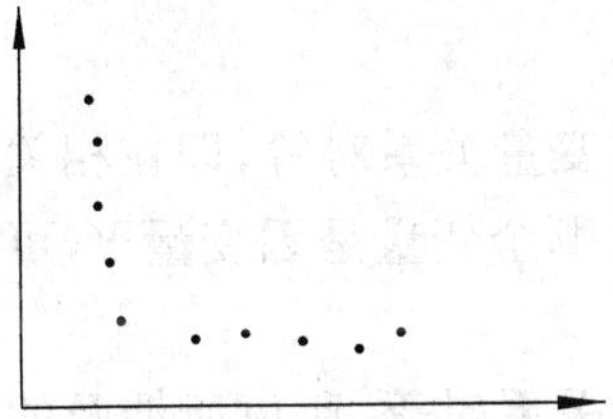

图 7-3　曲线相关图

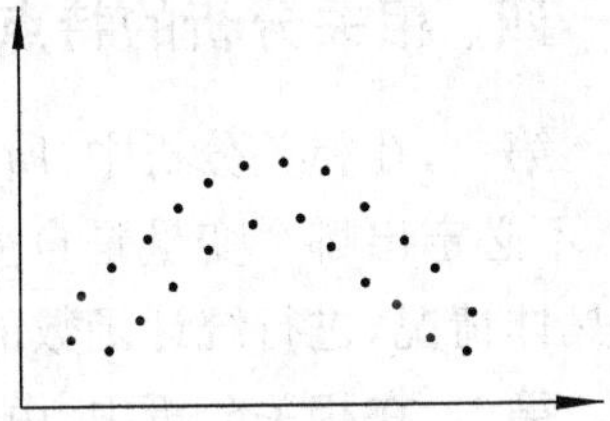

图 7-4　曲线相关图

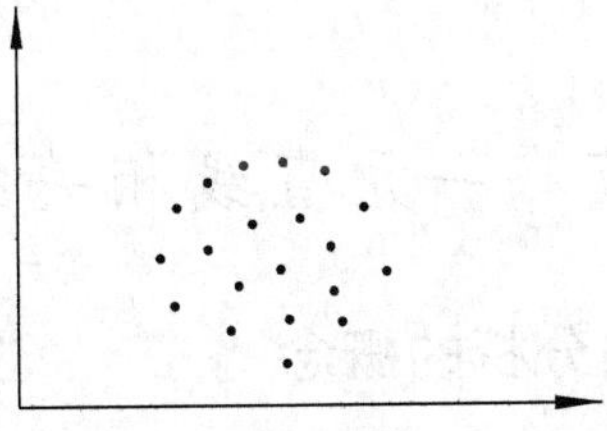

图 7-5　不相关图

三、相关分析的内容

（一）确定现象之间有无相关关系

确定现象之间有无相关关系是相关分析的出发点。相关分析的首要任务，就是要判断现象之间是否存在必要的联系以及联系的形式。若现象之间不存在相关关系或相关关系很微弱，就没有进行进一步分析的必要。

（二）研究变量之间相关的密切程度

我们可以运用恰当方法求得一个表明相关密切程度的指标——相关系数，来反映现象之间相关的密切程度以及相关的方向。只有对达到一定密切程度的相关关系，才有配合回归方程的必要。

（三）检验相关系数的有效性

根据随机抽样取得的部分资料计算的样本相关系数，由于受到抽样误差的影响，可能对总体的代表性不强，因此，在对总体两变量是否相关作出结论以前，必须对样本相关系数的显著性做出假设检验。

四、相关分析的特点

第一，在相关分析中，所涉及的变量关系对等，即在相关分析中，不必定出哪个变量是自变量 X，哪个变量是因变量 Y，可以根据具体情况，进行统计函数的设定。

第二，在相关分析中，由于变量关系对等，所以所涉及的变量可以都是随机变量。

第二节　一元直线相关的测定

一、直线相关分析的概念

直线相关分析是对两个变量是否存在依存关系以及关系密切

程度进行分析的一种统计技术。直线相关分析的内容主要是绘制相关图、计算相关系数、对样本相关系数进行假设检验。它的特点表现为:

第一,两个变量关系对等,都可以是随机变量。

第二,只能计算一个相关系数,相关系数的符号表示相关方向。

二、相关分析的步骤

(一) 编制相关表

相关表是一种反映变量之间相关关系的统计表。将某一变量的变量值按其大小顺序排列,然后将与其对应的另一变量的对应值相应排列,就得到简单或分组的相关表。试以美灵公司 10 个业务员的专业工龄及销售额的资料,编成简单相关表如下(见表 7-1):

表 7-1

姓　名	专业工龄(年)	销售额(万元/年)
王	1	5.1
黄	3	5.0
李	3	6.9
励	4	7.6
张	4	6.5
章	5	8.0
关	6	7.0
叶	7	9.0
徐	8	8.4
林	9	11.5

根据上表数据可以初步判断,业务员的专业工龄与其销售额

之间有一定依存关系，一般来说，专业工龄较长的业务员的销售额较高。

（二）绘制相关图

相关图，也叫散点图，是表明两个变量之间关系的坐标图。绘制的方法是：一般将自变量 X 置于坐标横轴上，因变量 Y 置于坐标纵轴上，按照纵横坐标决定一点的道理，作出各散点 $P_1(X_1, Y_1)$，$P_2(X_2, Y_2)$，……，这样便绘出一张相关图。

将表 7-6 中的有关资料作成相关图如下图 7-6 所示：

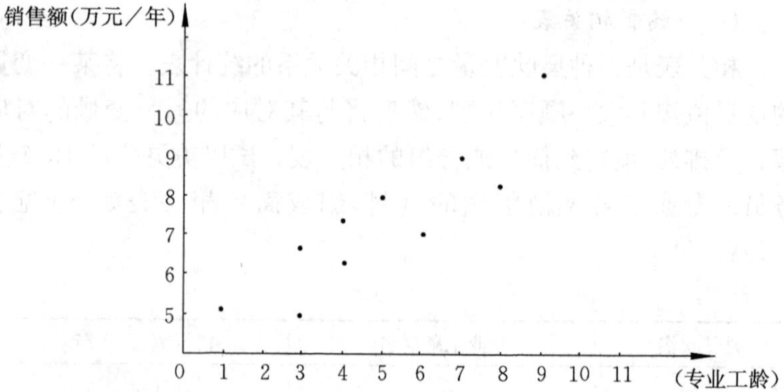

图 7-6

图 7-6 表明该公司的业务员的专业工龄与其销售额之间存在着比较密切的直线相关关系。

（三）相关系数的测定

1. 相关系数的概念

相关系数是在直线相关条件下，说明变量间关系密切程度的统计分析指标。通常以 ρ 表示总体相关系数，以 r 表示样本相关系数。试以样本相关系数为例来讨论计算公式。

(1) 积差法。英国统计学家卡尔·皮尔逊为了正确测定两个变量之间的依存关系的密切程度，提出了皮尔逊积差法相关系数，也称积矩相关系数。其公式为：

$$\rho=\frac{\sigma_{xy}}{\sigma_x\sigma_y}=\frac{\sum(x-\bar{x})(y-\bar{y})}{\sqrt{\sum(x-\bar{x})^2}\sqrt{\sum(y-\bar{y})^2}} \tag{7-1}$$

式中：σ_{xy} 表示变量 X 与 Y 的协方差，即 $\sigma_{xy}=\frac{\sum(x-\bar{x})(y-\bar{y})}{n}$；

σ_x 表示变量 X 的标准差，即 $\sigma_x=\sqrt{\frac{\sum(x-\bar{x})^2}{n}}$；

σ_y 表示变量 y 的标准差，即 $\sigma_y=\sqrt{\frac{\sum(y-\bar{y})^2}{n}}$。

我们根据表 7-1 的有关资料，编制成相关图 7-7 来说明相关系数的含义。

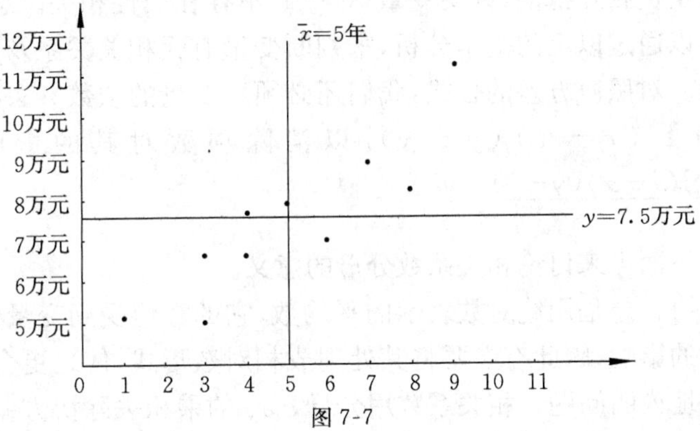

图 7-7

先讨论积差法公式中分子协方差的意义。可将 X 与 Y 变量的散点图按过 $\bar{x}$ 和 $\bar{y}$ 的两条直线划分 4 个象限。

在第Ⅰ、第Ⅲ象限中的各相关点都具有 $(X-\bar{X})(Y-\bar{Y})$ 乘积为正值的特点。可以看到：

在第Ⅰ象限中，因为 $(X-\bar{X})>0$，$(Y-\bar{Y})>0$，所以 $(X-\bar{X})(Y-\bar{Y})>0$。

在第Ⅲ象限中，因为 $(X-\bar{X})<0$，$(Y-\bar{Y})<0$，所以 $(X-\bar{X})(Y-\bar{Y})>0$。

在第Ⅱ、第Ⅳ象限中的各相关点都具有 $(X-\bar{X})(Y-\bar{Y})$ 乘积为负值的特点。可以看到：

在第Ⅱ象限中，因为$(X-\overline{X})<0$，$(Y-\overline{Y})>0$，所以$(X-\overline{X})(Y-\overline{Y})<0$。

在第Ⅳ象限中，因为$(X-\overline{X})>0$，$(Y-\overline{Y})<0$，所以$(X-\overline{X})(Y-\overline{Y})<0$。

若散点较为密集分布在第Ⅰ和第Ⅲ象限，则形成一条从左到右向上的直线，说明变量 X 与 Y 为正相关；若散点较为密集分布在第Ⅱ和第Ⅳ象限，则形成一条从左到右向下的直线，说明变量 X 与 Y 为负相关；若散点无规则地散布在各象限，则 X 与 Y 离差乘积因正负相互抵消，说明变量 X 与 Y 不存在线性相关。总之，我们可以通过以上的基本分析，来判断变量有无相关关系及其相关方向。对照协方差的公式，我们还必须用变量的项数 n 去除离差总和 $\sum(x-\overline{x})(y-\overline{y})$，以消除项数对其的影响。即有：$\frac{\sum(x-\overline{x})(y-\overline{y})}{n}$。

下面再来讨论相关系数分母的意义。

协方差是用绝对数表示的平均数，它的数值受到变量值本身大小的影响，因此有必要将其处理成相对数形式，使之更合理，能更好地说明问题。相关系数用分母 $\sigma_x\sigma_y$ 的乘积去除协方差，就是为了达到这个目的。

(2) 简捷法。根据积差法计算相关系数，首先要计算两个数列的平均数和标准差，计算工作量很大。因此实际工作中往往使用简捷法公式来计算。

未分组资料的简捷法公式：

$$r=\frac{n\sum xy-\sum x\sum y}{\sqrt{n\sum x^2-(\sum x)^2}\sqrt{n\sum y^2-(\sum y)^2}} \tag{7-2}$$

简捷法公式推导如下：

$$r=\frac{\sum(x-\overline{x})(y-\overline{y})}{\sqrt{\sum(x-\overline{x})^2}\sqrt{\sum(y-\overline{y})^2}}$$

$$=\frac{\sum(xy-\bar{x}y-\bar{y}x+\overline{xy})}{\sqrt{\sum(x^2-2\bar{x}x+\bar{x}^2)}\sqrt{\sum(y^2-2\bar{y}y+\bar{y}^2)}}$$

$$=\frac{\sum xy-\bar{x}\sum y-\bar{y}\sum x+n\overline{xy}}{\sqrt{(\sum x^2-2\bar{x}\sum x+n\bar{x}^2)}\sqrt{(\sum y^2-2\bar{y}\sum y+n\bar{y}^2)}}$$

(因为 $\sum y=n\bar{y}$ $\sum x=n\bar{x}$)

$$=\frac{\sum xy-n\overline{xy}-n\overline{xy}+n\overline{xy}}{\sqrt{\sum x^2-2n\bar{x}^2+n\bar{x}^2}\sqrt{\sum y^2-2n\bar{y}^2+n\bar{y}^2}}$$

$$=\frac{\sum xy-n\overline{xy}}{\sqrt{\sum x^2-n\bar{x}^2}\sqrt{\sum y^2-n\bar{y}^2}}$$

$$=\frac{\sum xy-n\frac{\sum x}{n}\cdot\frac{\sum y}{n}}{\sqrt{\sum x^2-n\left(\frac{\sum x}{n}\right)^2}\sqrt{\sum y^2-n\left(\frac{\sum y}{n}\right)^2}}$$

$$=\frac{n\sum xy-\sum x\sum y}{\sqrt{n\sum x^2-(\sum x)^2}\sqrt{n\sum y^2-(\sum y)^2}}$$

2. 相关系数的取值范围及判断标准

相关系数的取值范围在-1与1之间。即$-1\leqslant r\leqslant 1$。当$|r|=1$时,表明两个变量具有完全线性关系。这时两个变量的相关关系即成为函数关系,在相关图上,各个相关点都落在同一根直线上,相关点与直线没有离差。当$|r|=0$时,称零相关,表明两个变量之间没有任何线性关系,在相关图上,X与Y各自变化,互不影响。当$0<|r|<1$时,表明两个变量存在不同程度的线性相关,r越接近± 1,表明变量之间的关系越密切;r越接近0,表明变量之间的关系越不密切。通常判断变量之间关系密切程度的标准如下:

$1>|r|\geqslant 0.8$时,为高度相关。

$0.8>|r|\geqslant 0.5$时,为一般相关。

$0.5>|r|\geqslant 0.3$时,为低度相关。

$0.3>|r|$时,为微弱相关。

3. 相关系数的计算举例

现用表 7-1 中的资料，来说明计算相关系数的过程。如表7-2所示。

(1) 按积差法计算。

表 7-2

积差法相关系数计算表

编号	姓名	工龄 x(年)	销售额 y(万元)	$x-\bar{x}$	$y-\bar{y}$	$(x-\bar{x})^2$	$(y-\bar{y})^2$	$(x-\bar{x})(y-\bar{y})$
1	王	1	5.1	−4	−2.4	16	5.76	9.6
2	黄	3	5.0	−2	−2.5	4	6.25	5
3	李	3	6.9	−2	−0.6	4	0.36	1.2
4	励	4	7.6	−1	0.1	1	0.01	−0.1
5	张	4	6.5	−1	−1	1	1	1
6	章	5	8.0	0	0.5	0	0.25	0
7	关	6	7.0	1	−0.5	1	0.25	−0.5
8	叶	7	9.0	2	1.5	4	2.25	3
9	徐	8	8.4	3	0.9	9	0.81	2.7
10	林	9	11.5	4	4	16	16	16
合计	10	50	75	—	—	56	32.94	37.9

$$\bar{x}=\frac{\sum x}{n}=\frac{50}{10}=5$$

$$\bar{y}=\frac{\sum y}{n}=\frac{75}{10}=7.5$$

$$r=\frac{\sigma_{xy}^2}{\sigma_x\sigma_y}=\frac{\dfrac{\sum(x-\bar{x})(y-\bar{y})}{n}}{\sqrt{\dfrac{\sum(x-\bar{x})^2}{n}}\sqrt{\dfrac{\sum(y-\bar{y})^2}{n}}}$$

$$=\frac{\sum(x-\bar{x})(y-\bar{y})}{\sqrt{\sum(x-\bar{x})^2}\sqrt{\sum(y-\bar{y})^2}}$$

$$=\frac{37.9}{\sqrt{56}\cdot\sqrt{32.94}}=\frac{37.9}{42.95}=0.88$$

(2) 按简捷法计算。如表 7-3 所示：

表 7-3

简捷法相关系数计算表

编号	姓名	工龄 x(年)	销售额 y(万元)	xy	x^2	y^2
1	王	1	5.1	5.1	1.0	26.01
2	黄	3	5.0	15.0	9.0	25.00
3	李	3	6.9	20.7	9.0	47.61
4	励	4	7.6	30.4	16.0	57.76
5	张	4	6.5	26.0	16.0	42.25
6	章	5	8.0	40.0	25.0	64.00
7	关	6	7.0	42.0	36.0	49.00
8	叶	7	9.0	63.0	49.0	81.00
9	徐	8	8.4	67.2	64.0	70.56
10	林	9	11.5	103.5	81.0	132.25
合计	10	50	75	412.9	306.0	595.44

$$r=\frac{n\sum xy-\sum x\sum y}{\sqrt{n\sum x^2-(\sum x)^2}\sqrt{n\sum y^2-(\sum y)^2}}$$

$$=\frac{10\times 412.9-50\times 75}{\sqrt{10\times 306-50^2}\sqrt{10\times 595.44-75^2}}$$

$$=\frac{4\,129-3\,750}{429.43}$$

$$=0.88$$

4. 相关系数的假设检验

对于已求得的相关系数 r，由于计算所依据的数据均来自样本，所以对提供样本的总体是否同样也具有线性关系，有必要对其进行假设检验。

根据假设检验的基本原理及要求，我们在对相关系数 r 的显著性进行检验时，需要经过以下步骤：

首先，建立虚无假设(原假设)与备择假设(对立假设)。

虚无假设 H_0：$R=0$，表示假设总体相关系数为 0，即认为两个变量总体不存在某种相关关系。

备择假设 H_1：$R\neq 0$，表示假设总体相关系数不为 0，即认为两个变量总体存在某种相关关系。

其次，选择一个显著性水平 α。

这是一个由研究者主观决定的选择，可选择 0.05，0.01 或 0.1 等不同的显著性水平。在以表 7-1 资料为例中，选择 $\alpha=0.05$ 为显著性水平。

最后，可选择 F 分布、t 分布等不同统计量公式进行测算。若我们选择 F 分布公式作为统计量，则有

$$F=\frac{r^2}{1-r^2}(n-2) \tag{7-3}$$

可以证明，当 H_0 成立时，统计量服从自由度为$(1,n-2)$的 F 分布，因而在给定的显著性水平下，当 $F\geqslant F_\alpha(1,n-2)$时，拒绝 H_0，接受 H_1，即说明两个变量之间线性关系显著；反之，若 $F\leqslant F_\alpha(1,n-2)$时，则接受 H_0，拒绝 H_1，说明两个变量之间线性关系不显著。

现在仍以表 7-1 资料为例，说明对相关系数 r 的检验过程如下：

设 H_0：总体相关系数为 0；

H_1：总体相关系数不为 0。

选择 F 分布统计量检验公式：

$$F=\frac{r^2}{1-r^2}(n-2)=\frac{0.88^2}{1-0.88^2}\times(10-2)$$

$$=\frac{0.7744}{0.2256}\times 8=27.46$$

使用 $\alpha=0.05$ 的显著性水平，查表得 $F_{0.05}(1,8)=5.32$，$F=27.46$，故 $F\geqslant F_{0.05}(1,8)$，拒绝 H_0，接受 H_1，认为两个变量总体线性关系显著，即业务员专业工龄与销售额相关。

第三节　多元相关的测定

上一节，我们讨论了有关两个变量之间的线性相关的问题，在实际生活中，我们往往更多地会遇到一个变量与另一组变量线性相关的情况，这时就需要考虑对简单线性模型进行扩展，开展对多元相关的讨论。

多元相关应用的范围十分广泛，尤在商务活动中。例如，将销售额看作是因变量 y，而将与之相关的广告费、销售人员的数量、产品价格等因素分别看作是影响 y 的自变量 x，那么，就可以开展一个有关一个因变量与多个自变量之间多元相关关系的讨论。多元相关关系分析的思路、原理及方法与一元相关分析基本相同，只是需要计算一些特有的指标。

一、复相关系数

（一）概念

复相关系数是测量二个以上自变量与因变量之间相关程度的指标。复相关系数用 R 表示，其取值范围在 0～1 之间，R 恒为正值。相关系数越接近 1，说明 y 与所有 x 之间的关系越密切；反之，说明它们之间的关系越不密切。

（二）计算公式

复相关系数的计算公式为：

$$R=\sqrt{1-\frac{\sum(y-\hat{y})^2}{\sum(y-\bar{y})^2}} \tag{7-4}$$

具体计算过程请参见第八章第三节。

二、复判定系数

（一）概念

复判定系数是表明因变量 y 的变化有多少能用所有的自变量 x 的联合变化来说明的指标，它的含义与单判定系数相同（见下章）。复判定系数用 R^2 表示，它是一个反映整个回归模型拟合优度的统计量。

（二）计算公式

$$R^2=1-\frac{\sum(y-\hat{y})^2}{\sum(y-\bar{y})^2} \tag{7-5}$$

R^2 值可以由计算机软件包自动给出，R^2 的取值范围从 0～1。若 $R^2=1$，意味着 y 的变化百分之百可以由模型来解释，这种情况在实际中很少见。R^2 的值越接近 1，可以认为模型的拟合度越好，如上例中，当 $R=0.8591$ 时 $R^2=0.738$，表明销售量的变化 73.8％可以由广告费、专业工龄来解释（见第八章第三节）。一般情况下复相关系数、复判定系数的统计显著性，需经过假设检验。

复习思考题

1. 举例说明为什么相关关系不同于函数关系？
2. 相关关系有哪几种？
3. 试述单相关系数 r 值的意义。
4. 比较单相关系数与多相关系数的异同。

第八章 回归分析

第一节 回归分析的意义

一、回归分析的含义

回归分析是对两个或两个以上具有相关关系的变量，建立合适的数学模型，来表示各变量之间的相互关系的统计分析技术。由于在回归分析中，可以将一个或一个以上自变量作为依据，来计算和预测因变量的变化，故也将回归分析称为回归预测法。

回归分析和相关分析同为统计分析中应用广泛、作用重要的方法，两者关系密切：只有确定了相关关系的变量，才能拟合回归模型；只有建立了回归模型，才能最终确定相关关系的形式和性质。相关分析所关心的是变量关系的密切程度，回归分析所解决的是在一定条件下变量之间的依存关系的统计规律性。因此，我们在讨论回归分析的时候，有必要结合某些相关分析的内容一并讨论。

二、回归分析的种类

（一）按自变量的多少分类

按自变量的多少，可以分为简单回归和复回归

1. 简单回归

研究两个变量之间的相关关系称为单相关；研究一个自变量的回归分析称为简单回归，或称一元回归。

2. 复回归

研究若干个自变量与一个因变量之间的相关关系称为复相关,研究若干个自变量的回归分析称为复回归,或称多元回归。

(二) 按回归的表现形式分类

按回归的表现形式来分,可以分为线性回归和非线性回归

1. 线性回归

如果回归模型的因变量是自变量的一次函数形式,回归规律在图形上表现为一条直线,称为线性回归。

2. 非线性回归

如果回归模型的因变量是自变量的一次以上的函数形式,回归规律在图形上表现为形态各异的各种曲线,称为非线性回归。

三、回归分析的内容

(一) 确定相关关系的数学表达式

利用回归方法,配合一个表明现象之间依存关系的数学表达式,来反映变量之间数量上相关的规律性。同时,根据自变量 X 的变化,来预测因变量 Y 的变动。

(二) 进行假设检验

对建立的反映变量之间变动的回归方程式,进行拟合程度的统计检验。

(三) 测定和控制误差

通过计算估计标准误差指标,反映因变量估计值的准确程度,从而将误差控制在一定范围。

四、回归分析的特点

回归分析主要有两个特点:

第一,在回归分析中,必须事先研究确定具有相关关系的变量中哪个是自变量,哪个是因变量。

第二，在回归分析中，自变量 X 是非随机变量，因变量 Y 是随机变量，因此，当给定自变量 X 值时，便能估计因变量 Y 值。但不能从某个随机的因变量出发，反过来去估计某个自变量的值。

第二节　一元线性回归分析

一、回归分析的基本原理

回归分析的中心问题是找到这样一种表达方式，使得对一组以 X 和 Y 取值为坐标的散点，配合出一条最佳的拟合线，并给出这条拟合线的数学方程。一元线性回归分析则是指对两个有线性相关关系的变量，利用它们的样本数据，建立起表述其关系的数学模型，来反映一个自变量与一个因变量的统计规律，并在对模型进行统计检验的基础上，利用模型进行预测和控制。

当两个变量互为因果关系时，如我们研究企业某种产品的产量与销量的关系时，可以用一元线性回归模型的两个估计值——两个一元线性回归方程式表示。一为 Y 倚 X 的直线回归方程式：$\hat{y}=a+bX$，式中：自变量 X 为产量，因变量 Y 为销量，$\hat{y}$ 为 Y 的估计值；一为 X 倚 Y 的直线回归方程式：$\hat{X}=c+dY$，式中：自变量 Y 为销量，因变量 X 为产量，$\hat{x}$ 为 X 的估计值。这是两个不同的回归方程。若两个变量是单方面的因果关系，只能用一个回归方程式表示，一般是用 Y 倚 X 的直线回归方程式表示：

$$\hat{y}=a+bx \tag{8-1}$$

式中　X 表示自变量；

Y 表示因变量；

$\hat{y}$ 表示 Y 的估计值；

a 表示回归直线在 Y 轴上的截距，它是 $X=0$ 时 Y 的估计值，也称回归直线的起点值或终点值；

b 表示回归直线的斜率，称回归系数，它表示自变量 X 变动一个单位时，因变量 Y 的平均增减数值。

一元线性回归方程在平面坐标系中表现为一条直线，回归分析中称为回归直线。配合直线的意义在于寻求一条与所有相关点离差最小的最佳拟合线来表述两个变量之间的关系，我们可以用最小平方法来求出直线回归方程中的参数 a、b。

由于一元线性回归模型的一般表达式为：

$$\hat{y}=a+\bar{b}x+u \tag{8-2}$$

式中　u 称剩余残差项或随机扰动项，表示由各种偶然因素、观察误差及其他影响所带来的随机误差。

$$u=y-\hat{y}=y-(a+bx)$$

$$u\sim N(0,\sigma)^2$$

最小平方法的意义在于使：

$$\sum u^2=\sum(y-\hat{y})^2=\sum(y-a-bx)^2 \tag{8-3}$$

为最小。

根据数学分析中的求极值原理，要使剩余残值项 u 之和为最小，需令式(8-3)中的 $\sum u^2$ 为 Q，即：

$$Q=\sum(y-a-bx)^2$$

并分别对 Q 中的 a、b 求偏导数，并令其等于 0，即：

$$\frac{\partial Q}{\partial a}=-2\sum(y-a-bx)=0$$

$$\frac{\partial Q}{\partial b}=-2\sum(y-a-bx)x=0$$

经整理后，得到一组二元一次联立方程组：

$$\begin{cases}na+b\sum x=\sum y\\ a\sum x+b\sum x^2=\sum xy\end{cases}$$

求解联立方程组，得到求解参数 a、b 的计算公式为：

$$b=\frac{n\sum xy-(\sum x\sum y)}{n\sum x^2-(\sum x)^2} \tag{8-4}$$

$$a=\frac{\sum y}{n}-a\ \frac{\sum x}{n}=\overline{y}-b\overline{x} \tag{8-5}$$

对于参数 b 的计算公式有不同的表达式。以下列出几个常见的表达式,便于在分析与计算时选用。

$$b=\frac{\sum xy-\frac{1}{n}(\sum x)(\sum y)}{\sum x^2-\frac{1}{n}(\sum x)^2} \tag{8-6}$$

$$b=\frac{\sum(x-\overline{x})(y-\overline{y})}{\sum(x-\overline{x})^2} \tag{8-7}$$

$$b=\frac{\sum xy-n\overline{xy}}{\sum x^2-n(\overline{x})^2} \tag{8-8}$$

若有

$$L_{xx}=\sum(x-\overline{x})^2=\sum x^2-\frac{1}{n}(\sum x)^2$$

$$L_{yy}=\sum(y-\overline{y})^2=\sum y^2-\frac{1}{n}(\sum y)^2$$

$$L_{xy}=\sum(x-\overline{x})(y-\overline{y})=\sum xy-\frac{1}{n}\sum x\sum y$$

则 b 的计算公式为:

$$b=\frac{L_{xy}}{L_{xx}} \qquad a=\overline{y}-b\overline{x} \tag{8-9}$$

参数 b 为回归系数,它的符号取决于 L_{xy}。它的符号同相关系数 r 的符号一致。$b>0$ 时,表明两个变量变化方向一致;$b<0$ 时,表明两个变量变化方向相反。一般求回归方程通过列表进行,可将所有的自变量 x 分别代入拟定的回归方程,然后求出 $\hat{y}=a+bx$ 中的所有估计值 $\hat{y}$,将所有的估计值 $\hat{y}$ 作成连线,即为所求得回归直线。

二、一元线性回归方程的建立

一元线性回归方程的建立,一般分成以下几步进行:

(1) 通过抽样或全面调查的方法，取得有关资料及数据。

(2) 依据原始资料，作出散点图。

(3) 运用最小平方法有关计算公式，求出参数 a、b，建立一元线性回归方程。

(4) 将原始资料中各 X 值代入直线方程，分别求出其对应的 $\hat{y}$ 值，在散点图上描出回归直线。

(5) 对所建立模型的估计精度进行假设检验。

(6) 求出特定 X_0 值时的 $\hat{y}$，并对 y 在未来一段时间内的发展趋势做出预测。

现以表 8-1 资料为例，说明一元线性回归方程的计算过程。

表 8-1

某产品广告费及销售额计算表

序号	广告费用（万元）x	销售额（万元）y	xy	x^2	y^2	$\hat{y}$
1	4	4	16	16	16	4.92
2	5	6	30	25	36	5.72
3	3	6	18	9	36	4.12
4	6	5	30	36	25	6.52
5	8	7	56	64	49	8.13
6	8	9	72	64	81	8.13
7	9	8	72	81	64	8.93
8	11	12	132	121	144	10.53
合计	54	57	426	416	451	57.00

$$b=\frac{n\sum xy-(\sum x\sum y)}{n\sum x^2-(\sum x)^2}=\frac{8\times426-54\times57}{8\times416-(54)^2}=\frac{330}{412}=0.80$$

$$a=\bar{y}-b\bar{x}=7.125-0.8\times6.75=1.725$$

所求方程为：

$$\hat{y}=1.725+0.8x$$

式中：$a=1.725$，表示没有广告行为时的销售额，$b=0.8$ 表示每增加一次广告，销售额平均增加 0.8 万元。将表 8-1 中的各项 x 值代入回归方程，便可计算得到相对应的估计销售额 $\hat{y}$，如 4 次广告时的销售额的估计值为 $\hat{y}=1.725\times0.8\times4=4.93$（万元），5 次广告时的销售额的估计值为 $\hat{y}=1.725\times0.8\times5=5.73$（万元）等。$\hat{y}$ 的任意两个数值可以在散点图上画出一条直线，即为所求最佳拟合线，如图 8-1 所示：

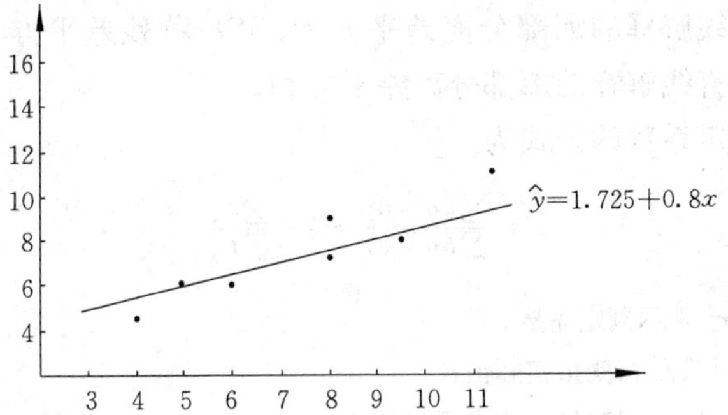

图 8-1

三、判定系数与相关系数

人们在回归分析中，对拟合模型的精度与对模型的预测效果，还有进一步讨论的必要。判断回归模型拟合优度的常用指标是判定系数。判定系数 r^2 的意义在于：在估计 y 倚 x 的回归直线时，y 的变化有多少由 x 的变化来说明。判定系数是建立在对总离差分解的基础上的。通常把因变量 y 的实际值与其样本平均数 $\bar{y}$ 的离差 $(y-\bar{y})$ 称为总离差。总离差可分解成两部分：一部分是因变量 y 的估计值与样本平均数的离差 $(\hat{y}-\bar{y})$，称为可解释离差或回归离差；另一部分是 y 的实际值与其估计值的离差 $(y-\hat{y})$，它是不能用回归直线解释的部分，称为剩余离差（残差）。对任一实际值 y 总有：

$$(y-\bar{y})=(\hat{y}-\bar{y})+(y-\hat{y}) \tag{8-10}$$

对(8-10)式两边平方求和，得到：

$$\sum(y-\bar{y})^2=\sum(\hat{y}-\bar{y})^2+\sum(y-\hat{y})^2 \tag{8-11}$$

(8-11)式也可以写成：

$$SST=SSR+SSE \tag{8-12}$$

上式中：SST 称总离差平方和；SSR 称回归平方和，即指可由回归直线解释的那部分离差平方和；SSE 称残差平方和，即不能由回归直线解释的那部分离差平方和。

判定系数的公式为：

$$r^2=\frac{\sum(\hat{y}-\bar{y})^2}{\sum(y-\bar{y})^2}=1-\frac{\sum(y-\hat{y})^2}{\sum(y-\bar{y})^2} \tag{8-13}$$

式中　r^2 表示判定系数；

y 表示因变量实际值；

$\bar{y}$ 表示因变量的算术平均数；

$\hat{y}$ 表示因变量估计值。

(8-13)式也可写成：

$$r^2=\frac{SSR}{SST}=1-\frac{SSE}{SST} \tag{8-14}$$

显而易见，判定系数是回归平方和占总离差平方和的比例。判定系数越大，拟合程度越好；判定系数越小，拟合程度越差。当每个 y 都等于 $\hat{y}$ 时，y 的估计值与实际值没有误差。判定系数为 $r^2=1$，对判定系数开方得相关系数 $|r|=1$，说明 x 与 y 完全相关。当每个 y 都等于 $\bar{y}$ 时，即 y 的估计值等于平均值时，判定系数 $r^2=0$，说明 x 与 y 之间完全无关。从上述关于判定系数 r^2 意义的解释中可以看出 r^2 与 r 具有一致性。可以证明，一元线性回归的判定系数 r^2 的平方根，就是一元线性相关的相关系数 r。在两

个变量确实存在某种相关关系时，有判定系数 $r^2\leqslant 1$，有相关系数 $|r|\leqslant 1$，即相关系数 r 落在 -1 与 $+1$ 之间。从判定系数出发，亦可得相关系数公式为：

$$r=\sqrt{1-\frac{\sum(y-\hat{y})^2}{\sum(y-\bar{y})^2}} \tag{8-15}$$

使用上述相关系数公式的条件是：先确立某种模型，计算得到 $\hat{y}$ 时，才可求出相关系数 r。这时的相关系数 r 不仅可以表明 x 与 y 是否具有相关关系及关系是否密切，而且还可以表明回归模型的拟合程度。$|r|$ 越接近 1，说明拟合程度越高。如上例，相关系数 $r=0.88$，判定系数 $r^2=(0.88)^2=0.77$，进一步说明该公司业务员的销售额 77% 是由专业工龄决定的，另外有 23% 属于随机因素的影响。

四、估计标准误

估计标准误是指根据回归方程测定的各个观察点的估计值 $\hat{y}$ 与实际值 y 之间的平均离差。

通过观察上面的例子（见图 8-1、表 8-2），我们可以知道，并非所有的观察点都落在回归直线上，相反，绝大部分的 y（实际值）与对应的 $\hat{y}$（估计值）都存在不同程度的误差。例如，当 $x=3$ 时，$y=6$ 万元，而 $\hat{y}=4.12$ 万元。又例如，当 $x=11$ 时，$y=12$ 万元，而 $\hat{y}=10.53$ 万元。这是因为我们在建立回归方程的时候，作了 y 在一定条件下只受 x 一个因素影响的假定，而事实上，y 的变动要受 x 及 x 以外的许多因素的共同影响。实际观察值 y 与其对应的估计值 $\hat{y}$ 之间的离差 $(y-\hat{y})$ 的大小反映了回归估计的准确程度。估计标准误用 S_y 表示，其性质与第三章所讨论的标准差相同，亦即衡量实际观察值与平均数的离差程度。本节讨论的估计标准误主要是用来衡量各实际观察点与平均值线的离差程度的。估计标准误的公式为：

$$S_y=\sqrt{\frac{\sum(y-\hat{y})^2}{n-2}} \tag{8-16}$$

式中 S_y 表示回归直线的估计标准误；

y 表示因变量的实际观察值；

$\hat{y}$ 表示 y 所对应的每个估计值；

n 表示用以配合回归直线的观察单位数；

$n-2$ 表示误差平方和的自由度，可以理解为在 $\sum(y-\hat{y})^2=\sum(y-a-bx)^2$ 公式中，参数 a、b 是由实际资料计算的，因而消失了两个自由度。

根据表 8-1 所列资料编制的估计标准误计算如下：（见表8-2）

表 8-2

估计标准误计算表

序号	x	y	$\hat{y}$	$y-\hat{y}$	$(y-\hat{y})^2$
1	4	4	4.92	−0.92	0.8464
2	5	6	5.72	0.28	0.0784
3	3	6	4.12	1.88	3.5344
4	6	5	6.52	−1.52	2.3104
5	8	7	8.13	−1.13	1.2769
6	8	9	8.13	0.87	0.7569
7	9	8	8.93	−0.93	0.8649
8	11	12	10.53	1.47	2.1609
合计	57	57	57.0	—	11.8292

$$S_y=\sqrt{\frac{\sum(y-\hat{y})^2}{n-2}}=\sqrt{\frac{11.8292}{6}}=1.40$$

假使因变量实际观察值相当多，估计标准误的计算将是一件十分烦冗的工作，通常可以用下面的简易公式求得：

$$S_y=\sqrt{\frac{\sum y^2-a\sum y-b\sum xy}{n-2}} \tag{8-17}$$

证：$\sum(y-\hat{y})^2=\sum y^2-2\sum y\hat{y}+\sum\hat{y}^2$

因为 $\hat{y}=a+bx$

$$\sum y\hat{y}=\sum[y(a+bx)]=\sum(ay+bxy)$$
$$=a\sum y+b\sum xy$$

$$\sum\hat{y}^2=\sum(a+bx)^2=\sum(a^2+2abx+b^2x^2)$$
$$=na^2+2ab\sum x+b^2\sum x^2$$
$$=a(na+b\sum x)+b(a\sum x+b\sum x^2)$$
$$=a\sum y+b\sum xy$$

$$\sum(y-\hat{y})^2=\sum y^2-2\sum y\hat{y}+\sum\hat{y}^2$$
$$=\sum y^2-2(a\sum y+b\sum xy)+(a\sum y+b\sum xy)$$
$$=\sum y^2-a\sum y-b\sum xy$$

所以 $S_y=\sqrt{\dfrac{\sum y^2-a\sum y-b\sum xy}{n-2}}$

将表 8-1 中各有关数据代入上式，有

$$S_y=\sqrt{\frac{451-1.725\times57-0.80\times426}{6}}=1.40$$

五、一元线性回归方程的显著性检验

大多数情况下，依据最小平方法建立的回归方程，其数据来自样本。由于受到抽样误差的影响，对样本数据的代表性，即它所确定的变量之间的线性关系是否显著，必须通过显著性检验才能予以确认。一元线性回归方程的显著性检验包括回归系数 b 的检验及对模型整体的 F 检验。

（一）回归系数 b 的假设检验

我们可以利用 z 分布和 t 分布的理论及测算方法对 b 进行假设检验。在此，将 β 作为回归直线的真实斜率，而将回归系数 b 作为 β 的估计值。

常用的方法是设 H_0：$\beta=0$。假设的内涵为：如果 x 和 y 有线性关系，那么，β 将有非零值，拒绝原假设；如果 x 和 y 不存在线性关系，那么，β 将等于零，接受原假设。我们选择 z 分布和 t 分布作为检验统计量。

有关 b 的检验程序如下：

(1) 设 H_0：$\beta=0$，H_1：$\beta\neq0$。

(2) 选择显著性水平 a，常用的 a 值取 0.05 或 0.01。

(3) 根据样本数据计算统计量。在一元回归分析中，对回归系数 b 的检验，常用的统计量为 $Z=\frac{b-\beta}{\sigma_b}$。$Z$ 服从均值为 0，方差为 1 的标准正态分布。其中，σ_b 是样本回归系数 b 的标准差，通常为未知，要用它的估计量 $\hat{\sigma}_b$ 代替。

$$\hat{\sigma}_b=\sqrt{\frac{S_y^2}{\sum(x-\bar{x})^2}}=\sqrt{\frac{(\sum y^2-a\sum y-b\sum xy)/(n-2)}{\sum x^2-n(\bar{x})^2}} \quad (8\text{-}18)$$

在大样本条件下，可直接利用上式对 b 进行显著性检验，小样本条件下需用标准化处理的 t 统计量。

$$|t|=\frac{b-\beta}{\hat{\sigma}_b}=\frac{|b|}{\hat{\sigma}_b}(\beta=0) \quad (8\text{-}19)$$

t 服从自由度 $n-2$ 的 t 分布，查 t 表可确定临界值。

(4) 做出判断。仍用表 8-1 资料说明假设检验的过程。

设 H_0：$\beta=0$，H_1：$\beta\neq0$，并设显著性水平 $\alpha=0.01$，样本容量 $=8$，自由度 $df=n-2=6$，样本回归系数 $b=0.8$。

因为 $S_y=1.40, S_y^2=1.96, \sum(x-\bar{x})^2=412$

所以 $\hat{S}_b^2=\frac{S_y^2}{\sum(x-\bar{x})^2}=\frac{1.96}{412}=0.00476$

$$S_b=0.069$$

所以 $t=\frac{0.8-0}{0.069}=11.59$

查表得：$t_{0.005}=3.707$，$|t|>3.707$，可以做出判断，即拒绝 H_0，接受 H_1，说明总体 x 和 y 两个变量线性关系显著。

（二）F 检验

F 检验的理论基础就是上节所讨论的误差分解法。即有：

$$SST=SSR+SSE$$

只要将回归平方和、残差平方和各自除以自己的自由度再对比求得一个比率，便得到 F 检验统计量，可以证明在假设 $\beta=0$ 成立的条件下，统计量 $F=\dfrac{SSR/1}{SSE/n-2}$ 服从自由度为 1 和 $n-2$ 的 F 分布。因此，在给定的显著性水平 α 下，查表 $F_{\alpha}(1,n-2)$ 来判定回归效果。若 $F\geqslant F_{\alpha}(1,n-2)$，原假设 $\beta=0$ 不成立，表明回归效果显著；反之，则表明回归效果不显著。

一般列出方差分析表来反映分析的结果。表式如下表 8-3 所示：

表 8-3

来 源	平方和	自由度	均方和	F 值	置信限 $F_{\alpha}(1,n-2)$	统计推断
回归	SSR	1	$SSR/1$	$F=\dfrac{SSR/1}{SSE/n-2}$		当 $F\geqslant F_{\alpha}(1,n-2)$ 显著；
残差	SSE	$n-2$	$SSE/n-2$			当 $F\leqslant F_{\alpha}(1,n-2)$
总的	SST	$n-1$				不显著

仍用表 8-1 资料说明方差分析过程如表 8-4 所示：

表 8-4

来 源	平方和	自由度	均方和	F 值	置信限 $F_{0.005}(1,6)$	统计推断
回归	33.040	1	33.040	$F=\dfrac{SSR/1}{SSE/n-2}$	5.99	$F\geqslant F_{0.005}(1,6)$ 表明回归显著
残差	11.835	6	1.9725	$=\dfrac{33.040}{1.9725}$		
总的	44.875	7		$=16.77$		

计算结果表明，在广告费用和销售额之间所建立的回归方程

回归效果显著，利用方程进行预测有一定可靠性。

六、回归的区间估计

我们依据样本数据所建立的回归方程在很大程度上是为了进行统计预测。所谓预测就是在确定自变量的某一 X_0 时求相应的因变量的估计值 $\hat{y}$。由于各种因素的影响，实际值 Y 与估计值 $\hat{y}$ 之间总是存在一定的离差。为了掌握预测的精度，要求对误差的范围作出测定。

通常可以用估计标准误来说明 Y 与 $\hat{y}$ 的离差程度并据以建立置信区间，在大样本时有前述的 S_y 公式及相应的置信区间为：

$$\hat{y}-S_y \leqslant y \leqslant \hat{y}+S_y$$

$$\hat{y}-2S_y \leqslant y \leqslant \hat{y}+2S_y$$

$$\hat{y}-3S_y \leqslant y \leqslant \hat{y}+3S_y$$

在小样本时估计标准误公式作以下调整：

$$S_d = S_y \cdot \sqrt{1+\frac{1}{n}+\frac{(x_0-\bar{x})^2}{\sum(x-\bar{x})^2}} \tag{8-20}$$

所以在给定的置信概率 $1-\alpha$ 下，小样本时 $\hat{y}$ 的置信区间为：

$$\hat{y} \pm t_{\frac{2}{\alpha}}(n-2) S_y \sqrt{1+\frac{1}{n}+\frac{(x_0-\bar{x})^2}{\sum(x-\bar{x})^2}}$$

其中，$t_{\frac{2}{\alpha}}(n-2)$ 可通过查 t 分布表得到。上述情况可用图表示如下（见图 8-2(a)，图 8-2(b)）。

从图 8-2(b)中可以看出，置信区间两边呈喇叭状，当 $x_0=\bar{x}$ 或接近 $\bar{x}$ 时，置信区间较窄，有较好的精确度；当 x_0 远离 $\bar{x}$ 时，置信区间逐渐加宽，精确度下降。仍以表 8-1 资料为例，讨论销售额的预测区间。

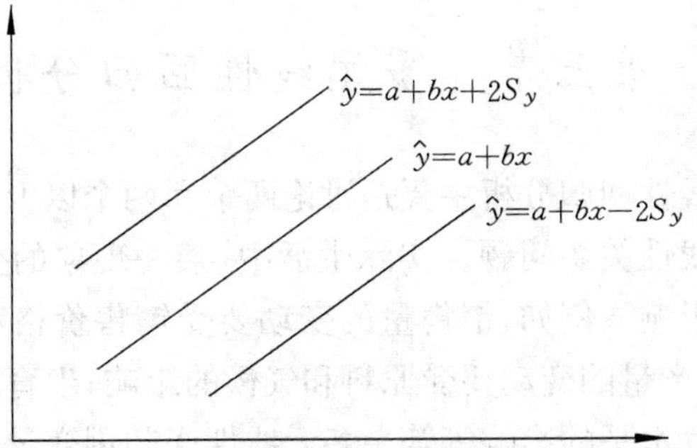

图 8-2(a)　大样本预测区间(置信度为 95.45%)

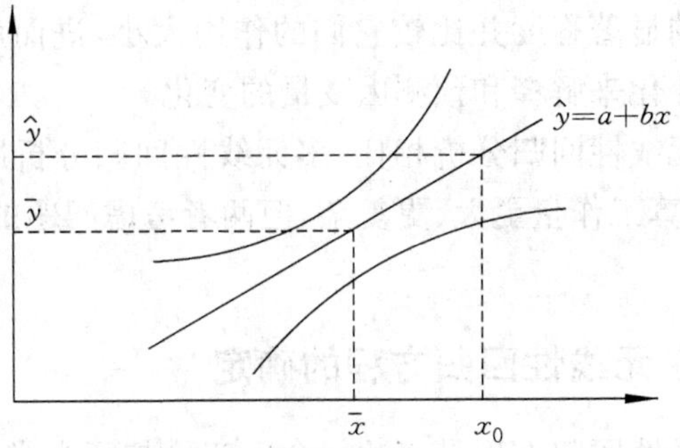

图 8-2(b)　小样本的预测区间

当 $x_0=14$ 时,$\hat{y}$ 的点预测值为:

$$\hat{y}=1.725+0.8\times14=12.925(\text{万元})$$

给定 $\alpha=0.05$,查 t 分布表 $t_{0.025}(6)=2.447$,$S_y=1.40$

$$\sqrt{1+\frac{1}{8}+\frac{52.5625}{51.5}}=1.4648$$

当 $x_0=14$ 万元时,销售额的置信区间为:

$$12.925\pm2.447\times1.40\times1.4648=12.925\pm5.018$$

即销售额有 95%的可能性落在 7.907 万元到 17.943 万元之间。

第三节　多元线性回归分析

多元线性回归分析主要是讨论两个和两个以上自变量对一个因变量的线性关系问题。实际生活中，某一现象的变动往往受多个因素的影响。例如，销售量的变动要受销售价格和广告费的影响；农产品产量的变动要受原料和气候的影响；生育水平要受经济水平和教育水平的影响等等。多元线性回归用变量的观察数据拟合所关心的变量以及影响它变化的变量之间的线性关系式，检验影响变量的显著程度并比较它们的作用大小，进而用两个或多个自变量的变化来解释和预测因变量的变化。

与一元线性回归分析相比，多元线性回归分析所涉及的自变量更多，计算工作量更大、更复杂，但两者考虑问题的思路、方法基本相同。

一、多元线性回归方程的确定

多元线性回归方程是表达一个因变量与两个或多个自变量之间的线性关系的回归模型的估计式。

多元线性回归模型的一般表达式为：

$$y=a+b_1x_1+b_2x_2+\cdots+b_nx_n+\varepsilon \tag{8-21}$$

式中　a 表示截距；

$b_1,b_2,\cdots,b_n$ 表示待定的模型参数；

ε 表示剩余残差项（或称随机扰动项），$\varepsilon\sim N(0,\sigma^2)$。

多元线性回归方程为：

$$\hat{y}=a+b_1x_1+b_2x_2+\cdots+b_nx_n \tag{8-22}$$

(8-22)式中的 $\hat{y}$ 是(8-21)式中 y 的估计值，而(8-22)式则是(8-21)式中的多元线性回归模型的估计式。在实际工作中，我们只要掌握了自变量 $x_1, x_2, \cdots, x_n$ 和因变量 y 的实际资料，求得回归模型中的参数 $a, b_1, b_2, \cdots, b_n$，便可确定多元线性回归方程。

下面我们以二元线性回归模型及相应估计式——二元线性回归方程为例，说明多元线性回归的分析过程。

对于有两个自变量的多元线性回归模型，有估计式如下：

$$\hat{y}=a+b_1x_1+b_2x_2$$

式中 a 表示与 y 轴相交的平面在 y 轴上的截距；

b_1, b_2 称为偏回归系数：b_1 表示 x_2 固定时 x_1 每变化一个单位引起的 y 的平均变动；b_2 表示 x_1 固定时 x_2 每变化一个单位引起的 y 的平均变化。

根据最小平方法能满足实际值 y 与估计值 $\hat{y}$ 的离差平方和为最小即 $\sum(y-\hat{y})^2=X_{\min}$ 的性质，可以用最小平方法来求解参数。把 $\hat{y}=a+b_1x_1+b_2x_2$ 代入 $\sum(y-\hat{y})^2$ 中，即 $\sum(y-a-b_1x_1-b_2x_2)^2$，分别对 a, b_1, b_2 求偏导数并令其为零，可得到如下规范方程：

$$\begin{cases}\sum y=na+b_1\sum x_1+b_2\sum x_2\\ \sum x_1y=a\sum x_1+b_1\sum x_1^2+b_2\sum x_1x_2\\ \sum x_2y=a\sum x_2+b_1\sum x_1x_2+b_2\sum x_2^2\end{cases} \tag{8-23}$$

解此联立方程，便可得到二元线性回归方程中的参数 a、b_1, b_2。

二、应用举例

为了研究某产品的销售额与广告费及销售人员专业工龄之间的关系，某公司随机抽取了 8 个月的销售资料见表 8-5，试求以广告费、销售人员的专业工龄为自变量 X_1, X_2，销售额为因变量 y 的二元线性回归方程。计算如表 8-6 所示。

表 8-5 单位：万元

月份编号	销售额 y	广告费 X_1	销售人员专业工龄 X_2
1	4	4	4
2	6	5	4
3	6	3	3
4	5	6	4
5	7	8	5
6	9	8	6
7	8	9	7
8	12	11	7
合　计	57	54	40

表 8-6

二元回归方程计算表

单位：万元

月份编号	X_1Y	X_2Y	X_1X_2	X_1^2	X_2^2
1	16	16	16	16	16
2	30	24	20	25	16
3	18	18	9	9	9
4	30	20	24	36	16
5	56	35	40	64	25
6	72	54	48	64	36
7	72	56	63	81	49
8	132	84	77	121	49
合　计	426	307	297	416	216

将有关数据代入(8-23)式，得到：

$$57=8a+54b_1+40b_2$$

$$426=54a+416b_1+297b_2$$

$$307=40a+297b_1+216b_2$$

解联立方程，得：

$$a=1.4224,\ b_1=0.6947,\ b_2=0.2026$$

于是，确定该二元线性回归方程为：

$$\hat{y}=1.4224+0.6947X_1+0.2026X_2$$

该方程表明，如果销售人员专业工龄 X_2 固定，当广告费 X_1 增加 1 万元时，销售额 y 将增加 0.6947 元；当广告费 X_1 保持不变时，如果销售人员专业工龄 X_2 每增加 1 万元时，销售额 y 将增加 0.2026 万元。

三、多元线性回归分析的常用指标

（一）多元相关系数

多元相关系数，亦称复相关系数是表明一个因变量 Y 与多个自变量 $X_1, X_2, \cdots, X_n$ 之间的线性相关程度的指标。样本复相关系数的公式如下：

$$r=\sqrt{1-\frac{\sum(y-\hat{y})^2}{\sum(y-\bar{y})^2}} \tag{8-24}$$

实际计算时，一般先计算出判定系数，再计算出判定系数的平方根，多元相关系数恒为正值。这是因为，多个变量时，偏回归系数有正有负，所以复相关系数只取正值。复相关系数为 1，表明 Y 与 $X_1, X_2, \cdots, X_n$ 之间存在严密的线性关系；复相关系数为 0，表明 Y 与 $X_1, X_2, \cdots, X_n$ 之间不存在任何的线性关系；复相关系数取值在 0 和 1 之间，表明变量之间存在一定程度的线性相关关系。复相关系数用符号 $r_{y,12,\cdots,n}$ 表示，下标中逗号前的 Y 表示因变量，逗号后的数字表示各自变量的序号及个数。

现以表 8-5 资料为例，说明计算销售额（Y）和广告费（X_1），销售人员的专业工龄（X_2）的复相关系数如下（见表 8-7）。

表 8-7

二元线性回归方程复相关系数计算表

编号	销售额 Y	广告费 X_1	专业工龄 X_2	销售额拟合值 $\hat{Y}$	$(y-\hat{y})^2$	$(y-\bar{y})^2$
1	4	4	4	5.01	1.0201	9.7656
2	6	5	4	5.71	0.0841	1.2656
3	6	3	3	4.11	3.5721	1.2656
4	5	6	4	6.40	1.9600	4.5156
5	7	8	5	8.00	1.0000	0.0156
6	9	8	6	8.20	0.6400	3.5156
7	8	9	7	9.09	1.1881	0.7656
8	12	11	7	10.48	2.3104	23.7656
合计	57	54	40	57.00	11.7748	44.8748

$$r_{y,12,\cdots,n}=\sqrt{1-\frac{\sum(y-\hat{y})^2}{\sum(y-\bar{y})^2}}=\sqrt{1-\frac{11.7748}{44.8748}}$$

$$=\sqrt{0.7376}=0.8588$$

计算结果表明，销售额 Y 和广告费 X_1，销售人员的专业工龄 X_2 之间存在高度的复相关关系。通常还需对复相关关系数做进一步的假设检验，最后对样本的复相关关系的显著性作出结论。

（二）偏相关系数

偏相关系数是说明多元回归分析中各个自变量在其他自变量固定不变时，单个自变量同因变量的相关关系程度的指标。计算偏相关系数时，通过掌握多个变量的数据，同时采用一定方法控制其他变量，专门考虑两个特定变量的单相关关系，来准确说明现象之间真实的联系。

偏相关系数的取值范围也是在－1～＋1 之间，其符号同相应的偏回归系数相同。

以下，我们仍用表 8-5 资料为例，说明偏回归系数计算过程。

首先，计算广告费（X_1），销售人员的专业工龄（X_2）和销售额（Y）三个单相关系数。

(1) 销售额（Y）与广告费（X_1）的单相关系数，记为 $r_{y,1}$。

$$r_{y,1}=\frac{n\sum x_1 y-\sum x_1\sum y}{\sqrt{n\sum x_1^2-(\sum x_1)^2}\sqrt{n\sum y^2-(\sum y)^2}}$$

$$=\frac{8\times426-54\times57}{\sqrt{8\times416-(54)^2}\sqrt{8\times451-(57)^2}}$$

$$=\frac{330}{384.5880}=0.85806$$

(2) 销售额（Y）与销售人员的专业工龄（X_2）的单相关系数，记为 $r_{y,2}$。

$$r_{y,2}=\frac{n\sum x_2 y-\sum x_2\sum y}{\sqrt{n\sum x_2^2-(\sum x_2)^2}\sqrt{n\sum y^2-(\sum y)^2}}$$

$$=\frac{8\times307-40\times57}{\sqrt{8\times216-(40)^2}\sqrt{8\times451-(57)^2}}$$

$$=\frac{176}{214.3642}=0.82103$$

(3) 广告费（X_1）与销售人员的专业工龄（X_2）的单相关系数，记为 $r_{1,2}$。

$$r_{1,2}=\frac{n\sum x_1 x_2-\sum x_1\sum x_2}{\sqrt{n\sum x_1^2-(\sum x_1)^2}\sqrt{n\sum x_2^2-(\sum x_2)^2}}$$

$$=\frac{8\times297-54\times40}{\sqrt{8\times416-(54)^2}\sqrt{8\times261-(40)^2}}$$

$$=\frac{216}{229.6432}=0.9406$$

其次，列出相关系数矩阵表如表8-8所示：

表8-8

	Y	X_1	X_2
Y	1.0000		
X_1	0.8581	1.0000	
X_2	0.8210	0.9406	1.0000

最后，分别计算两个自变量 X_1，X_2 和因变量 Y 的偏相关系数。

假定销售人员的专业工龄（X_2）不变，广告费（X_1）同销售额（Y）的偏相关系数的计算公式为：

$$r_{y1,2}=\frac{r_{y,1}-r_{y,2}\cdot r_{1,2}}{\sqrt{1-(r_{y,2})^2}\sqrt{1-(r_{1,2})^2}}$$

$$=\frac{0.8581-0.8210\times 0.9406}{\sqrt{1-(0.8210)^2}\sqrt{1-(0.9406)^2}}$$

$$=\frac{0.0859}{0.1938}=0.4432$$

假定广告费（X_1）不变，销售人员的专业工龄（X_2）同销售额（Y）的偏相关系数的计算公式为：

$$r_{y2,1}=\frac{r_{y,2}-r_{y,1}\cdot r_{2,1}}{\sqrt{1-(r_{y,1})^2}\sqrt{1-(r_{2,1})^2}}$$

$$=\frac{0.8210-0.8581\times 0.9406}{\sqrt{1-(0.8581)^2}\sqrt{1-(0.9406)^2}}$$

$$=\frac{0.0139}{0.1743}=0.0797$$

对以上两个偏相关系数进行比较，可以发现当销售人员的专业工龄（X_2）固定时，广告费对销售额的影响较大。

四、多元线性回归方程的显著性检验

多元线性回归方程假设检验的原理及方法与一元线性回归方

程假设检验相似，需分别就模型总体及偏回归系数进行有关的显著性检验。从选用检验统计量的角度看，主要包括 F 检验及 t 检验。

(一) F 检验——对模型总体相关性的假设检验

首先，建立待检假设：

$$H_0: \beta_1=\beta_2=\cdots=\beta_m=0$$

H_1：至少有一个偏回归系数不为零

若通过检验，否定 H_0，则可认为 y 与 $x_1, x_2, \cdots, x_m$ 之间存在显著的线性关系。选择 F 统计量为检验统计量。

$$F=\frac{SSR/m}{SSE/(n-m-1)} \tag{8-25}$$

式中　n 为样本数，m 为自变量个数。

二元线性回归方程相关性检验的 F 统计量为：

$$F=\frac{SSR/2}{SSE/(n-3)} \tag{8-26}$$

通常可以列出方差分析表计算 F 值，进行 F 检验，其表式与前面一元方差分析表相同。

仍用表 8-1 资料为例，说明检验过程如表 8-9 所示。

设 $H_0: \beta_1=0$; $\beta_2=0$; $H_1: \beta_1\neq0$, $\beta_2\neq0$

给定显著性水平 $\alpha=0.10$

表 8-9

来　源	平方和	自由度	均方和	$F_{0.10}(2,5)=3.78$
SSR	33.1100	2	16.5500	
SSE	11.7788	5	2.3459	$F_a=\frac{SSR/m}{SSE/(n-3)}=7.0277$
SST	44.8748	7	6.4107	

查表 $F_{0.10}(2,5)=3.78$,因此否定 H_0,即认为销售额与广告费、销售人员的专业工龄之间的回归关系在 0.10 水平上是显著的。

（二）多元线性回归系数的假设检验

除了对多元线性回归方程的总体相关性需作显著性检验外，通常还需对多元线性回归方程中的有关偏回归系数进行假设检验,以找出影响 y 变量的重要因素。偏回归系数检验,使用 t 检验作为检验统计量,在二元线性回归方程的偏回归系数检验中,检验步骤如下:

（1）建立待检假设。

设
$$H_0: \beta_1=0;\ \beta_2=0$$
$$H_1: \beta_1\neq 0,\ \beta_2\neq 0$$

（2）计算估计标准误 S。

$$S=\sqrt{\frac{\sum(y-\hat{y})^2}{n-m-1}} \tag{8-27}$$

（3）计算 $\sqrt{c_{ij}}$。c_{ij} 是下列矩阵 L 的逆矩阵 L^{-1} 中 i 行 j 列元素。

$$L=\begin{bmatrix} l_{11} & l_{12} & \cdots & l_{1m} \\ l_{21} & l_{22} & \cdots & l_{2m} \\ \vdots & & & \vdots \\ l_{m1} & l_{m2} & \cdots & l_{mm} \end{bmatrix}$$

（4）计算检验统计量的数值 t_j。

$$t_j=\frac{b_j}{s\sqrt{c_{ij}}} \quad (j=1,2,\cdots m) \tag{8-28}$$

（5）按显著水平 α 查自由度为 $n-m-1$ 的 t 分布表得到临界值 $t_{\frac{2}{\alpha}}$。

当$|t_j| \leqslant t_{\frac{2}{\alpha}}$，接受$H_0$；当$|t_j| > t_{\frac{2}{\alpha}}$，拒绝$H_0$。

通过偏回归系数的检验，逐一剔除对 y 影响较小的自变量，使回归方程有较好的应用价值。

附录 用 Excel 计算回归

以表 8-5 资料为例计算。

第一步：在 A1 输入“销售额”，在 A2～A9 输入各月销售额；
在 B1 输入“广告费”，在 B2～B9 输入各月广告费；
在 C1 输入“专业工龄”，在 C2～C9 输入相应工龄。

第二步：选择“工具”下拉菜单。

第三步：选择“数据分析”选项。

第四步：从“分析工具”列示中选择“回归”，然后按“确定”按钮。

第五步：当“回归”对话框出现后，
在“Y 值输入区”栏中输入“A1:A9”；
在“X 值输入区”栏中输入“B1:C9”；
在复选框“标志”和“置信度”都加以选择，且置信度的值为 95.45%。
在“输出选项”中选择“输出区域”；
在“输出区域”栏中输入“A12”；
在“残差”选项中选择“线性拟合图”；
选择“确定”按钮。

复习思考题

1. 为什么用最小平方法建立回归方程比较合理？
2. 一元线性回归分析应注意哪些问题？
3. 相关系数和回归系数有何关系？
4. 相关系数与估计标准误差的关系如何？

习 题

1. 有 10 个同类企业的生产性固定资产平均原值和总产值资料如下表：

企业编号	生产性固定资产价值(万元)x	工业总产值(万元)y
1	313	524
2	910	1 019
3	200	638
4	409	815
5	415	913
6	502	928
7	314	605
8	1 210	1 516
9	1 022	1 219
10	1 225	1 624

要求：

(1) 计算相关系数。

(2) 建立回归直线方程。

(3) 估计生产性固定资产为1 100 万元时的工业总产值。

2. 已知 1985～1994 年个人消费支出和收入资料如下表：

单位:亿元

年度	个人收入 x	消费支出 y	年度	个人收入 x	消费支出 y
1985	64	56	1990	107	88
1986	70	60	1991	125	102
1987	77	66	1992	143	118
1988	82	70	1993	165	136
1989	92	78	1994	189	155

要求：

(1) 判断二者关系。

(2) 建立直线回归方程。

(3) 若个人收入为 213 亿元，估计个人消费支出额。

3. 某家具厂生产家具的总成本与木材耗用量有关，其资料为：

月　　份	1	2	3	4	5	6	7
木材消耗用量(千米^3)	2.4	2.1	2.3	1.9	1.9	2.1	2.4
总成本(千元)	3.1	2.6	2.9	2.7	2.3	3.0	3.2

要求：

(1) 建立以总成本为因变量的回归直线方程。

(2) 计算相关系数，判断相关程度。

4. 抽取由 10 名大学生组织的随机样本，研究他们在高中与大学的英语成绩，得出下表所列结果：

高中成绩	40	60	76	78	80	88	90	95	96	98
大学成绩	50	70	75	83	84	90	92	95	94	96

要求：计算相关系数，并说明相关程度。

5. 某市居民人均月收入与社会商品零售总额资料如下：

年　份	人均月收入(元)	社会商品零售总额(亿元)
1990	200	20
1991	300	30
1992	450	36
1993	550	42
1994	600	50

要求：

(1) 用最小平方法求人均月收入时间数列的直线趋势方程，并据以估计 1999 年的人均月收入。

(2) 以人均月收入为自变量，社会商品零售总额为因变量求直线回归方程。

(3) 根据人均月收入的估计值，推算 1999 年的社会商品零售总额。

6. 随机抽取10个城市居民家庭关于收入与食品支出的样本。资料如下：

单位:元

城市编号	1	2	3	4	5	6	7	8	9	10
家庭月收入	200	270	300	320	340	350	360	400	420	450
月食品支出	150	200	200	210	210	220	230	250	250	260

要求：

(1) 计算相关系数。

(2) 当家庭月收入为380元,试运用回归分析估计月食品支出为多少元。

(3) 说明回归系数 b 的经济意义。

(4) 计算总变差、回归变差、剩余变差、估计标准误差。

7. 某工业管理局有10个同类企业,它们的资料如下：

企业编号	固定资产(万元)	工业总产值(万元)
1	30	50
2	40	80
3	50	90
4	60	95
5	80	105
6	90	110
7	100	120
8	105	120
9	120	145
10	120	150

要求：

(1) 计算相关系数,估计标准误差。

(2) 运用回归分析估计固定资产为110万元的企业的工业总产值。

(3) 说明回归系数 b 的经济意义。

8. 某牌号汽车的已使用年限和年修理费用资料如下：

序　号	使用年限(年)	修理费用(百元)
1	0.5	2.0
2	1.0	3.0
3	1.5	4.0
4	2.0	8.0
5	2.5	12.0
6	3.0	20.0
7	3.5	36.0
8	4.0	50.0

要求：

(1) 计算相关系数。

(2) 若某辆汽车已使用 5 年，试估计年修理费用。

(3) 计算估计标准误差。

第九章　时间数列

第一节　时间数列的概述

一、时间数列的概念

时间数列，也称为动态数列或时间序列，是指将某一现象在时间上发展变化的一系列数量表现，按时间先后顺序排列而形成的一个动态数列。时间数列可以表明社会经济现象的发展变化过程及其趋势，用以预测现象的发展方向及前景。

时间数列由两个基本要素组成，一个是现象所属的时间，另一个是现象在各个不同时期所达到的水平。如表 9-1 所示：

表 9-1

上海市 1995～2000 年国内生产总值

年　　份	1995	1996	1997	1998	1999	2000
国内生产总值(亿元)	2 462.57	2 902.20	3 360.21	3 688.20	4 034.96	4 551.15

时间数列中通常用 t 来表示时间序号，它既可以是指数值所属的真实时间，也可以是时间的代号。

在市场经济情况下，研究时间数列具有重要意义。首先，无论从宏观角度还是从微观角度来看，它是各级领导阶层进行有效管理的一个重要方法。从宏观管理的目标出发，时间数列可以从数量上向各级政府部门提供一个过去各个历史时期内某个现象发展过程的资料，为各级政府正确地分析形势并据以制定符合实际的方针、政策提供充分的依据，并可据此进行有效的预测及决策。从微观管理的目标出发，时间数列可以从数量上向某家企业、某个部门的领导提供本企业某种现象的长期资料，帮助领导在正常经营过程中的目标管理及长期发展规划方面，如厂房及设备的新建、扩建，新的财务政策，新产品的开发与销售等方面提供足够的管理及预测依据。其次，用不同国家、地区、部门间有关政治、经济、文化等时间数列的资料来进行对比分析，可以揭示某种共同的规律，并进行有效的预测。

二、时间数列的种类

时间数列按照指标的性质不同，可以分为绝对数时间数列、相对数时间数列和平均数时间数列。其中，绝对数时间数列是基础数列或原始数列，相对数时间数列和平均数时间数列是在绝对数时间数列的基础上加工计算得到的。

（一）绝对数时间数列

将一系列同类的绝对数指标，按时间先后顺序排列而形成的时间数列叫绝对数时间数列。它反映现象在各个不同发展时期所达到的绝对水平及其发展变化的过程和趋势。绝对数时间数列按其指标性质的不同又分为时期数列和时点数列。

1. 时期数列

时期数列是指每一指标所反映的是某种现象在一段时期内发展过程的总量如产品产量、商品流转额等。见下例（如表 9-2 所示）：

表 9-2

某企业 1995～2000 年工业总产值的动态资料

年　　份	1995	1996	1997	1998	1999	2000
工业总产值(万元)	20	26	32	40	38	40

时期数列的特点是：① 数列中各个指标的数值相加具有一定的经济意义。② 数列中每个指标数值的大小与指标所属的时期长短有关。③ 时期数列中各个指标的数值，通常是通过连续不

断的登记取得的。

2. 时点数列

时点数列是指每一指标所反映的是某种现象在某一时点(瞬间)上的总量或发展水平,如人口数、某种商品的库存量等。见下例(如表9-3所示):

表9-3

某企业1995~2000年职工人数的动态资料

年　份	1995	1996	1997	1998	1999	2000
职工人数(人)	800	802	900	905	920	930

时点数列的特点是:① 数列中各个指标的数值相加不具有经济意义。② 数列中每个指标数值的大小与指标所属的时间长短无关。③ 时点数列中各个指标的数值,通常是通过定期登记取得的。

(二) 相对数时间数列

将一系列同类的相对数指标,按时间先后顺序排列而形成的时间数列叫做相对数时间数列。它反映现象在各个不同时间内的内部比例、相互联系的状况。它由绝对数时间数列对比计算产生,可以是时期数列所派生,也可以是时点数列所派生,或者是由时期数列和时点数列的指标对比计算产生。例如,把各个时期的积累额与同期的国民收入使用额对比求得积累率,把各个时期第三产业产值与同期的国内生产总值对比求得的比重等,都可以编成各自的相对数时间数列。在相对数时间数列中,各个指标数值是不能相加的。见下例(如表9-4所示):

表9-4

上海市1995~2000年第三产业产值占国内生产总值的动态资料

年　份	1995	1996	1997	1998	1999	2000
第三产业产值占国内生产总值比重(%)	40.2	43.0	45.5	47.8	49.6	50.2

（三）平均数时间数列

将一系列同类的平均数指标，按时间先后顺序排列而形成的时间数列叫平均数时间数列。它反映现象在各个不同时间内所达到的一般水平。平均数时间数列也是由绝对数时间数列对比计算产生的。它可以是时期数列所派生，也可以是时点数列所派生，或者是由时期数列和时点数列指标对比计算产生。例如，将各期职工的平均工资、各期的劳动生产率编制成不同的平均数时间数列。平均数时间数列中各个指标数值一般不能相加，但是计算序时平均数时例外。见下例（如表 9-5 所示）：

表 9-5

上海市 1990～1995 年职工平均年工资动态资料

年　　份	1990	1991	1992	1993	1994	1995
职工年平均工资	2 917	3 375	4 273	5 650	7 410	9 279

三、编制时间数列的原则

编制时间数列涉及现象所属的时间、空间，跨度很大，所以，可比性原则就成为编制时间数列的基本原则。具体来说，可比性原则可以具体体现在以下几个方面：

（一）时间数列中各个指标所属时间长短要一致

对时期数列而言，一般希望各个指标所属的时期的长短前后要相等；对时点数列而言，一般希望各个指标所属的时点的间隔要相等。这样，才有利于前后对比。但是，时间长短要一致也不能绝对化。有时为了特定的目的，也可以把时期不同的指标编成时间数列。例如，为了反映我国钢产量在不同历史时期的增长速度情况，就可以把自 1900～2000 年的钢产量分成几个特定时期来考察。

（二）时间数列中各个指标所包括的总体范围要一致

各个指标所包括的总体范围前后要一致，如研究浦东新区成立前后的某种现象对比,就要考虑行政区划变动这个因素,对某些资料必须适当调整。

(三)时间数列中各个指标的计算方法要一致

当我们所研究的现象在指标计算方法上、计量单位的度量上有不一致时,应寻找适当方法进行一定的换算及调整。

第二节　时间数列的水平指标

时间数列指标众多,但其基本指标可分为两类:一类是现象发展水平的指标,一类是现象发展速度的指标。本节介绍水平指标。

一、发展水平和平均发展水平

(一)发展水平

时间数列中的每一项具体指标数值称为发展水平。它反映某种社会经济现象在各个不同时期(或时点)所达到的实际水平。发展水平可以是绝对数指标,如国内生产总值、年末人口数等;也可以是相对指标或平均指标,如劳动生产率、计划完成程度等。

时间数列中的第一项指标数值叫做期初水平或最初水平,用 a_0 表示,最后一项指标数值叫做期末水平或最末水平,用 a_n 表示,其余各项指标叫做中间水平,用 $a_1, a_2, \cdots, a_{n-1}$ 表示。在动态分析中,将所研究的那个时期(或时点)的发展水平叫做报告期水平,用来进行比较的那个时期(或时点)的发展水平叫做基期水平。期初水平和期末水平并不是固定不变的,要根据研究时间的变更而改变,所以,不能对期初水平和基期水平,期末水平和报告期水平简单划等号。

发展水平的文字说明习惯上用“增加到”或“增加为”,“下降到”或“下降为”表示。

（二）平均发展水平

1. 平均发展水平的概念及作用

平均发展水平（又称序时平均数或动态平均数），是指时间数列中各时期或各时点上的发展水平的平均数。它把现象在不同时间上的数量差异抽象化，来反映某种现象在一段时间内的一般水平。

序时平均数与第三章讨论的一般平均数有相同点及不同点。相同点为：两者在研究方法上都是把现象的数量差异抽象化，概括地反映现象的一般水平；不同点为：① 序时平均数是从动态上反映现象在某一段时间内的一般水平，而一般平均数是从静态上反映现象在同一时期不同单位之间的一般水平。② 序时平均数是根据时间数列计算的；而一般平均数是根据变量数列计算的。

序时平均数可以根据绝对数时间数列计算，也可以根据相对数和平均数时间数列计算。从方法角度来讲，绝对数时间数列的序时平均数计算是最基本的。

序时平均数具有以下作用：

第一，便于时间不等的时间数列进行广泛的对比分析。

第二，便于观察社会经济现象的某种长期的发展趋势。

2. 平均发展水平的计算

根据指标的不同性质，平均发展水平有各种不同的具体计算方法。

（1）由绝对数时间数列计算序时平均数。绝对数时间数列又分为时期数列和时点数列，所以在具体计算上又分为：

① 由时期数列计算序时平均数——由于时期数列具有可加性的特点，对时期数列求序时平均数时，可以运用算术平均数的方法，即将数列中的各项指标直接相加，再除以数列的时期项数。计算公式为：

$$\bar{a}=\frac{a_1+a_2+\cdots+a_n}{n}=\frac{\sum a}{n} \tag{9-1}$$

式中　$\bar{a}$ 表示序时平均数；

　　a 表示时期数列中各期的实际发展水平；

　　n 表示时期项数。

兹举例如表 9-6 所示：

表 9-6

某厂 2000 年各月总产值动态资料

月　份	总产值(万元)	月　份	总产值(万元)
1 月	20	7 月	25
2 月	19	8 月	27
3 月	21	9 月	29
4 月	15	10 月	32
5 月	17	11 月	33
6 月	19	12 月	34

若要各季的月平均总产值，可分别计算如下：

$$第一季度月平均总产值=\frac{20+19+21}{3}=20(万元)$$

$$第二季度月平均总产值=\frac{15+17+19}{3}=17(万元)$$

$$第三季度月平均总产值=\frac{25+27+29}{3}=27(万元)$$

$$第四季度月平均总产值=\frac{32+33+34}{3}=33(万元)$$

$$全年月平均总产值=\frac{20+19+21+15+17+19+25+27+29+32+33+34}{12}$$

$$=24.25(万元)$$

可以看出，该企业某年第三、第四季度的月平均总产值大于第一、第二季度的月平均总产值。

② 由时点数列计算的序时平均数——由于时点数列中各个指标的大小与时间长短没有直接关系，数列中各个指标相加没有实际意义；又由于时点数列都是瞬间资料，在时点数列中的两个时

点之间一般都是有一定间隔的。基于时点数列的上述特点，又可将时点数列分为逐日记录的连续时点数列和非逐日记录的间断时点数列。

i. 连续时点数列求序时平均数。在连续时点数列中有间隔相等和间隔不等两种情况：

(i) 间隔相等连续时点数列。即时点数列是以日为间隔而编制的，可用简单算术平均法求序时平均数。

$$\bar{a}=\frac{\sum a}{n} \tag{9-2}$$

式中 a 表示各已掌握的时点资料；

n 表示时点个数。

例如，某企业一月上旬职工出勤资料如表 9-7 所示：

表 9-7

日　期	出勤人数(人)	日　期	出勤人数(人)
1 日	100	6 日	102
2 日	98	7 日	102
3 日	98	8 日	105
4 日	98	9 日	107
5 日	102	10 日	107

$$\begin{aligned}\text{一月上旬日平均出勤人数}&=\frac{100+98+98+98+102+102+102+105+107+107}{10}\\&=101.9(\text{人})\end{aligned}$$

(ii) 间隔不等连续时点数列。被研究现象不是逐日登记，而是根据一段时期中每次变动的资料进行登记的，可用每次变动持续的间隔长度来加权，用加权算术平均法计算序时平均数。

$$\bar{a}=\frac{\sum af}{\sum f} \tag{9-3}$$

式中 a 表示各时点的发展水平；

f 表示时间间隔长度。

仍用表9-7资料，就有：

$$\begin{matrix}\text{一月上旬日}\\ \text{平均出勤人数}\end{matrix}=\frac{100\times 1+98\times 3+102\times 3+105\times 1+107\times 2}{1+3+3+1+2}$$

$$=101.9(\text{人})$$

ii. 间断时点数列求序时平均数。在间断时点数列中也有间隔相等和间隔不等两种情况：

(i) 间隔相等间断时点数列。如果时间数列中提供的是间隔相等的间断时点数列资料，如工业企业中的职工人数或商品库存等数额，我们就可以假定现象在相邻的两个时点之间是均匀变动的，因而可将两个相邻时点的指标数值相加除以2，先求得这两个时点的序时平均数，然后再根据简单平均法求得整个研究期内的序时平均数。计算公式如下：

$$\bar{a}=\frac{\frac{a_0+a_1}{2}+\frac{a_1+a_2}{2}+\cdots+\frac{a_{n-1}+a_n}{2}}{n} \tag{9-4}$$

也可将上述公式整理成以下形式：

$$\bar{a}=\frac{\frac{a_0}{2}+a_1+a_2+\cdots+a_{n-1}+\frac{a_n}{2}}{n}$$

式中 $a_0,a_1,\cdots,a_n$ 表示各时点资料；

n 表示时点数。

例如，某仓库2001年1～6月库存商品动态资料如表9-8所示：

表9-8

某仓库2001年1～6月库存商品动态资料

日　　期	1月1日	2月1日	3月1日	4月1日	5月1日	6月1日	7月1日
商品库存量(吨)	1 362	1 396	1 404	1 414	1 596	1 672	1 800

根据表9-8资料，计算序时平均数如下：

$$1\text{月份平均库存量}=\frac{1\,362+1\,396}{2}=1\,379(\text{吨})$$

$$2\text{月份平均库存量}=\frac{1\,396+1\,404}{2}=1\,400(\text{吨})$$

$$3\text{月份平均库存量}=\frac{1\,404+1\,414}{2}=1\,409(\text{吨})$$

$$1\text{季度月平均库存量}=\frac{\frac{1\,362+1\,396}{2}+\frac{1\,396+1\,004}{2}+\frac{1\,404+1\,414}{2}}{3}$$

$$=\frac{\frac{1\,362}{2}+1\,396+1\,004+\frac{1\,414}{2}}{3}=1\,396(\text{吨})$$

$$\text{上半年月平均库存量}=\frac{\frac{1\,362}{2}+1\,396+1\,004+1\,414+1\,596+1\,672+\frac{1\,800}{2}}{6}$$

$$=1\,510.5(\text{吨})$$

（ii）间隔不等间断时点数列。如果掌握间隔不等的间断时点数列资料，可将各间隔长度加权，应用加权算术平均法，来计算序时平均数。计算公式如下：

$$\bar{a}=\frac{\frac{a_0+a_1}{2}f_1+\frac{a_1+a_2}{2}f_2+\cdots+\frac{a_{n-1}+a_n}{2}f_{n-1}}{\sum f} \tag{9-5}$$

式中　a 表示各间隔不等的间断时点资料；

f 表示各时点间隔长度。

例如，某地区 2001 年某些月份人口数资料如表 9-9 所示：

表 9-9

日　期	1 月 1 日	5 月 31 日	9 月 1 日	12 月 31 日
人口数(万人)	120.5	120.4	120.8	120.5

$$2001\text{年该地区月平均人口数}=\frac{\frac{120.5+120.4}{2}\times5+\frac{120.4+120.8}{2}\times3+\frac{120.8+120.5}{2}\times4}{12}$$

$$=120.6(\text{万人})$$

(2) 由相对数时间数列计算序时平均数。相对数时间数列一般是由两个具有密切联系的绝对数时间数列相应项对比求得，因此，由相对数时间数列计算序时平均数，必须先分别计算构成相对数时间数列的分子与分母数列的序时平均数，然后对比分子、分母两个数列的序时平均数，便可得到相对数时间数列的序时平均数。

$$\bar{c}=\frac{\bar{a}}{\bar{b}} \tag{9-6}$$

式中 $\bar{a}$ 表示分子数列的序时平均数；

$\bar{b}$ 表示分母数列的序时平均数；

$\bar{c}$ 表示相对数时间数列的序时平均数。

① 由两个时期数列相应项对比形成的相对数时间数列计算序时平均数。

例如，某公司的甲、乙、丙三个分公司 2001 年第一季度的生产情况资料如表 9-10 所示。

表 9-10

		一 月	二 月	三 月
甲公司	计划产量 b	600	650	700
	实际产量 a	619	590	710
乙公司	计划产量 b	600	600	680
	计划完成率(%)c	102	95	106
丙公司	实际产量 a	550	550	600
	计划完成率(%)c	99	100	105

按掌握资料可分成三种情况讨论：

i. 若 a、b 资料齐备，则

$$\bar{c}=\frac{\frac{\sum a}{n}}{\frac{\sum b}{n}}=\frac{\sum a}{\sum b} \tag{9-7}$$

根据 9-10 资料，甲公司第一季度月平均计划完成程度为：

$$\bar{a}=\frac{\sum a}{\sum b}=\frac{610+590+710}{600+650+700}=\frac{1\,910}{1\,950}=97.95\%$$

ii. 若具备 b、c 资料，由于 $c=\frac{a}{b}$，将 $c=\frac{a}{b}$ 代入上式，得：

$$\bar{c}=\frac{\sum bc}{\sum b} \tag{9-8}$$

根据 9-10 资料，乙公司第一季度月平均计划完成程度为：

$$\bar{c}=\frac{\sum bc}{\sum b}=\frac{660\times 1.02+600\times 0.95+680\times 1.06}{600+600+680}=\frac{1\,902.8}{1\,880}$$

$$=101.21\%$$

iii. 若具备 a、c 资料，同理，$c=\frac{a}{b}$，将 $b=\frac{a}{c}$ 代入上式，得：

$$\bar{c}=\frac{\sum a}{\sum \frac{a}{c}} \tag{9-9}$$

根据 9-10 资料，丙公司第一季度月平均计划完成程度为：

$$\bar{c}=\frac{\sum a}{\sum \frac{a}{c}}=\frac{550+550+600}{\frac{550}{0.99}+\frac{550}{1.00}+\frac{600}{1.05}}=\frac{1\,700}{1\,676.9}=101.38\%$$

计算结果表明，除甲公司之外，乙公司和丙公司均完成了生产计划。

② 由两个时点数列相应项对比形成的相对数时间数列计算序时平均数。由于时点数列有连续时点与间断时点，间隔相等与间隔不等之分，这样，就需要根据资料的齐备及研究目的等不同情况，分别选择合适公式进行计算。下面举例(见表 9-11)说明间隔相等的间断时点数列所形成的相对数时间数列求序时平均数的方法。

表 9-11

	3月末	4月末	5月末	6月末
工人数(a)	200	202	210	230
全部职工数(b)	235	240	239	260
工人占职工人数的比重(%)	85	84	88	88

先求工人数的序时平均数：

$$\bar{a}=\frac{\frac{200}{2}+202+210+\frac{230}{2}}{3}=209(\text{人})$$

再求全部职工的序时平均数：

$$\bar{b}=\frac{\frac{235}{2}+240+239+\frac{260}{2}}{3}=242(\text{人})$$

根据间隔相等的间断时点数列所形成的相对数时间数列求序时平均数如下：

$$\begin{aligned}\bar{c}=\frac{\bar{a}}{\bar{b}}&=\frac{a_0/2+a_1+a_2+\cdots+a_n/2}{n}\div\frac{b_0/2+b_1+b_2+\cdots+b_n/2}{n}\\&=\frac{a_0/2+a_1+a_2+\cdots+a_n/2}{b_0/2+b_1+b_2+\cdots+b_n/2}=\frac{200/2+202+210+230/2}{235/2+240+239+260/2}\\&=86.3\%\end{aligned}$$

③ 由时期数列和时点数列相应项对比形成的相对数时间数列计算序时平均数。计算公式如下：

$$\bar{c}=\frac{\bar{a}}{\bar{b}}=\frac{\sum a}{n}\div\frac{b_0/2+b_1+b_2+\cdots+b_n/2}{n}$$

即：

$$\bar{c}=\frac{a}{\bar{b}}=\frac{\sum a}{b_0/2+b_1+b_2+\cdots+b_n/2} \quad (9\text{-}10)$$

以表 9-12 资料为例，说明计算方法：

表 9-12

某商店第一季度商品流转动态资料

	上年 12 月	1 月	2 月	3 月
商品流转额(万元)(a)	120	120	250	216
月末上平库存额(万元)(b)	50	70	86	76

根据上述资料，分别计算该企业第一季度各月商品流转次数，第一季度平均商品流转次数和第一季度商品流转次数。

$$商品流转次数=\frac{商品流转额}{平均商品库存额}$$

上表中的商品流转额是时期数列，月末商品库存额是时点数列，将两者先分别计算出各自的序时平均数，再进行对比，即可得到商品流转次数的序时平均数。

$$1 月份商品流转次数=\frac{120}{(50+70)/2}=2(次)$$

$$2 月份商品流转次数=\frac{250}{(70+86)/2}=3.2(次)$$

$$3 月份商品流转次数=\frac{216}{(86+76)/2}=2.7(次)$$

$$\begin{array}{l}一季度月平均\\商品流转次数\end{array}=\frac{\sum a}{b_0/2+b_1+b_2+b_3/2}=\frac{120+250+216}{50/2+70+86+76/2}$$

$$=2.7(次)$$

$$一季度商品流转次数=n\bar{c}=3\times 2.7=8.1(次)$$

同理，以 $a=bc$ 或 $b=\frac{a}{c}$ 代入上式，也可得出两个变形公式如下：

$$\bar{c}=\frac{\sum bc}{\sum b}$$

$$\bar{c}=\frac{\sum a}{\sum \frac{a}{c}}$$

(3) 由平均数时间数列计算的序时平均数。平均数时间数列可由一般平均数或序时平均数组成。对由序时平均数所组成的平均数时间数列求序时平均数,如时期相等或间隔相等,可直接采用简单算术平均法来计算;如时期不等或间隔不等,则以间隔天数为权数,采用加权算术平均法来计算。对由一般平均数组成的平均数时间数列求序时平均数,可参照相对数时间数列求序时平均数的方法处理。

二、增长量和平均增长量

(一) 增长量

增长量是指某一社会经济现象在一定时期内增长(或减少)的绝对量。它是报告期水平减去基期水平的差数。

即:

$$增长量=报告期水平-基期水平 \quad (9\text{-}11)$$

在报告期水平大于基期水平时,增长量为正值,表示增加量;若报告期水平小于基期水平,增长量为负值,表示减少量。

由于作为比较标准的时期不同,增长量可以分为逐期增长量和累积增长量。

1. 逐期增长量

以报告期的前一期为基期,报告期水平减去前一期水平的差额即为逐期增长量。它说明现象逐期增加(减少)的数量。用公式表示为:

$$a_1-a_0, a_2-a_1, \cdots, a_{n-1}-a_{n-2}, a_n-a_{n-1} \quad (9\text{-}12)$$

2. 累积增长量

以某一固定时期为基期,报告期水平减去某一固定时期的差额即为累积增长量。它说明现象在一段时期内总的增长(减少)量。用公式表示为:

$$a_1-a_0, a_2-a_0, \cdots, a_{n-1}-a_0, a_n-a_0 \tag{9-13}$$

逐期增长量与累积增长量之间存在以下数量上的联系：

(1) 各个逐期增长量之和等于相应的累积增长量。

$$(a_1-a_0)+(a_2-a_1)+\cdots+(a_{n-1}-a_{n-2})+(a_n-a_{n-1}) = a_n-a_0 \tag{9-14}$$

(2) 两个累积增长量之差等于相应的逐期增长量。

$$(a_n-a_0)-(a_{n-1}-a_0)=a_n-a_{n-1} \tag{9-15}$$

以表 9-13 为例加以说明。

表 9-13

某市 1996～2001 年实有公交线路条数资料

年　　份	1996 年	1997 年	1998 年	1999 年	2000 年	2001 年
发展水平(条)	390	408	436	450	458	501
增长量：逐期		18	28	14	8	43
累积		18	46	60	68	111

表 9-13 中的逐期增长量之和为 111 条，正好等于五年的累积增长量。

(二) 平均增长量

平均增长量是说明某种现象在一定时期内的平均增长数量的，用时期项数去除累积增长量，即可求得平均增长量，计算公式为：

$$平均增长量=\frac{逐期增长量之和}{期数}=\frac{累积增长量}{期数} \tag{9-16}$$

$$期数=时间数列项数-1$$

如上例，某市在 1996～2001 年之间每年公交线路的平均增长量为：

$$平均增长量=\frac{111}{5}=22.2(条)$$

第三节　时间数列的速度指标

一、发展速度和增长速度

（一）发展速度

发展速度是说明某种社会经济现象发展程度的相对指标，它是根据两个不同时期的发展水平对比而得的，主要说明报告期水平已发展到基期水平的若干倍（或百分之几）。

$$\text{发展速度}=\frac{\text{报告期水平}}{\text{基期水平}} \tag{9-17}$$

发展速度由于用以比较的基期不同，可分为定基发展速度和环比发展速度。

定基发展速度是指报告期水平与某一固定时期水平（通常称为最初水平）之比。它说明报告期水平对某一固定时期的水平来说已经发展到多少倍（或百分之几），表明这种现象在较长时间内总的发展速度。因此，有时也叫总速度。

环比发展速度是指报告期水平和前一期水平之比。它说明报告期水平已发展到前一期水平的多少倍（或百分之几），表明这种现象的逐期发展程度。如果计算的单位时期是一年，这个指标也叫年速度。其计算公式为：

定基发展速度：

$$\frac{a_1}{a_0},\frac{a_2}{a_0},\cdots,\frac{a_{n-1}}{a_0},\frac{a_n}{a_0} \tag{9-18}$$

环比发展速度：

$$\frac{a_1}{a_0},\frac{a_2}{a_1},\cdots,\frac{a_{n-1}}{a_{n-2}},\frac{a_n}{a_{n-1}} \tag{9-19}$$

定基发展速度和环比发展速度之间有以下的换算关系：

（1）定基发展速度等于相应的各个环比发展速度的连乘积。

即 $$\frac{a_1}{a_0}\times\frac{a_2}{a_1}\times\cdots\times\frac{a_{n-1}}{a_{n-2}}\times\frac{a_n}{a_{n-1}}=\frac{a_n}{a_0} \tag{9-20}$$

(2) 两个相邻的定基发展速度之商，等于相应的环比发展速度。

即 $$\frac{a_n}{a_0}\div\frac{a_{n-12}}{a_0}=\frac{a_n}{a_{n-1}} \tag{9-21}$$

在实际工作中，根据已掌握的资料，可以利用这种换算关系来进行推算。

仍以某市1996～2001年公交线路的资料为例，来说明计算、分析过程(见表9-14)：

表9-14

年　份		1996年	1997年	1998年	1999年	2000年	2001年
公交线路(条)		390	408	436	450	458	501
发展速度(%)	定基	100	104.6	111.8	115.4	117.4	128.5
	环比		104.6	106.9	103.2	101.8	109.4
增长速度(%)	定基		4.6	11.8	15.4	17.4	28.5
	环比		4.6	6.9	3.2	1.8	9.4

可以看出，各年环比发展速度的连乘积正好等于定基发展速度128.5%，即有：

$$104.6\%\times106.9\%\times103.2\%\times101.8\%\times109.4\%=128.5\%$$

(二) 增长速度

增长速度是说明某种社会经济现象增长程度的相对指标。它是根据增长量与基期水平对比求得的，主要说明报告期水平比基期水平增加了若干倍(或百分之几)。其计算公式为：

$$增长速度=\frac{增长量}{基期水平} \tag{9-22}$$

增长速度与发展速度关系密切，通过发展公式也可求得增长速度。

$$增长速度=\frac{增长量}{基期水平}=\frac{报告期水平-基期水平}{基期水平}$$

$$=\frac{报告期水平}{基期水平}-1=发展速度-1(或 100\%) \quad (9\text{-}23)$$

发展速度大于 1,说明现象呈上升趋势,增长速度为正值;发展速度小于 1,说明现象呈下降趋势,增长速度为负值,也称降低速度。

增长速度由于用以比较的基期不同,可以分为定期增长速度和环比增长速度。

定基增长速度是指报告期累积增长量与某一固定基期水平之比,它表明某种社会经济现象在较长时间内总的增长程度,用倍数或百分数表示。

环比增长速度是指报告期的逐期增长量与前一期水平之比,它表明某种社会经济现象逐期的增长程度,用倍数或百分数表示。其计算公式为:

定基增长速度:

$$\frac{a_1-a_0}{a_0},\frac{a_2-a_0}{a_0},\cdots,\frac{a_{n-1}-a_0}{a_0},\frac{a_n-a_0}{a_0} \quad (9\text{-}24)$$

环比增长速度:

$$\frac{a_1-a_0}{a_0},\frac{a_2-a_1}{a_1},\cdots,\frac{a_{n-1}-a_{n-2}}{a_{n-2}},\frac{a_n-a_{n-1}}{a_{n-1}} \quad (9\text{-}25)$$

定基增长速度和环比增长速度之间没有直接的换算关系。

(三) 发展速度与增长速度的联系及区别

1. 联系

发展速度是具体表明某一社会经济现象发展程度的相对数;增长速度是具体表明某一社会经济现象增长程度的相对数,它们之间的联系表现为:

$$增长速度=发展速度-1$$

因此有

$$定基增长速度=定基发展速度-1 \quad (9\text{-}26)$$

$$环比增长速度=环比发展速度-1 \quad (9\text{-}27)$$

2. 区别

发展速度与增长速度在涵义上有严格区别，发展速度一般用“发展为”、“增加到”等文字表示，增长速度则用“增加了”、“减少了”等文字表示。增加速度计算所得的百分数或倍数不包括基期在内。

二、平均发展速度和平均增长速度

（一）平均发展速度

平均发展速度是指环比发展速度的序时平均数，它说明某种社会经济现象在一个较长时期内逐年平均发展变化的程度，是实际工作中一个广泛使用的指标。由于环比发展速度是一种动态相对数，它不能用计算序时平均数的一般方法来计算，只能根据其特点，采用一种特有的方法来处理。在实际工作中，计算平均发展速度主要有两种方法。

1. 水平法

应用水平法计算平均发展速度，是从总速度等于各年环比发展速度的连乘积这一数理依据出发，应用几何平均法来求解的。该方法将各年的环比发展速度视作变量(x)，将环比发展速度的个数视作变量的个数(n)，由于各个环比发展速度的连乘积等于最后一年的定基速度，有以下计算公式：

$$\bar{x}=\sqrt[n]{x_1\cdot x_2\cdot\cdots\cdot x_{n-1}\cdot x_n}=\sqrt[n]{\Pi x} \quad (9\text{-}28)$$

上式又可简化成：

$$\bar{x}=\sqrt[n]{\frac{a_1}{a_0}\cdot\frac{a_2}{a_1}\cdot\cdots\cdot\frac{a_{n-1}}{a_{n-2}}\cdot\frac{a_n}{a_{n-1}}}=\sqrt[n]{\frac{a_n}{a_0}} \quad (9\text{-}29)$$

或

$$\bar{x}=\sqrt[n]{R} \tag{9-30}$$

式中　$\bar{x}$ 表示平均发展速度；

R 表示总速度；

Π 表示连乘符号；

$a_0, a_1, \ldots, a_n$ 表示各年的发展水平。

这个方法的实质及数理依据就是从最初水平(a_0)出发，按所求得的平均发展速度 $\bar{x}$ 逐年发展，计算而得的期末水平与实际的期末水平完全一致，即：

$$a_0 \cdot \underbrace{\bar{x} \cdot \bar{x} \cdot \bar{x} \cdot \cdots \cdot \bar{x} \cdot \bar{x}}_{n\text{个}} = a_0\bar{x}^n = a_n$$

或者可以表明如果每年以平均发展速度来发展，期末水平应等于总速度(R)，即：

$$\underbrace{\bar{x} \cdot \bar{x} \cdot \bar{x} \cdot \cdots \cdot \bar{x} \cdot \bar{x}}_{n\text{个}} = R$$

计算平均发展速度应采用哪个公式，主要决定于所掌握的资料。但不管采用哪一个公式，由于 n 是一个较大的数字，需要开 n 次方，一般应用对数方法来计算，所以上述公式也可改写成：

$$\lg\bar{x}=\frac{1}{n}(\lg x_1+\lg x_2+\cdots+\lg x_n) \tag{9-31}$$

$$\lg\bar{x}=\frac{1}{n}(\lg x_n-\lg a_0)$$

$$\lg\bar{x}=\frac{1}{n}\lg R$$

例如，上海市 1990 年国内生产总值为 756.45 亿元，1995 年为2 462.57 亿元，计算其平均发展速度和平均增长速度。如果按此速度发展到 2000 年可达到什么水平？假定在 1990 年水平的基础上翻两番，按此速度需要多少年时间？

(1) 1990～1995 年的平均发展速度。

$$\bar{x}=\sqrt[n]{\frac{a_n}{a_0}}=\sqrt[n]{\frac{2\,462.57}{756.45}}=126.63\%$$

平均增长速度＝126.63%－100%＝26.63%

(2) 2000 年的国内总产值。

$$a_n=a_0\bar{x}^n=2\,462.57\times(126.63\%)^5=8\,018.10(\text{亿元})$$

(3) 根据公式 $\bar{x}=\sqrt[n]{R}$ 求 n。

$$n=\frac{\lg R}{\lg\bar{x}}=\frac{\lg 4}{\lg 1.2663}=\frac{0.6021}{0.1025}=5.87(\text{年})$$

上式也可用对数计算，计算结果相同。

2. 累计法

累计法(方程法)是通过研究时期内各期的实际发展水平累计之和与基期水平对比所确立的代数方程，来计算平均发展速度的方法。我们先假设 a_0 为最初水平，$a_1,a_2,\cdots,a_n$ 为各期实际发展水平，$\bar{x}$ 为求得的平均发展速度。根据 $\bar{x}$ 计算所得的逐年发展水平如下：

第一年 $=a_0\bar{x}$

第二年 $=a_0\bar{x}\cdot\bar{x}=a_0\bar{x}^2$

第三年 $=a_0\bar{x}\cdot\bar{x}\cdot\bar{x}=a_0\bar{x}^3$

⋮

第 $n-1$ 年 $=a_0\bar{x}^{n-1}$

第 n 年 $=a_0\bar{x}^n$

这个方法的实质及数理依据，就是从最初水平 a_0 出发，按所求得的平均发展速度 $\bar{x}$ 逐年发展，其达到的各年发展水平的累计总和，应与实际具有的各年发展水平的累计总和一致。即：

$$a_0\bar{x}+a_0\bar{x}^2+a_0\bar{x}^3+\cdots+a_0\bar{x}^{n-1}+a_0\bar{x}^n=a_1+a_2+\cdots+a_{n-1}+a_n$$

$$a_0(\bar{x}+\bar{x}^2+\bar{x}^3+\cdots+\bar{x}^{n-1}+\bar{x}^n)=\sum_{i=1}^{n}a_i$$

即

$$\bar{x}+\bar{x}^2+\bar{x}^3+\cdots+\bar{x}^{n-1}+\bar{x}^n=\frac{\sum_{i=1}^{n}a_i}{a_0}=0 \qquad (9\text{-}32)$$

解出这个高次方程式，求出 $\bar{x}$ 的正根，就是方程法所求出的平均发展速度。在实际工作中，为了简化计算，可以借助《平均增长速度查对表》直接查得平均发展速度或平均增长速度。

使用查对表的步骤是：

(1) 先计算出$\frac{\sum_{i=1}^{n}a_i}{a_0}$的数值，即各期发展水平总和($\sum a$)与最初水平($a_0$)的比值。

(2) 计算$\frac{\sum_{i=1}^{n}a_i}{a_0}\Big/ n$的商，若所得商大于1，为递增型数列，查表的递增速度部分；若所得商小于1，则为递减型数列，查表的递减速度部分。

例如，某地区固定资产投资总额资料如表9-15所示：

表9-15

某地区全社会固定资产投资总额资料

单位：亿元

年　　　份	全社会固定资产投资额
1995	45.43
1996～2000年合计	388.71
1996	54.60
1997	71.34
1998	75.95
1999	91.72
2000	95.10

根据表 9-15 的资料,可得有关数字如下:

$$a_0=45.43\text{亿元},n=5,\sum_{i=1}^{n}a_i=388.71\text{亿元}$$

(1) 计算 $\dfrac{\sum_{i=1}^{n}a_i}{a_0}=\dfrac{388.71}{45.43}=855.62\%$

(2) 计算 $\dfrac{\sum_{i=1}^{n}a_i}{a_0}\Big/n=171.12\%$

由于 1.7112>1,属递增型数列,可在《查对表》中的增长速度部分查找。

(3) 从 $n=5$ 栏中,查出最接近 855.62%的数值为 856.17%,《查对表》中此数同行第一栏的递增速度 18.5%即为所求的近似平均增长速度。

同一个资料,用几何平均法计算的结果与用累计法计算的结果不一致。

3. 计算和应用平均发展速度时应注意的问题

(1) 要结合具体的研究目的适当地选择基期,并注意所依据的基本指标在整个研究时期的同质性。

(2) 要注意研究时期中的中间资料,以避免由于中间各期波动过大或变化方向不同而降低所求平均发展速度这一指标的代表性。

(3) 当研究时期过长时,应计算分段平均发展速度来补充总平均发展速度,并分析说明其具体原因,这对于全面、深入地了解现象的整个发展过程是很有必要的。

(4) 在经济分析中,平均速度应与其他各有关指标,如发展水平、增长量、环比速度等结合使用,同时,要注意将平均速度指标与有关经济效益指标结合使用,力求公正、客观地揭示经济现象发展变化的规律性。

（二）平均增长速度

平均增长速度是各环比增长速度的序时平均数，说明现象在一段时期内逐期增长的平均速度。它不能直接根据环比增长速度计算，但可以根据平均发展速度进行计算。它们之间的关系是：

$$平均增长速度=平均发展速度-1$$

第四节　时间数列的因素分析

一、影响时间数列变化的因素

引起时间数列中各期发展水平变化的原因是多种多样的，有政治的、社会的原因，也有经济的、自然的原因。各种原因因素错综复杂地交织在一起，在某些特定的环境下，对社会现象起着不同的影响作用，使同一现象在不同的发展时期，呈现出不同的发展结果。例如，从宏观看，一个国家在一个较长的时期内的粮食生产情况，就要受国家的农业产业政策，不同时期的科技水平，该国所处的地理位置及各种自然因素的影响；又如，从微观看，一个企业某种产品的市场占有率，就要受到国家的产业政策，该种产品的市场供求状况，生产该产品的资本及劳动力要素市场价格变动情况以及相关产品价格等诸多因素的影响。尽管造成时间数列各期水平上下波动的因素是多种多样的，但根据时间数列统计处理的技术要求，可以把时间数列在形式上的变化分成四种因素来考虑。这四种因素是：长期趋势、季节变动、循环变动、不规则变动。

长期趋势是指时间数列中某种经济现象在某一个较长的时期内持续发展变化的总的方向性趋势。例如，商业上的销售额、股市上的股价等，通常以或长期稳定增长、或长期衰退、或长期停滞不前的趋势出现。

循环变动是指围绕着长期趋势出现的，具有一定循环周期的波动。循环波动的周期和幅度各期表现不同,波动的性质和原因也各异。例如,一个典型的商业循环包括了繁荣、衰退、萧条和复苏等阶段,这种商业循环波动的时间通常长达一年以上,并围绕着长期趋势线上下来回波动。

季节变动是指一年以内的有一定周期规律的季节性变化。季节变动是一种每年都重复出现的变动。例如,农作物的生长,某些商品的销售额在短期内呈现规则变化,波动的时间间隔可能是季、月、周,甚至是日。

不规则变动又称随机变化。是指没有什么规律可循的变动,无法预计且无法确认,如地震、火灾、战争等引起的变化。

根据时间数列的分析理论,可以将四种因素之间的关系用加法模型和乘法模型来表示。

加法模型表示法: $Y=T+S+C+I$ (9-33)

乘法模型表示法: $Y=T\cdot S\cdot C\cdot I$ (9-34)

式中 Y 表示时间数列的观察值;

T 表示长期趋势值;

C 表示循环波动值;

S 表示季节变动值;

I 表示不规则变动值。

按加法模型的假设,四种因素的变动对 Y 所起的影响是相互独立的,因此,长期趋势因素本身的变化对其他因素没有影响,要剔除长期趋势影响时,用减法即可。按乘法模型的假设,四种因素变动的原因是各自独立的,公式中各因素的数值用比率表示(若用对数计算,乘法模型的实质也是加法模型),要剔除长期趋势影响时,用除法即可。

二、长期趋势的测定与分析

长期趋势有两种基本表现形式:直线趋势与非直线趋势。若时间数列的逐期增长量大致相同，其图形近似一条直线时，即为直线趋势；若时间数列的逐期增长量变化不定，趋势线的斜率呈不规则变动，其图形为各种形状的曲线，即为曲线趋势。

长期趋势的测定与分析程序是：首先，对某种现象在一段较长时间内的时间数列资料进行研究，描出散点图，判断现象的基本类型；其次，对所研究的现象配合适当的数学模型及趋势线；最后，计算出趋势的理论值，进行中、短期预测。

测定长期趋势的主要方法有：随手画线法、移动平均法和最小平方法。

（一）随手画线法

随手画线法是在以时间数列的时间为横轴，指标值为纵轴的直角坐标平面上描出散点，然后，循这些散点随手画一条直线或曲线，即长期趋势线，来表示时间数列的总的发展趋势。此线应经过各散点中心，尽量使散点在直线或曲线的上、下均匀分布。若认真描画，随手画出的线条与数学模型决定的线条会非常接近，所以，此法不失为一种简单、有效的测定方法。

根据表 9-16 资料，用随手画线法绘图如图 9-1 所示：

表 9-16

某商店 1992～2001 年的销售额资料

年　份	销售额(万元)	年　份	销售额(万元)
1992	4	1997	9
1993	8	1998	11
1994	5	1999	14
1995	8	2000	15
1996	11	2001	14

从下图可以观察到该公司的销售额历年来有升有降，但总的呈上升趋势。

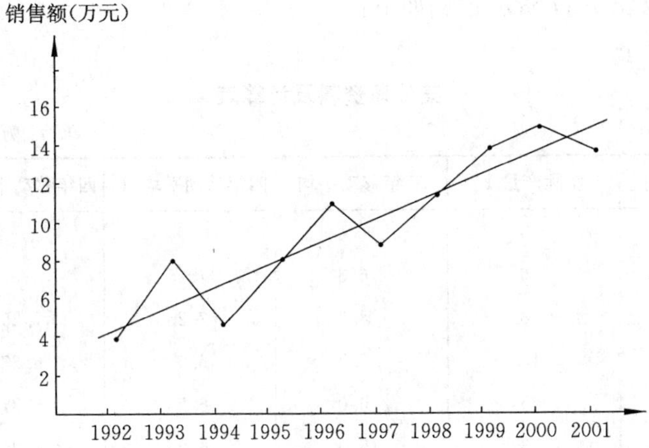

图 9-1

（二）移动平均法

移动平均法是对原有的时间数列进行修匀来测定长期趋势的一个方法。它采用逐项递移的方法分别求出一系列移动的序时平均数，再用这些移动的序时平均数组成新的时间数列代替原来的时间数列。新数列中各期数值经移动已剔除了偶然变动影响，因而呈现出比原来时间数列平滑的图形。根据新数列，能比较容易地分析研究出被研究现象的长期趋势。本节中主要讨论一次移动平均法和二次移动平均法的应用。

1. 一次移动平均法

一次移动平均法是根据原始时间数列的数据，逐项移动，依次计算序时平均数的方法。其计算公式为：

$$\overline{Y}_t=\frac{Y_t+Y_{t-1}+\cdots+Y_{t-n+1}}{n} \tag{9-35}$$

式中　n 表示每个序时平均数所包含的序时项数；

t 表示每个移动平均数中末项的时期数；

Y_t 表示每项实际数值；

$\overline{Y}_t$ 表示末项为第 t 时期的一次移动平均数。

以表 9-17 资料举例如下：

表 9-17

某公司资料及计算表

单位：万吨

年 份	实际产量 Y	三年移动平均	四年移动平均(1)	四年移动平均(2)
1983	5	—		—
1984	6	6.3	7.25	—
1985	8	8.0	7.25	7.25
1986	10	7.7	6.5	6.875
1987	5	6.0	6.25	6.375
1988	3	5.0	6.25	6.25
1989	7	6.7	8	7.125
1990	10	9.7	10	9
1991	12	11.0	10.5	10.25
1992	11	10.7	11.25	10.875
1993	9	11.0	12	11.625
1994	13	12.3	13.75	12.875
1995	15	15.3	15.25	14.5
1996	18	16.0	14.75	15
1997	15	14.7	14.5	14.625
1998	11	13.3	14.25	14.375
1999	14	14.0	16	15.125
2000	17	17.7		—
2001	22	—		—

表中资料是以移动的序时项数 $n=3$ 来计算的一次移动平均数。

例如：
$$\overline{Y}_3=\frac{Y_3+Y_{2-1}+Y_{3-3+1}}{3}=\frac{5+6+8}{3}=6.3(\text{万吨})$$

$$\overline{Y}_4=\frac{Y_4+Y_{4-1}+\cdots+Y_{4-3+1}}{3}=\frac{6+8+10}{3}=8(\text{万吨})$$

根据表 9-17 资料用一次移动平均法绘制的图形如图 9-2 所示。

图 9-2

从上图中不难发现，经过一次移动法修匀后的新的时间数列的图型，比未经修匀的图型要平滑得多，便于人们容易得出这几十年该公司产品产量呈上升趋势的结论。

2. 二次移动平均法

二次移动平均法是在一次移动平均所形成的序时平均数时间数列的基础上，再一次逐项移动，进一步计算序时平均数的方法。

由一次移动平均数的公式可知，当移动项数 n 为奇数时，序时项数仍为自然数;但当 n 为偶数时,将出现移动平均值位于两数据之间的情况。例如,当 n 取 4 时,若 t 取 4,则第一个移动平均值将位于 2.5 处,第二个移动平均值将位于 3.5 处,这样,原来年末的数据就成了年中的数据。为了消除这种影响,可再取偶数期限,进行第二次移动平均,使其位置移正。如表 9-17 中第五栏中第一个数据 7.25 为对第四栏相关数据的再次移动的结果,即对第四栏头两个位于 2.5 与 3.5 位置的数据 $\frac{7.25+7.25}{2}=7.25$ 的处理结果。依次算出第五栏的有关数值,即完成第二次移动平均。从图 9-2 中不难看出,第二次移动平均后的数据将被进一步修匀,现象的长期趋势将更加明显。

应用移动平均法测定现象的长期趋势,必须注意以下问题:

第一,掌握关键。应用移动平均法修匀时间数列,关键在于确定移动平均的项数。一般来说,不宜过大或过小,它直接影响修匀程度。n 过大,移动平均数虽然减少不规则变动的干扰,但敏感性低,在进行预测时,预测值明显滞后;n 过小,移动平均数虽然敏感性高,但易受不规则变动的干扰,有时不能反映实际趋势。所以应视资料的特点决定 n 的大小。一般来说,原始数列中存在自然周期,就以周期数为移动平均的项数,例如,各年的季度资料,应取四项平均,若为月度资料,取十二项平均,这样,可以有效地消除循环周期变动的影响,能较准确地揭示现象发展的长期趋势。

第二,注意奇数项移动平均的运用。若原始数列中无明显周期变动,用奇数项移动平均较为简便。每次移动平均值可以对正各期的原值,一次即得趋势值。如本例为 3 项移动,第一个移动平均数 6.3 万元(效护)正好对准第二年的原值。若采取偶数项移动平均,就需移动两次,方可对准第三年的原值。

第三,运用移动平均法后,使原数列缩短。如 $n=3$ 时移动平均,使原数列两端各失一项;如 $n=4$ 时移动平均,使原数列两端各失二项，可见，移动平均后序时项数与原数列项数关系可表达为：

$$趋势值的项数 = 原数列项数 - 序时项数 + 1$$

移动时采用序时项数越多，时距越大，虽修匀作用明显，但所得趋势值项数越少；反之，所得趋势值项数越多，但修匀作用随之减弱。

（三）最小平方法

最小平方法是统计学中用以估计数学模型参数的传统方法。应用最小平方法来测定现象的长期趋势，是通过建立一定的数学模型，对原有的时间数列配合一条合适的趋势线，来进行分析及外推预测的。这种方法的特点是：① 可使实际水平与趋势值离差总和等于 0：$\sum(Y-Y_c)=0$。② 可使实际水平与趋势值离差的平方和为最小：$\sum(Y-Y_c)^2=$最小值。

式中 Y_c 表示趋势值；

Y 表示时间数列的实际水平。

使用最小平方法分析，预测现象的长期趋势的步骤如下：① 根据时间数列的有关资料，利用直角坐标绘制散点图，分析、判断现象的数量分布类型；② 建立合适的直线和曲线数学模型；③ 结合具体的背景资料，进行外推预测。

1. 直线方程——直线趋势的配合

许多社会经济现象的长期趋势，如销售额、出口额、生产量等，在散点图上近似地表现为一条直线，可以配合直线方程如下：

$$Y_c = a + bt \tag{9-36}$$

式中 Y_c 表示时间数列的长期趋势值；

t 表示时间数列的时间；

b 表示趋势线的斜率，或是 t 每变化一单位时，Y_c 的平均增减量；

a 表示 Y_c 的截距，它是当 $t=0$ 时的 Y_c 的估计值。

根据最小平方法的原理，运用求偏导数的方法可导出求解 a、b 待定参数的两个标准方程。过程如下：

由于 $\sum(Y-Y_c)^2=$ 最小值

而 $Y_c=a+bt$，代入得：

$$\sum[Y-(a+bt)]^2=\text{最小值}$$

令
$$\sum[Y-(a+bt)]^2=Q$$

如果把 Q 看作是 a、b 的一个二元函数，为使 Q 具有最小值，有对 a 和 b 的偏导数等于 0，即：

$$\frac{\partial Q}{\partial a}=-2\sum(Y-a-bt)=0$$

$$\frac{\partial Q}{\partial b}=2\sum(Y-a-bt)(-t)=0$$

整理得
$$\sum Y=na+b\sum t$$

$$\sum tY=a\sum t+b\sum t^2$$

解此方程组得

$$b=\frac{n\sum tY-\sum t\sum Y}{n\sum t^2-(\sum t)^2} \tag{9-37}$$

$$a=\frac{\sum Y-b\sum t}{n}\quad \text{或}\quad a=\bar{Y}-b\bar{t} \tag{9-38}$$

一般情况下，我们按照时间数列中时间 t 的顺序，将首项设为时间数列的原点，为计算方便起见，可用坐标移位方法设法使 $\sum t=0$。当时间数列项数 n 为奇数时，设时间数列的中项为 $t=0$，即为原点，t 值分别为…，-3，-2，-1，0，1，2，3，…，有 $\sum t=0$；当时间数列的项数 n 为偶数时，则以中间两项的中点为原点，t 值分别为…，-5，-3，-1，1，3，5，…，有 $\sum t=0$。这样，原来的计算公式可简化为下式：

$$\sum Y = na$$
$$\sum tY = b\sum t^2$$

解此方程得

$$b = \frac{\sum tY}{\sum t^2} \tag{9-39}$$

$$a = \frac{\sum Y}{n} \tag{9-40}$$

现以实例说明最小平方法的计算直线趋势的过程。

某连锁店 1996～2000 年销售资料如表 9-18 所示：

表 9-18

年　份	销售额(万元) Y	t	tY	t^2	t	tY	t^2
1996	7	0	0	0	−2	−14	4
1997	10	1	10	1	−1	−10	1
1998	9	2	18	4	0	0	0
1999	11	3	33	9	1	11	1
2000	13	4	52	16	2	26	4
合　计	50	10	113	30	—	13	10

根据表 9-18 资料在直角平面坐标图上绘制散点图，由于各散点分布于一条直线的两侧，因此，可判定该长期趋势属直线趋势模型。

若以时间数列的首项为原点，计算公式有：

$$b = \frac{n\sum tY - \sum t\sum Y}{n\sum t^2 - (\sum t)^2} = \frac{5\times 113 - 50\times 10}{5\times 30 - (10)^2} = 1.30$$

$$a = \frac{\sum Y - b\sum t}{n} = \frac{50\times 1.3\times 10}{5} = 7.40$$

配合趋势的直线方程为：

$$Y_c = 7.4 + 1.30t$$

此方程表明，当 $t=0$ 时，$Y_c = 7.4$ 万元，即为 1996 年趋势值，b 表

示此店销售额按每年平均 1.30 万元的速度增长，将 $t=0,1,2,\cdots$ 代入该方程，即可得到每年的趋势值。利用该方程进行排除其他因素后的外推预测，可预测 2001 年的销售额为：

$$Y_c=7.40+1.30\times5=13.9(\text{万元})$$

若以时间数列的中间项为原点，计算公式有：

$$b=\frac{\sum tY}{\sum t^2}=\frac{13}{10}=1.3$$

$$a=\frac{\sum Y}{n}=\frac{50}{5}=10$$

可得直线方程为： $Y_c=10+1.30t$

当 $t=0$ 时，为 1998 年的趋势值，b 仍是按年平均增长 1.3 万元，将 $-2,-1,0,1,2$，分别代入该方程，即可求得每年的趋势值。利用该方程，同样可以测得 2001 年的销售额为：

$$Y_c=10+1.30\times3=13.9(\text{万元})$$

计算结果表明，以时间数列的首项为原点与以中间项为原点，可计算出两个不同的直线方程，两个方程的斜率相等，所得的趋势值也完全一致。

2. 曲线方程——曲线趋势的配合

许多社会现象的长期趋势，如某种外汇的汇率，某一时期的人口增长率，某种产品的产量等，通常在时间数列的散点图上近似地表现为形状各异的曲线，如抛物线、指数曲线等。我们要根据资料及图形的特点，配合不同的曲线方程。下面以指数曲线为例，说明曲线方程的建立过程。

某公司 1996～2000 年的销售资料如表 9-19 所示。

表 9-19 资料中某种现象的逐期增加率，即环比增长速度大致相同，在散点图上近似地表现为一条指数曲线，可配合指数曲线方程如下：

表 9-19

年　份	销售额（万元）	lgY	t	tlgY	t^2
1996	2.13	0.3284	−2	−0.6568	4
1997	18.10	1.2577	−1	−1.2577	1
1998	39.80	1.5999	0	0	0
1999	81.40	1.9106	1	1.9106	1
2000	112.0	2.0492	2	4.0984	4
合　计	253.43	7.1458	—	4.0945	10

$$Y_c = ab^t \tag{9-41}$$

式中符号意义同前。

这个方程式说明了时间数列各期估计值等于最初水平乘以平均发展速度的 t 次方。进行指数曲线配合，可先将指数曲线化为直线的形式，即先用对数方法将它化为直线方程，然后再用最小平方法求解方程中的常数 a、b。

对等式两边取对数有：

$$\lg Y_c = \lg a + t\lg b$$

设 $$Y' = \lg Y_c，A = \lg a，B = \lg b$$

则 $$Y' = A + Bt$$

应用最小平方法的标准方程如下：

$$\sum Y' = NA + B\sum t$$
$$\sum tY' = A\sum t + B\sum t^2$$

若以时间数列的中间项为原点，标准方程可简化成：

$$\sum Y' = B\sum t$$
$$\sum tY' = B\sum t^2$$

解此方程得

$$B = \frac{\sum tY'}{\sum t^2}$$

$$A = \frac{\sum Y'}{N}$$

然后再求 AB 的反对数，即可得 a、b 值。

以表 9-19 资料为例，其指数曲线方程的计算方法如下：

$$B=\frac{\sum tY'}{\sum t^2}=\frac{4.0945}{10}=0.40945 \quad 所以\ b=2.5671$$

$$A=\frac{\sum Y'}{N}=\frac{7.1458}{5}=1.42916 \quad 所以\ a=26.8633$$

所以有　对数直线方程：$\lg Y_c=1.42916+0.40945t$

指数曲线方程：$Y_c=26.8633\times(2.5671)^t$

计算结果表明，该公司的销售额每年以156.71%的速度递增并可预测 2001 年该公司的销售额约为：$\lg Y_c=1.42916+0.40945\times3=2.65751$，再求其反对数为 $Y_c=454.5$ 万元，与曲线方程 $Y_c=26.8633\times(2.5671)^t=454.5$ 万元完全一致。

三、季节变动的影响与测定

季节变动是指某些社会经济现象由于自然条件、生产条件和生活习惯影响，在一年内随着季节的转化而引起的周期性变动。例如，农业中瓜果、蔬菜的生长，商业中夏令商品、冬令商品的供应，交通运输中的客流量等。研究季节变动，可以使我们更好地安排生产计划、供应计划，并且有助于我们对工作业绩作出客观的评估以及对将来一定时期内的情况进行有效的预测。

测定季节变动的方法，按是否考虑长期趋势的影响来分有如下两种：

（一）不考虑长期趋势的影响，直接根据原始数列来计算

如果原时间数列的资料不包含明显的长期趋势影响，我们一般可用按月（季）平均法来计算。计算步骤如下：

(1) 将历年（一般至少有五年资料）各季的历史资料的同期资料对齐列成表，计算同期平均数。

(2) 将各年的季平均数加总除以年数，计算总平均数。

(3) 将各同期平均数分别被除于总平均数，计算季节指数。

(4) 将最近一年的平均水平乘以季节指数，预测明年水平。

现以表 9-20 资料为例，说明计算过程(见表 9-20)。

表 9-20

某旅游胜地某家旅馆历年营业额资料

年　度	冬　季(万元)	春　季(万元)	夏　季(万元)	秋　季(万元)	合　计(万元)
1996	117.0	80.7	129.6	76.1	403.4
1997	118.6	82.5	121.4	77.0	399.5
1998	114.0	84.3	119.9	75.0	393.2
1999	120.7	79.6	130.7	69.6	400.6
2000	125.2	80.2	127.6	72.0	405
合计	595.5	407.3	629.2	369.7	2 001.7
季平均	119.10	81.46	125.84	73.94	100.085
季节指数%	119	81.39	125.73	73.88	400

1. 计算同期平均数

$$同期平均数=\frac{各年同期资料之和}{年数} \tag{9-42}$$

如

$$冬季平均数=\frac{117+118.6+114+120.7+125.2}{5}=118.1(万元)$$

2. 计算总平均数

$$总平均数=\frac{各季平均数之和}{季数} \tag{9-43}$$

如

$$总平均数=\frac{119.1+81.46+125.84+73.94}{4}=100.085(万元)$$

3. 计算季节指数

$$季节指数=\frac{同期平均数}{总平均数} \tag{9-44}$$

如　　冬季指数$=\dfrac{119.1}{100.085}=119\%$

通过季节指数,可以明显看出营业额在不同季节的变动情况:冬季与夏季指数大于 100%,是旅游的旺季,春季和秋季指数小于 100%,是旅游的淡季。

以按月(季)平均法的季节指数为依据,还可进行外推预测,但这种预测是以无明显长期趋势为前提的,若有趋势变动的因素,需将这种影响予以剔除,再进行预测。

(二) 考虑长期趋势的影响

考虑长期趋势的影响,常用移动平均趋势剔除法,再来测定季节变动。计算步骤如下:

(1) 根据各年的按月资料(Y)十二个月的移动平均求长期趋势 T。

(2) 将实际资料除以趋势值$\left(\dfrac{Y}{T}\right)$,以消除长期趋势影响。

(3) 把$\dfrac{Y}{T}$按月排列,再按月求季节比率。

(4) 若各月季节比率合计数不等于 1 200%,用调整系数将其调整成 1 200%。

现以表 9-21 资料为例,说明这种方法的计算过程。

表 9-21

年 份	月份	营业额(万元) $Y=TSI$	12 个月移动总数	12 个月移动平均数	趋势值 T	季节比率(%) $\frac{Y}{T}=SI$
	(1)	(2)	(3)	(4)	(5)	(6)=(2)+(5)
第一年	1	78	—	—	—	—
	2	62	—	—	—	—
	3	38	—	—	—	—
	4	24	—	—	—	—

续表

年份	月份	营业额（万元）$Y=TSI$	12个月移动总数	12个月移动平均数	趋势值 T	季节比率(%) $\frac{Y}{T}=SI$
	(1)	(2)	(3)	(4)	(5)	(6)=(2)÷(5)
	5	12	—	—	—	—
	6	6	586	48.83	—	—
	7	8	588	49.00	48.92	16.35
	8	12	592	49.33	49.17	24.41
	9	80	592	49.33	49.33	162.17
	10	94	594	49.50	49.42	190.21
	11	82	592	49.33	49.42	165.92
	12	90	590	49.17	49.25	182.74
第二年	1	80	590	49.17	49.17	162.70
	2	66	592	49.33	49.25	134.01
	3	38	600	50.00	49.67	76.50
	4	26	624	52.00	51.00	50.98
	5	10	672	56.00	54.00	18.52
	6	4	700	58.33	57.17	7.00
	7	8	702	58.50	58.42	13.69
	8	14	714	59.50	59.00	23.73
	9	88	720	60.00	59.75	147.28
	10	118	738	61.50	60.75	194.24
	11	130	740	61.67	61.59	211.07
	12	118	744	62.00	61.84	190.82
第三年	1	82	746	62.17	62.09	132.07
	2	78	748	62.33	62.25	125.30
	3	44	754	62.83	62.58	70.31
	4	44	794	66.17	64.50	68.22
	5	12	810	67.50	66.84	17.95

续表

年份	月份	营业额（万元）$Y=TSI$	12个月移动总数	12个月移动平均数	趋势值 T	季节比率（%）$\frac{Y}{T}=SI$
	(1)	(2)	(3)	(4)	(5)	(6)=(2)+(5)
	6	8	816	68.00	67.75	11.81
	7	10	—	—	—	—
	8	16	—	—	—	—
	9	94	—	—	—	—
	10	158	—	—	—	—
	11	146	—	—	—	—
	12	124	—	—	—	—

(1) 根据各年的按月资料，先求出 12 个月的移动平均数，即先求出表 9-21 中第(3)、(4)栏的数字。如：

$$48.83=\frac{78+62+38+24+12+6+8+12+80+94+82+90}{12}$$

(2) 由于时间数列的项数 $n=12$，需要再一次进行两项移动平均，即求出表 9-21 中第(5)栏的数字，如：$48.92=\frac{48.83+49}{2}$。这个数字反映长期趋势及循环变动(TC)。

(3) 将实际数值除以对应的趋势值，求出季节变动和不规则变动的比率：$\frac{Y}{TC}=SI$，即表 9-21 中第(6)栏数字，如：$16.35\%=\frac{8}{48.92}$。

(4) 将所求得的季节比率(SI)重新按月编排，再按月求其平均的季节比率。见表 9-22 中平均栏数字，如 $147.39\%=\frac{162.7+132.07}{2}$，此数字已消除了不规则变动的影响。

(5) 将各月的季节比率合计数调整成 1 200%。将调整系数

$=\frac{1\,200}{1\,199.04}=1.000800641$，乘上平均栏中各数字，即表 9-22 最后一栏数字，然后加总得合计数 1 200%。

表 9-22

	第一年	第二年	第三年	合　计	平　均	季节比率
1	—	162.70	132.07	294.77	147.39	147.51
2	—	134.01	125.30	259.31	129.66	129.76
3	—	76.50	70.31	146.81	73.41	73.47
4	—	50.98	68.22	119.20	59.60	59.65
5	—	18.52	17.95	36.47	18.24	18.25
6	—	7.00	11.81	18.81	9.41	9.42
7	16.35	13.69	—	30.04	15.02	15.03
8	24.41	23.73	—	48.14	24.07	24.09
9	162.17	147.28	—	309.45	154.73	154.85
10	190.21	194.24	—	384.45	192.23	192.38
11	165.92	211.07	—	376.99	188.50	188.65
12	182.74	190.82	—	373.56	186.78	186.94
合计	—	—	—	—	1 199.04	1 200.00

复习思考题

1. 什么是时间数列？编制时间数列有什么作用？
2. 时间数列的构成要素是什么？
3. 编制时间数列的原则有哪些？
4. 简述序时平均数与静态平均数之异同。
5. 平均发展速度的几何平均法和方程法有何异同？
6. 计算与应用平均速度应注意的问题是什么？
7. 何谓长期趋势？测定长期趋势的主要目的是什么？方法有几种？各

有哪些特点？

8. 试列出根据相对数时间数列计算序时平均数的基本公式。

9. 测定长期趋势有几种方法？其基本步骤各有哪些？

10. 最小平方法建立趋势方程必须满足哪两个条件？

习　题

1. 某企业工人人数变动登记如下表：

日　期	4月1日	4月11日	4月16日	5月1日
工人数(人)	1 210	1 240	1 300	1 270

要求：试计算该企业4月份平均工人数。

2. 某厂上半年总产值及平均每个工人产值资料如下表：

月　份	1	2	3	4	5	6
总产值(万元)	40	42	44	48.4	49.5	48
平均每个工人产值(元)	4 000	4 200	4 400	4 400	4 500	6 000

要求：试计算该厂二季度平均月劳动生产率和上半年平均月劳动生产率。

3. 某厂第一季度各月实际产值和产值计划完成程度的资料如下表：

时　间	1月	2月	3月
实际产值(万元)	260	302.4	360
计划完成程度(%)	104	112	120

要求：试计算该企业第一季度平均计划完成程度。

4. 某国对外贸易总额1997年较1994年增长7.9%，1998年较1997年增长4.5%，1999年较1998年增长20%。

要求：请计算1994～1999年平均增长速度。

5. 某企业产量 1995 年比 1994 年提高 2%，1996 年与 1995 年对比为 95%，1997 年是 1994 年的 1.2 倍，1998 年该企业年产量为 25 万吨，比 1997 年多 10%，1999 年产量达 30 万吨，2000 年产量为 37 万吨。

要求：试计算

① 各年环比发展速度。

② 以 1994 年为基期的定基发展速度。

③ 各年产量。

④ 1994～2000 年的年平均发展速度。

6. 某市某生活区有居民1 000 户，拥有彩电资料如下：

日　期	1月初	5月末	10月初	年　末
彩电(台)	380	400	430	480

要求：试计算该生活区居民平均拥有彩电台数。

7. 某单位上半年工人人数资料如下：

指　标	1月	2月	3月	4月	5月	6月	7月
月初工人数	400	380	420	420			
月平均人数				431	438	450	452

要求：试计算(1) 表中所缺数字。

(2) 一季度、二季度、上半年平均人数。

8. 某工业企业资料如下：

指　标	一季初	二季初	三季初	四季初	年　末
全部职工人数	2 400	2 460	2 464	2 480	2 500
其中：女性	800	808	810	812	816

要求：试计算该企业女性职工占全部职工的平均比重。

9. 计算填写下表空格中的数字。

指　　标	’94年	’95年	’96年	’97年	’98年	’99年
国民收入(亿元)	100					
逐期增长量		20				
累积增长量			40			
环比发展速度%				105		
定基发展速度%					160	
环比增长速度%						15
定基增长速度%						

10. 某企业第二季度有关资料如下：

月　　份	4月	5月	6月	7月
计划产量(件)	105	105	110	112
实际产量(件)	105	110	115	120
月初工人数(人)	50	50	52	46

要求：试计算：(1) 第一季度平均实际月产量。

(2) 第二季度平均工人数。

(3) 第二季度产量平均计划完成率(%)。

(4) 第二季度平均每人月产量和季产量。

11. 1982年我国人口数为10.1亿人，1990年我国人口数为11.3亿人，试问在这期间我国人口平均增长率为多少？如果按这个人口平均增长速度发展，则2000年末我国人口数将达到多少亿？

12. 某市今年国民收入为8亿元，如果以后平均每年以6%的速度增长，问要经过多少年可达到20亿元？

13. 某地1999年人均国民生产总值为780美元，计划要在2005年达到人均国民生产总值1 800美元。

要求：试计算每年应平均递增百分之几才能达到预期的目的？

14. 某地区 1996～2000 年粮食资料如下：

单位：万吨

年　份	1996	1997	1998	1999	2000
粮食产量	320	332	340	356	380

要求：试用最小平方法求出直线趋势方程，并预测 2001 年粮食产量（请分别用两种方法计算）。

15. 某地区 1992～2001 年进出口贸易总额资料如下：

单位：亿美元

年　份	进出口贸易额	年　份	进出口贸易额
1992	293	1997	536
1993	381	1998	696
1994	440	1999	739
1995	416	2000	827
1996	436	2001	1 020

要求：试用移动平均法编制 3 年、4 年移动平均时间数列。

16. 某公司 1998～2001 年各月毛线衣销售量如下：

单位：百件

时　间	1998	1999	2000	2001
1 月	80	150	180	280
2 月	60	90	120	140
3 月	20	40	60	80
4 月	10	25	40	30
5 月	6	10	20	12
6 月	4	8	11	9
7 月	8	12	32	37

续表

时　　间	1998	1999	2000	2001
8 月	12	20	40	48
9 月	20	35	70	83
10 月	50	85	150	140
11 月	210	340	420	470
12 月	250	350	480	510

要求:(1) 按月平均法计算季节比率;

(2) 按移动平均法预测 2002 年各月销售量。

第十章 统计指数

第一节 统计指数的意义和种类

一、统计指数的意义

统计指数是一种表明现象变动的特殊相对数，是研究复杂社会经济现象的综合变动的特殊方法。随着统计指数理论的发展，统计指数有两种不同的含义：一是广义的指数，指一切说明社会经济现象变动的相对数，它包括动态相对数、比较相对数、计划完成相对数等。例如，甲市彩色电视机产量今年是去年的120%，完成计划的102.5%，是乙市彩色电视机产量的200%。上述这些相对数从广义上说都是指数。二是狭义的指数，指说明复杂社会经济现象总体数量综合变动的特殊相对数。所谓的复杂社会经济现象，就是指那些不能直接加总和对比的社会经济现象。例如，某一地区商品销售量在不同时期的变动时，由于不同种类的使用价值和计量单位而不能直接相加，则该地区的商品销售量属于复杂经济现象，就需要计算一种特殊的相对数——指数，用来表明这种不能直接相加的复杂社会经济现象总体的综合变动程度。本章所阐述的统计指数是指狭义的指数。

统计指数具有以下特点：

第一，统计指数是一种比较方法，运用于现象总体的综合数量在不同时间或空间的综合对比。它的比较结果通常是以相对数表现。

第二，统计指数是综合比较的方法，运用于复杂社会经济现象总体的综合比较,而不是简单现象之间的比较。对于简单现象之间的比较属于一般相对数的范畴,而指数属于特殊相对数。因此,指数具有综合的性质。构成指数的方法有两种:一种是将复杂社会经济现象总体的数量先进行综合,然后将在不同场合或不同时间综合的数量进行对比而得出指数,这种方法称为综合法或综合指数;另一种是将复杂社会经济现象总体中的个别事物在不同场合或不同时间先进行比较得出简单相对数,然后将这些简单相对数进行平均而得出指数,这种方法称为平均法或平均指数。

第三,统计指数是平均的数字。虽然构造统计指数的方法有综合指数和平均指数,但是,统计指数的本质仍是对简单相对数的平均。

第四,统计指数是一个代表值。统计指数是复杂社会经济现象综合比较的结果,而复杂社会经济现象总体所包含的个别现象是大量的,在现实的社会经济统计中,我们无法一一列举所有个别现象,因此,在实际的指数编制过程中,必须对每一类现象中所包括的个别事物进行选择,选出其中具有代表性的项目进行计算。所以,统计指数是一个代表值。

统计指数的主要作用是:

第一,能反映复杂社会经济现象总体的综合变动方向和程度。统计在研究复杂社会经济现象总体的数量变动时,除了说明个别事物(如个别产品产量、个别产品单位产品成本、个别商品价格等)在不同场合或不同时间的变动情况外,更主要的是综合反映复杂社会经济现象总体(即全部产品产量、全部产品单位产品成本、全部商品价格等)总的变动情况。例如,某厂生产的三种产品产量资料如表 10-1 所示。

表中资料表明,该厂今年生产的三种产品产量与去年相比较有增有减。由于三种产品的使用价值和计量单位不同,不能直接相加,从而无法进行综合对比,因此就需要利用指数方法,把这些

表 10-1

产品名称	计量单位	去年产量	今年产量	今年为去年(%)
甲产品	千克	10 000	12 000	120.00
乙产品	米	12 000	10 500	87.50
丙产品	件	15 000	15 100	100.67

不能直接加总对比的现象过渡到可以综合对比,以反映总体的综合变动方向和程度。

第二,可以分析复杂社会经济现象总体中各个因素的影响方向和程度。复杂社会经济现象总体都是由多个因素构成的,如工业企业的工业总产值,由产品出厂价格和产品产量两个因素组成,其计算公式为:工业总产值=价格×产量。工业总产值的大小,取决于产品出厂价格的高低和产品产量的多少。同样,产品生产总成本是由单位产品生产成本和产量两个因素组成,其计算公式为:产品总成本=单位产品成本×产量。产品总成本的大小,取决于单位产品成本的高低和产量的多少。

由此可见,将现象总体分解为各个因素并进行对比分析,研究每个因素在不同场合或不同时间所产生的差异及其对总体的影响方向和程度,就可以搞清楚总体产生差异的原因。为此,运用统计指数原理和方法编制总体总量指数和各个因素指数,并分析各个因素对总体的影响方向和程度,是社会经济分析中广泛使用的统计方法之一。

二、统计指数的种类

根据指数研究的目的不同和作用不同,可以从不同角度对指数进行分类。现将几种主要的分类说明如下:

(一)按照研究对象的不同分类

按照所研究对象的不同,统计指数分为个体指数、总指数和类指数。

1. 个体指数

个体指数是表明复杂社会经济现象总体中个别事物(如个别产品产量、个别产品单位产品成本、个别商品的价格等)在不同场合或不同时间变动程度的相对数,用 K 表示。个体指数的一般形式为:

$$K_Q=\frac{Q_1}{Q_0}x100\% \qquad K_p=\frac{P_1}{P_0}\times100\%$$

式中 KQ 表示数量指标个体指数;

K_p 表示质量指标个体指数;

Q 表示数量指标;

P 表示质量指标;

下标数 1 表示报告期;下标数 0 表示基期。

例如,某企业产品产量和出厂价格资料及其个体指数计算如表 10-2 所示:

表 10-2

产品名称	计量单位	销售量		价格(元)		$K_Q=\frac{Q_1}{Q_0}$ (%)	$K_p=\frac{P_1}{P_0}$ (%)
		基期	报告期	基期	报告期		
(甲)	(乙)	(1)	(2)	(3)	(4)	(5)=(2)÷(1)	(6)=(4)÷(3)
A	件	100	121	300	330	121.00	110.00
B	台	120	136	1 500	1 650	113.33	110.00
C	斤	125	120	420	400	96.00	95.24

2. 总指数

总指数是表明复杂社会经济现象总体综合变动的相对数。它说明复杂社会经济现象总体(如多种不同产品、多种商品等)在不同场合或不同时间的总变动。例如,某地区零售商品价格指数为105.8%,该地区产品产量今年与去年之比为112.5%。这些都是总指数,简称指数。

3. 类指数

类指数是介于个体指数与总指数之间的指数,它是将指数方法和统计分组结合运用的产物，用来说明复杂社会经济现象总体中某一类或某一组现象变动的相对数。例如，零售商品价格指数可以分为食品类价格指数、衣着类价格指数、日用品类价格指数等。这些指数相对于零售商品价格总指数来说是类指数或组指数，而相对于单个商品的个体价格指数来说，又是总指数。因此，类指数的编制方法与总指数相同。

（二）按照研究对象的内容不同分类

按照所研究对象的内容不同，统计指数分为数量指标指数和质量指标指数。

1. 数量指标指数

数量指标指数简称数量指数，是表明现象规模或水平变动的相对数。例如，产品产量指数、商品销售量指数、职工人数指数等。

2. 质量指标指数

质量指标指数简称质量指数，是表明现象本质或工作质量好坏变动的相对数。例如，产品出厂价格指数、平均工资指数、劳动生产率指数等。

（三）按照指数编制时采用的基期不同分类

按照指数编制时采用的基期不同，统计指数分为定基指数和环比指数。

各期指数以某一固定时期作为基期计算的，称为定基指数；各期指数以前一期为基期计算的，叫环比指数。

第二节　综合指数的编制

一、综合指数的意义和特点

综合指数是编制总指数的基本形式之一，它是由两个总量指标对比而得到的指数。即在所研究的总量指标中，都包含两个或两个以上的因素，将其中一个或一个以上的因素指标固定下来，只观察其中的一个因素的变动，以这种方式编制的总指数称综合指数。例如，商品销售额包含了商品价格和商品销售量两个因素，当研究商品价格变动时，将商品销售量加以固定，以观察商品价格的变动方向和程度；若研究商品销售量变动时，则将商品价格加以固定，以观察商品销售量的变动方向和程度。从综合指数的编制方法来看，它有以下几个特点：

第一，先综合后对比。在编制综合指数时，首先应解决复杂社会经济现象总体中各个个别事物由于使用价值和度量单位不同不能直接加总和对比的问题。例如，要研究自行车、电冰箱和照相机三种商品销售量的综合变动时，由于各种商品的使用价值不同，计量单位也不同，不能将它们直接加总和对比，必须要有一个过渡因素，使这些在经济意义上不能直接加总和对比的现象转化为相同的度量单位，这个过渡因素就叫同度量因素。自行车、电冰箱和照相机三种商品尽管使用价值不同，但作为社会产品，它们都具有价值，作为商品价值是可以直接相加和对比的。因此，将这三种商品销售量分别与其价格相乘并加总，得到三种商品的销售总额，将不同场合或不同时间的销售总额进行对比，就可以分析这三种商品销售量的综合变动情况，而三种商品价格就是同度量因素。

第二，必须将同度量因素加以固定。在编制综合指数时，必须将同度量因素加以固定才能测定所要研究现象的综合变动。即当我们研究商品销售量的变动时，以商品价格作为同度量因素，将各种商品的销售量分别乘以各自的价格后相加得到销售总额。但是，若用报告期销售量乘报告期价格得到报告期销售额，用基期销售量乘基期价格得到基期销售额，将这两个销售额对比所得出的指数并不表明商品销售量的变动，而是反映商品销售额的变动。若要反映商品销售量的综合变动，就必须将商品价格固定不变，即报告期商品销售量和基期销售量乘以同一个时期的价格，这样得出的两个销售额对比的指数，所反映的就仅仅是商品销售量的变动了。例如，某自行车企业基期销售量为 1 000 辆，每辆价格 250 元；报告期销售量为 1 200 辆，每辆价格 300 元，则基期销售额为 25 万元，报告期销售额为 36 万元。将报告期销售额与基期销售额对比得 144%，显然，该指数包含了商品销售量和价格的两个变动因素，反映了商品销售的变化。若要反映自行车销售量的变动，就必须将其乘以同一价格，如果都乘上基期价格得到基期销售额 25 万元，报告期销售额为 30 万元，将报告期销售额与基期销售额对比得 120%，这与自行车销售量变动的结果一致，所反映的仅仅是自行车销售量的变动。同理，若要反映自行车价格的变动，就必须将自行车的销售量固定，这样就可以研究自行车的价格变化。

第三，综合指数的分子、分母在所研究对象的范围上必须保持一致，并以全面统计资料作为研究基础。在编制综合指数时，分子和分母指标的含义、口径、计量方法和计量单位都应该一致，否则计算出的结果就不正确；并且，综合指数的分子和分母都是总量指标，因此需要在全面统计资料的基础上进行计算。

二、综合指数的编制方法

综合指数编制分为数量指标指数编制和质量指标指数编制，这两种综合指数编制的基本原理是相同的，只是在处理方法上略有不同。下面就说明这两种指数的编制。

（一）数量指标综合指数

数量指标指数是说明社会经济现象总体规模和水平综合变动的比较相对指标。通常有工业产品产量指数、商品销售量指数、职工人数指数、农产品产量指数等。下面以商品销售量指数为例说明数量指标综合指数的编制原理。

某商店商品销售量资料如表 10-3 所示。

表 10-3

商品名称	计量单位	销售量		价格(元)	
		基期	报告期	基期	报告期
甲	件	600	630	20	18
乙	千克	500	500	50	60
丙	米	1 000	850	30	30

编制数量指标综合指数的同度量因素是质量指标，则编制商品销售量指数的同度量因素是商品价格。作为同度量因素的商品价格可以固定在基期，也可以固定在报告期或者某一固定时期。采用不同时期的商品价格进行计算商品销售量指数可以得到不同的结果，并且具有不同的经济含义。

第一，以基期价格作为同度量因素，其计算公式为：

$$\overline{K}_Q=\frac{\sum Q_1P_0}{\sum Q_0P_0} \tag{10-1}$$

式中 $\overline{K}_Q$ 表示数量指标综合指数(这里指商品销售量综合指数)；

P_0 表示基期质量指标(这里指基期商品价格)；

Q_0 表示基期数量指标(这里指基期商品销售量)；

Q_1 表示报告期数量指标(这里指报告期商品销售量)。

公式(10-1)也称拉氏数量指数公式，它的计算结果说明在基期商品价格不变的条件下，三种商品销售量的综合变动方向和程度。该公式的分子、分母相减所得的差额($\sum Q_1P_1-\sum Q_0P_0$)，表明了由于商品销售量的变动对销售额影响的绝对值。见表 10-4 资料。

$$\overline{K}_Q=\frac{\sum Q_1P_0}{\sum Q_0P_0}=\frac{63\,000}{67\,000}=94.18\%$$

$$\sum Q_1P_0-\sum Q_0P_0=63\,100-67\,000=-3\,900(\text{元})$$

计算结果表明，虽然三种商品的销售量有升有降，变动程度也不相同，但是将三种商品销售量综合起来看，报告期销售量比基期下降了 5.82%。分子、分母的差额表明在维持基期商品价格的条

表 10-4

商品销售量综合指数计算表

商品名称	计量单位	销售量		基期价格(元) P_0	基期销售额(元) P_0Q_0	按基期价格计算的报告期销售额(元) P_0Q_1
		基期 Q_1	报告期 Q_1			
(甲)	(乙)	(1)	(2)	(3)	(4)=(1)×(3)	(5)=(2)×(3)
甲	件	600	630	20	12 000	12 600
乙	千克	500	500	50	25 000	25 000
丙	米	1 000	850	30	30 000	25 500
合计	—	—	—	—	67 000	63 100

件下,因商品销售量下降而减少了销售额3 900 元。

第二,以报告期价格作为同度量因素。其计算公式为:

$$\overline{K}_Q=\frac{\sum Q_1P_1}{\sum Q_0P_1} \tag{10-2}$$

式中 P_1 表示报告期质量指标(这里指报告期商品价格)。

公式(10-2)也称为派氏数量指数。它的计算结果表明在报告期价格条件下的销售量综合变动方向和程度。该公式分子、分母相减所得的差额($\sum Q_1P_1-\sum Q_0P_1$)表明了由于销售量变动对销售额影响的绝对值。见表 10-5 资料:

表 10-5

商品销售量综合指数计算表

商品名称	计量单位	销售量		报告期价格(元) P_1	报告期销售额(元) P_1Q_1	按报告期价格计算的基期销售额(元) P_1Q_0
		基期 Q_0	报告期 Q_1			
(甲)	(乙)	(1)	(2)	(3)	(4)=(2)×(3)	(5)=(1)×(3)
甲	件	600	630	18	11 340	10 800
乙	千克	500	500	60	30 000	30 000
丙	米	1 000	850	30	25 500	30 000
合计	—	—	—	—	66 840	70 800

$$\overline{K}_Q=\frac{\sum Q_1P_1}{\sum Q_0P_1}=\frac{66\ 840}{70\ 800}=94.41\%$$

$$\sum Q_1P_1-\sum Q_0P_1=66\ 840-70\ 800=3\ 960(\text{元})$$

计算结果表明，三种商品销售量总的下降了 5.59%，分子、分母的差额表明该商店在维持报告期的价格水平条件下，因为销售量下降而减少了销售额3 960 元。

第三，以某一固定时期价格作为同度量因素，其计算公式为：

$$\overline{K}_Q=\frac{\sum Q_1P_n}{\sum Q_0P_n} \tag{10-3}$$

式中　P_n 表示某一固定时期质量指标(这里指某一固定时期价格)。

显然，上述三个数量指标综合指数公式的计算结果是不同的，究竟用哪一个公式来计算数量指标综合指数较为合理，即同度量因素究竟选择在哪一个时期，这应该由指数的经济含义和指数体系的要求来决定。就商品销售量指数来看，计算商品销售量综合指数的目的在于研究各种商品销售量的综合变动方向和程度，因此，在计算商品销售量综合指数时，应该尽可能地排除商品价格变动的影响。如果用拉氏数量指数公式计算商品销售量综合指数，即将同度量因素固定在基期，这样得到的销售额指标的变动中仅包含了商品销售量因素的变动，也就是在原有的价格水平基础上测定商品销售量的综合变动，这与编制商品销售量综合指数的目的相吻合。若用派氏数量指数公式计算商品销售量综合指数，即将同度量因素固定在报告期，这时商品价格虽然固定不变，但是商品销售额指标是按照报告期价格计算的，这在销售额中实际上已经包含了商品价格的结构变动。这也就意味着用派氏数量指数公式所计算的商品销售量综合指数不仅包含了商品销售量的综合变动，也包含了商品价格结构的变动，这就与编制商品销售量综合指数的目的不一致。因此，编制数量指标综合指数时，应将同度量因素固定在基期，这也是编制数量指标综合指数时选择同度量因素的一般原则。

（二）质量指标综合指数

质量指标综合指数是说明社会经济现象总体性质综合变动的比较相对指标。通常有单位产品成本指数、商品价格指数、劳动生产率指数等。现以商品价格指数为例说明质量指标综合指数的编制原理和方法。

编制质量指标综合指数应以数量指标作为同度量因素，则编制商品价格综合指数的同度量因素是商品销售量。与编制数量指标综合指数一样，作为同度量因素的商品销售量可以固定在基期，也可以固定在报告期，还可以固定在某一个固定时期。采用不同时期的销售量编制商品价格综合指数会得到不同的结果，同样也具有不同的经济内容。

第一，以基期销售量作为同度量因素，其计算公式为：

$$\overline{K}_p=\frac{\sum P_1Q_0}{\sum P_0Q_0} \tag{10-4}$$

式中　$\overline{K}_p$ 表示质量指标综合指数（这里指商品价格综合指数）。

公式(10-4)也称为拉氏质量指数公式。它的计算结果表明在基期销售量水平下，各种商品价格水平的综合变动方向和程度。该公式分子、分母相减所得的差额（$\sum P_1Q_0-\sum P_0Q_0$），说明由于商品价格变动对销售额影响的绝对值。其计算步骤如下（见表10-6资料）：

$$\overline{K}_p=\frac{\sum P_1Q_0}{\sum P_0Q_0}=\frac{70\,800}{67\,000}=105.67\%$$

$$\sum P_1Q_0-\sum P_0Q_0=70\,800-67\,000=3\,800(\text{元})$$

计算结果表明，三种商品价格平均增长了 5.67%。在商品销售量不变的条件下，由于商品价格的上升使商品总的报告期销售额比基期增加了3 800 元。

表 10-6

商品价格综合指数计算表

商品名称	计量单位	价格(元)		基期销售量 Q_0	基期销售额(元) P_0Q_0	按基期销售量计算的报告期销售额(元) P_1Q_0
		基期 P_0	报告期 P_1			
(甲)	(乙)	(1)	(2)	(3)	(4)=(1)×(3)	(5)=(2)×(3)
甲	件	20	18	600	12 000	10 800
乙	千克	50	60	500	25 000	30 000
丙	米	30	30	1 000	30 000	30 000
合计	—	—	—	—	67 000	70 800

第二,以报告期销售量作为同度量因素,计算公式为:

$$\overline{K}_p=\frac{\sum P_1Q_1}{\sum P_0Q_1} \tag{10-5}$$

公式(10-5)也称为派氏质量指数公式。它的计算结果表明,在报告期商品销售量水平下,商品价格的综合变动方向和程度。该公式的分子、分母相减所得的差额($\sum P_1Q_1-\sum P_0Q_1$)表明由于商品价格水平变动对商品销售额影响的绝对值。计算步骤如下(见表 10-7 资料):

表 10-7

商品价格综合指数计算表

商品名称	计量单位	价格(元)		报告期销售量 Q_1	报告期销售额(元) P_1Q_1	按报告期销售量计算的基期销售额(元) P_0Q_1
		基期 P_0	报告期 P_1			
(甲)	(乙)	(1)	(2)	(3)	(4)=(2)×(3)	(5)=(1)×(3)
甲	件	20	18	630	11 340	12 600
乙	千克	50	60	500	30 000	25 000
丙	米	30	30	850	25 500	25 500
合计	—	—	—	—	66 840	63 100

$$\overline{K}_p=\frac{\sum P_1Q_1}{\sum P_0Q_1}=\frac{66\ 840}{63\ 100}=105.93\%$$

$$\sum P_1Q_1-\sum P_0Q_1=66\ 840-63\ 100=3\ 740(\text{元})$$

计算结果表明,三种商品价格平均增长了5.93%。在商品销售量不变的条件下,由于商品价格的上升使商品报告期销售额比基期增加了3 740元。

第三,用某一固定时期的销售量作为同度量因素,计算公式为:

$$\overline{K}_p=\frac{\sum P_1Q_n}{\sum P_0Q_n} \tag{10-6}$$

式中　Q_n 表示某一固定时期数量指标(这里指某一固定时期销售量)。

同理,质量指数的同度量因素应该固定在哪一个时期,应该由质量指数的经济含义和指数体系的要求来确定。编制商品价格综合指数的目的在于测定商品价格的综合变动方向和程度,并以此说明市场价格变化对居民生活水平的影响程度。在编制商品价格综合指数时若采用拉氏质量指数公式,即将同度量因素固定在基期。该公式的计算结果表明:在基期商品销售量及商品结构条件下,商品价格水平的变动方向和程度。分子、分母相减所得的差额说明由于商品价格水平变动,居民按照基期商品销售量及商品结构购买这三种商品所支出的金额变动情况,这显然是没有现实经济意义的。若用派氏质量指数公式,即将同度量因素固定在报告期,该公式的计算结果表明:在报告期商品销售量及商品结构条件下,商品价格水平的变动方向和程度。分子、分母相减所得的差额说明由于商品价格水平变动,居民按照报告期商品销售量及商品结构购买这三种商品所支出的金额变动情况,这虽然包含了商品销售量的结构变动,但是它更符合编制商品价格综合指数的意义。因此,计算质量指标综合指数时,同度量因素一般固定在报告期。

上述分析结果同时也表明,同度量因素不仅可以将不能直接加总的现象过渡到可以加总，而且对综合指数的计算结果也起到了权衡轻重的作用，所以，同度量因素又称为权数。

第三节 平均数指数

一、平均数指数的意义

平均数指数是先计算出复杂社会经济现象总体中单项事物的个体指数（数量指标个体指数或质量指标个体指数），然后对个体指数进行加权算术平均或加权调和平均，再计算总指数以测定复杂社会经济现象总体的平均变动程度。它是编制总指数的另一种基本形式。

平均数指数与综合指数都是编制总指数的基本形式，它们之间既有联系又有区别。它们之间的联系是，在平均数指数作为综合指数变形使用的条件下，两种指数计算公式可以互为推导。它们的区别是：

第一，综合指数是从社会经济现象总体的总量出发，找出同度量因素，将不能直接加总的现象过渡到可以加总后再进行加总对比，以观察现象的综合变动方向和程度，而平均数指数是从个体指数出发，对总体中个别事物的个体指数进行加权平均以观察个体指数的平均变化。

第二，综合指数的编制要求使用全面调查资料。平均数指数既可以使用全面调查资料编制，也可以使用非全面调查资料编制，而使用非全面调查资料编制平均数指数更为广泛。例如，城市居民生活费指数就采用平均数指数编制。在编制过程中，我们不可能采用全部消费品价格资料和服务项目价格资料，而只能采用其中的一部分。在以平均数指数作为综合指数变形使用的条件下，平均数指数的权数资料必须与个体指数的范围相一致。而作为独立的总指数编制形式，编制平均数指数的个体指数可以选择一部分代表规格品，但权数不受代表规格品范围的限制，可以使用范围更为广泛的资料。

第三，综合指数的编制，要求使用实际指标作为权数，而平均指数对权数的选择可以有多种方法，既可以用实际总量指标作为权数，也可以用比重作为权数；在权数无法取得或无法确定时，还可以根据对经济情况的分析，编制经验权数以进行平均数指数的编制。

二、平均数指数的编制方法

常用的平均数指数有两种基本形式：一是加权算术平均数指数；二是加权调和平均数指数。由于平均数指数可以采用不同形式的权数，在平均数指数两种基本形式中，又可以分为综合指数变形与固定权数形式。其编制方法分别叙述如下：

（一）综合指数变形的平均数指数

综合指数变形的平均数指数编制分为加权算术平均数指数和加权调和平均数指数。加权算术平均数指数是对个体指数运用加权算术平均数的方法编制的总指数。其计算公式为：

$$\overline{K}_Q=\frac{\sum K_Q P_0 Q_0}{\sum P_0 Q_0} \tag{10-7}$$

已知数量指标个体指数 $K_Q=Q_1/Q_0$，则 $Q_1=K_Q Q_0$，将其代入拉氏数量指数公式得：

$$\overline{K}_Q=\frac{\sum P_0 Q_1}{\sum P_0 Q_0}=\frac{\sum K_Q P_0 Q_0}{\sum P_0 Q_0}$$

将拉氏数量指数变换成加权算术平均数指数形式来编制总指数，是因为在编制数量指标综合指数时，必须掌握以基期价格计算的假定报告期销售额（$\sum Q_0 P_1$），而这一资料的计算在实际工作中往往是比较困难的，即使可以计算，工作量也很大。但是，基期实际销售额($\sum P_0Q_0$)和数量指标(销售量)个体指数(K_Q)资料却较为容易取得,因此采用加权算术平均数指数形式来编制总指数是比较合理和现实的。运用个体指数对综合指数公式进行变形可以有多种形式,但是,对数量指标综合指数公式进行变形时,必须采用加权算术平均数指数形式,用基期总量指标($\sum P_0Q_0$)作为权数,对数量指标个体指数进行加权平均才具有实际意义,采用其他公式变形或其他形式均没有现实意义。例如,将拉氏数量指数公式变换为加权调和平均数指数公式:

$$\overline{K}_Q=\frac{\sum P_0Q_1}{\sum\frac{P_0Q_1}{K_Q}}$$

或将派氏数量指数公式变换为加权算术平均数指数公式:

$$\overline{K}_Q=\frac{\sum K_QP_1Q_0}{\sum P_1Q_0}$$

由此可见,加权算术平均数指数只适用于拉氏数量指数公式的变形。现以表 10-3 的资料说明商品销售量的加权算术平均数指数的编制过程(见表 10-8)。

表 10-8

加权算术平均数指数计算表

商品名称	计量单位	销售量		个体指数(%) $K_Q=Q_1/Q_0$	基期销售额(元) P_0Q_0	个体指数与基期销售额乘积 $K_QP_0Q_1$
		基期 Q_0	报告期 Q_1			
(甲)	(乙)	(1)	(2)	(3)=(2)÷(1)	(4)	(5)=(3)×(4)
甲	件	600	630	105	12 000	12 600
乙	千克	500	500	100	25 000	25 000
丙	米	1 000	850	85	30 000	25 500
合计	—	—	—	—	67 000	63 100

$$\overline{K}_Q=\frac{\sum K_Q P_0 Q_0}{\sum P_0 Q_0}=\frac{63\,100}{67\,000}=94.18\%$$

计算结果表明，三种商品报告期销售量比基期平均下降5.82%。这一计算结果与用拉氏数量指数公式计算结果是一致的。

加权调和平均数指数是对个体指数采用加权调和平均数的方法编制的总指数。其计算公式为：

$$\overline{K}_p=\frac{\sum P_1 Q_1}{\sum \frac{P_1 Q_1}{K_p}} \tag{10-8}$$

已知质量指标个体指数 $K_p=P_1/P_0$，则 $P_0=P_1/K_p$，将其代入派氏质量指数公式得：

$$\overline{K}_p=\frac{\sum P_1 Q_1}{\sum P_0 Q_1}=\frac{\sum P_1 Q_1}{\sum \frac{P_1}{K_p} Q_1}=\frac{\sum P_1 Q_1}{\sum \frac{P_1 Q_1}{K_p}}$$

将派氏质量指数公式变形为加权调和平均数指数形式，是因为在派氏质量指数公式中，需要计算按报告期销售量计算的假定基期销售额（$\sum P_0 Q_1$），这在统计实际工作中是很困难的，而质量指标个体指数（K_p）和报告期实际销售额（$\sum P_1 Q_1$）是容易取得的资料，因此，采用加权调和平均数指数形式较为合理。同样，运用个体指数将综合指数公式变形为加权调和平均数指数形式可以有多种方式。例如，将拉氏质量指数公式变形得：

$$\overline{K}_p=\frac{\sum P_1 Q_0}{\sum \frac{P_1 Q_0}{K_p}}$$

但这种变形不具有任何现实意义，其他方式也是如此。只有将派氏质量指数公式变形为加权调和平均数指数形式才有现实意义。仍以表10-3资料为例说明其编制过程（见表10-9）。

表 10-9

加权调和平均数指数计算表

商品名称	计量单位	价格(元)		个体指数(%) $K_p=P_1/P_0$	报告期销售额(元) P_1Q_1	报告期销售额除以个体指数 $\frac{P_1Q_1}{K_p}$
		基期 P_0	报告期 P_1			
(甲)	(乙)	(1)	(2)	(3)=(2)÷(1)	(4)	(5)=(4)÷(3)
甲	件	20	18	2.9	11 340	12 600
乙	千克	50	60	1.2	30 000	25 000
丙	米	30	30	1	25 500	25 500
合计	—	—	—	—	66 840	63 100

$$\overline{K}_p=\frac{\sum P_1Q_1}{\sum\frac{P_1Q_1}{K_p}}=\frac{66\ 840}{63\ 100}=105.93\%$$

计算结果表明,报告期三种商品价格比基期平均增长了5.93%。这一计算结果与用派氏质量指数公式计算的结果完全一致。

(二) 固定权数形式的平均数指数

平均数指数用实际总量指数作为权数对个体指数进行加权平均所得的结果与用综合指数计算的结果之所以一致,是因为所采用的权数和个体指数的范围是一致的,即都是采用全面统计资料进行计算的。但是,全面统计资料在实际统计工作中是难以取得的,有时甚至是不可能得到的。在上述领域中,固定权数形式的平均数指数具有无以比拟的优势。因为在固定权数形式的平均数指数编制中,采用权数与采用个体指数所包括的范围并不要求一致,也就没有必要采用全面统计资料来进行计算,而可以采用部分资料进行计算。当然,固定权数形式的平均数指数与用综合指数变形的平均数指数一样,也有加权算术平均数指数形式和加权调和平均数指数形式两种。但是,由于在实际统计工作中,加权调和平均数指数公式是极少采用的,因此,在这里我们只介绍加权算术平均数指数的编制。其计算公式为:

$$\overline{K}=\frac{\sum Kw}{\sum w} \tag{10-9}$$

式中 $\overline{K}$ 表示总指数;

K 表示个体指数;

w 表示用相对数表现的固定权数。

公式(10-9)表明:社会经济现象总体变动的平均程度,由于在总指数的编制过程中个体指数与权数所包括的范围不一致,因此,用固定权数形式平均数指数研究社会经济现象总体变动时,无法进行绝对值分析;同时,固定权数形式平均数指数的编制不分质量指标指数公式和数量指标指数公式。下面以表10-10资料说明总指数的计算过程。

表 10-10

零售商品类指数及固定权数

商品类别	类指数 K_p(%)	固定权数(w)	K_pw(%)
一、食品类	100.0	49	4 900.0
二、衣着类	138.8	25	3 470.0
三、日用品类	120.0	10	1 200.0
四、医药类	150.0	3	450.0
五、文化用品类	113.2	7	792.4
六、燃料类	125.0	6	750.0
合　计	—	100	11 562.4

表 10-10 资料表明,某地区零售商品价格的类指数及其相应的固定权数,将这些资料代入公式(10-9)即可计算该地区零售商

品价格总指数：

$$\overline{K}=\frac{\sum Kw}{\sum w}=\frac{11\,562.4}{100\%}=115.62\%$$

三、平均数指数的资料和基期问题

编制指数有四个主要问题必须加以解决：资料、基期、权数以及计算公式。至于哪个问题更重要一些，则取决于研究对象的性质和研究目的。由于固定权数形式的平均数指数的权数和个体指数所包括的范围不一致，资料和基期问题显得尤为重要。本节就这两个问题加以讨论。

（一）指数的资料问题

统计资料是编制统计指数的基础。例如，编制商品价格指数要用商品价格资料，编制产品产量指数要用产量资料，编制单位成本指数要用单位产品生产成本资料等等。这些统计资料质量的好坏，将直接影响到所编制的统计指数的正确性。要编制高质量的统计指数，统计资料必须具备以下四个条件：

第一，统计资料的准确性。无论是基期或报告期的统计资料都必须准确无误。才能编制出正确的统计指数。统计资料按照其来源，可以分为直接调查资料（初级统计资料）和间接调查资料（次级统计资料）。我们不仅要求直接调查资料做到准确无误，对于间接调查资料也必须判断它的准确程度。为了避免统计资料的混淆不清，不仅对统计调查资料要有确定而严密的定义，而且还要对统计调查过程中的一些重要细节确定严格的标准，以免使统计人员在工作中发生分歧。例如，编制生产价格指数时，对于生产投入和生产成果的价格资料要求是不同的。编制生产投入价格指数所采用的统计资料是实际购进价格（即消费者价格），编制生产成果价格指数所采用的统计资料是实际出厂价格（即生产者价格）。在生产价格资料的统计调查过程中，不仅要对消费者价格与生产者价格之间的差异作出严格的界定，而且要对同一种产品的同一种价格（如消费者价格）因付款方式、交易时间不同等原因造成的差异如何统计应作出明确的说明。

第二，统计资料的代表性。统计指数是说明复杂社会经济现象总体综合变动方向和程度的比较相对数，最好采用全面统计资料作为计算统计指数的依据。但是，在实际统计工作中要运用全面统计资料编制统计指数，一方面，人力、物力和财力等客观条件不允许；另一方面，在实际应用中也不是完全必要的。只要从总体中所抽取的样本具有足够的代表性，则采用样本资料编制的统计指数与采用全面调查资料编制的统计指数两者的结果并不会存在本质差异。所以，在实际的统计指数编制过程中一般采用样本资料。但是，抽样的组织方式众多，虽然，每一种抽样组织方式所取得的统计资料都可以满足编制统计指数的要求，但是资料的取舍内容难以控制，难以使编制的指数达到所要表现的目的。所以，在实际应用中为了符合所编制的统计指数要达到的目的，通常采用类型抽样。为了确保样本的代表性，抽样时应遵守两个原则：一是样本中的每一种类型资料与所代表的实际全面资料在性质上应该保持一致；二是样本的各种类型资料之间在性质上应该存在着显著的差异。

对于统计资料代表性的要求，关键是要满足指数达到所要表现的目的。不同类型的统计指数所要表现的目的是不同的，对资料的要求也就不同，因此，不可能在任何场合都使用抽样方法以取得资料。例如，计算城市居民生活费指数，就必须采用抽样调查资料即家计调查资料；而编制外汇指数，由于它的资料较少，就采用全面统计资料。

第三，统计资料的充分性。统计资料的充分性是指样本容量的大小。数理统计证明，样本容量大小与样本的代表性成正比。

因此，编制统计指数所采用的样本容量必须足够大，以确保样本的代表性。

第四，统计资料的可比性。统计指数是指报告期资料与基期资料对比计算的一种相对数。统计资料的可比性是编制统计指数的又一基本要求。所谓统计资料的可比性，是指统计指标的定义、口径和计量方法都保持一致。但对于编制统计指数的资料来说，除了指标的定义、口径和计量方法保持一致外，更要求指标的性质保持一致。在很多场合，虽然指标的定义相同，而指标的性质却已经发生了根本变化。例如，在研究电视机价格变化的过程中，我们会发现电视机的品种已由过去的九英寸黑白电视机发展到今天的二十九英寸以上的彩色电视机，价格也由几百元发展到今天的几千元乃至上万元。从中可以看出，电视机价格指标的定义并没改变，而电视机的性质和价格都发生了根本性的变化。如果根据这种资料编制统计指数就难以反映现象的真实变化情况。为了确保指数的正确性，就必须使计算指数的资料保持它的可比性。如果指数计算所包括的指标性质发生了根本变化而不具备可比性时，就必须加以订正或更换。例如，编制商品价格指数时，商品价格失去可比性一般有以下几种情况：第一，商品名称相同，但质量发生变化而价格不变；第二，商品名称相同，但商品质量和价格都发生了变化；第三，商品结构发生了变化。若有这些情况发生，所编制的价格指数就不能正确反映商品价格水平的变动，就必须对商品项目进行订正或更正，使资料具有可比性。

（二）统计指数的对比基期问题

所谓基期问题，就是如何选择标准时间并运用该时间的统计资料作为衡量尺度，以反映社会经济现象的发展变化。因为，基期选择得好坏关系到统计指数所反映的社会经济现象变动是否客观和具有现实意义。基期的选择可以归纳为以下三个问题：

第一，基期的状态问题。作为标准时期的基期必须是社会经济现象处于正常发展状态的时期。如果社会经济现象处于特殊变动或偶然变动的时期，则不能选作基期。

第二，基期的长短问题。基期的长短并没有一定的标准，应根据所要反映的社会经济现象的性质而定，可以采用一月、一季，也可以采用一年。例如，编制商品价格指数时，为了避免偶然因素变动和季节变化的影响，通常采用较长的基期，一般为一年。而编制工业产品产量指数时，一般不受季节变化的影响，可以采用较短的基期，通常是一月或一季。

第三，基期的远近问题。基期与报告期之间的间隔不宜过长，如果基期过久，指数的代表性就小；反之，基期过近，指数的代表性就大。为了使编制的统计指数能更确切地反映社会经济现象在当前的变化，对于过于久远的基期必须用较近的基期进行替换。例如，在编制城市居民生活费指数时，会因为报告期商品价格与基期商品价格的时间相距久远而增大差异；或者会因为消费者的消费倾向改变而导致商品消费结构的改变；或者会因为商品的性质随着时间的推移而发生根本变化；或者会因为商品的质量因时距增大而发生变化。这就要求在编制城市居民生活费指数时，基期与报告期相距不能太远。因此，某一基期在使用了若干年后必须更换，以确保所编制的统计指数准确、可靠。

在编制统计指数的实际工作中，基期的选择有两种：固定基期与递换基期。运用固定基期编制的统计指数是定基指数，运用递换基期编制的统计指数是环比指数。但是，除了在个体指数数列中，环比指数的连乘积等于相应的定基指数外，在总指数数列中，环比指数的连乘积不等于相应的定基指数。为了研究和分析问题的需要，将环比指数的连乘积称为锁比指数。下面以表 10-11 资料为例，说明环比指数、定基指数与锁比指数的计算过程。

表 10-11

商品价格和权数资料

商 品	固定权数(%)	1997 年价格	1998 年价格	1999 年价格	2000 年价格
甲	60	50	60	90	108
乙	40	60	60	120	132

根据上表资料计算如下：

环比指数：1998 年 $\dfrac{\frac{60}{50}\times 0.6+\frac{60}{60}\times 0.4}{0.6+0.4}=112\%$

1999 年 $\dfrac{\frac{90}{60}\times 0.6+\frac{120}{60}\times 0.4}{0.6+0.4}=170\%$

2000 年 $\dfrac{\frac{108}{90}\times 0.6+\frac{132}{120}\times 0.4}{0.6+0.4}=116\%$

定基指数：1998 年 $\dfrac{\frac{60}{50}\times 0.6+\frac{60}{60}\times 0.4}{0.6+0.4}=112\%$

1999 年 $\dfrac{\frac{90}{50}\times 0.6+\frac{120}{60}\times 0.4}{0.6+0.4}=188\%$

2000 年 $\dfrac{\frac{108}{50}\times 0.6+\frac{132}{60}\times 0.4}{0.6+0.4}=217.6\%$

锁比指数：1998 年 112%

1999 年 $112\%\times 170\%=190.4\%$

2000 年 $112\%\times 170\%\times 116\%=220.86\%$

第四节 统计指数体系

一、指数体系的意义

统计指数的另一个重要任务就是：要在复杂社会经济现象总

体的变动中，分析各个因素的变动对总体的影响，从而揭示复杂社会经济现象总体变动中的具体情况和原因。为此，要运用综合指数原理，从数量指标指数与质量指标指数的相互联系中组成统计指数体系并进行因素分析。

所谓指数体系，是指三个或三个以上的具有内在联系的统计指数所构成的有机整体。组成统计指数体系的统计指数必须满足两个条件：一是各因素指数的乘积等于总变动指数（或称价值指数）；二是各因素指数的分子、分母的差额之和等于总变动指数实际发生的总差额（即价值指数的分子、分母之差）。例如：

商品销售额指数＝商品价格指数×商品销售量指数

商品销售额的增减额＝因商品价格变动影响的增减额＋因商品销售量变动影响的增减额

总成本指数＝单位成本指数×产品产量指数

总成本增减额＝因单位成本变动影响的增减额×因产品产量变动影响的增减额

显而易见，商品销售额的变动，是商品价格变动和商品销售量变动相互作用的结果。因此，可以编制商品销售额指数（价值指数）、商品价格指数（质量指数）和商品销售量指数（数量指数）并组成指数体系，以分析商品价格和商品销售量变动对商品销售额变动的影响方向和程度。同样，总成本的变动受单位产品成本变动和产品产量变动两个因素的影响，也可以编制总成本指数（价值指数）、单位成本指数（质量指数）和产品产量指数（数量指数）并组成指数体系，以分析单位产品成本变动和产品产量变动对总成本变动的影响方向和程度。

指数体系一方面可以用来分析复杂社会经济现象总体变动中各因素对总体的影响方向和程度；另一方面，利用指数体系还可以进行指数间的相互推算。例如，已知商品销售额指数和商品价格指数就可以推算出商品销售量指数。

二、编制指数体系的一般原则

编制指数体系，应该以社会经济现象总体内部各个因素之间的客观经济联系为依据。在编制综合指数时，质量指标综合指数一般以报告期的数量指标作为同度量因素；数量指数综合指数一般以基期的质量指标作为同度量因素。在编制指数体系时，同样要遵循这些原则，从而使各个指数在数学上表现为乘积关系。仍以表 10-1 资料为例计算如下（见表 10-12）：

表 10-12

指数体系计算表

商品名称	计量单位	销售量		价格（元）		销　售　额（元）		
		基期 Q_0	报告期 Q_1	基期 P_0	报告期 P_1	基　期 P_0Q_0	报告期 P_1Q_1	假　定 P_0Q_1
（甲）	（乙）	（1）	（2）	（3）	（4）	（5）＝（1）×（3）	（6）＝（2）×（4）	（7）＝（2）×（3）
甲	件	600	630	20	18	12 000	11 340	12 600
乙	千克	500	500	50	60	25 000	30 000	25 000
丙	米	1 000	850	30	30	30 000	25 500	25 500
合计	—	—	—	—	—	67 000	66 840	63 100

根据上表资料计算如下：

$$\frac{\sum P_1Q_1}{\sum P_0Q_0}=\frac{\sum P_0Q_1}{\sum P_0Q_0}\times\frac{\sum P_1Q_1}{\sum P_0Q_1}$$

$$\frac{66\,840}{67\,000}=\frac{63\,100}{67\,000}\times\frac{66\,840}{63\,100}$$

$$99.76\%=94.18\%\times105.93\%$$

计算结果表明：报告期销售额比基期下降 0.24%，是由于商品销售量下降 5.82%和商品价格增长 5.93%两个因素共同影响的结果。

商品销售量和商品价格变动对商品销售额影响的绝对值如下：

$$(\sum P_1Q_1-\sum P_0Q_0)=(\sum P_0Q_1-\sum P_0Q_0)+(\sum P_1Q_1-\sum P_0Q_1)$$

$$(66\,840-67\,000)=(63\,100-67\,000)+(66\,840-63\,100)-160(\text{元})$$

$$=-3\,900(\text{元})+3\,740(\text{元})$$

计算结果表明：报告期商品销售额比基期减少 160 元，是由于商品销售量下降减少销售额 3 900 元和商品价格增长而增加销售额 3 740 元两个因素共同影响的结果。

三、多因素现象变动的因素分析

对复杂社会经济现象总体进行因素分析，可以将现象总体分解为两个因素，也可以将现象总体分解为三个或三个以上的因素。若将总体分解为两个因素并进行分析，称为两因素分析；若将总体分解为三个或三个以上因素并进行分析，称为多因素分析。在对复杂社会经济现象总体进行多因素分析时，必须遵守两条原则：

第一，对复杂社会经济现象总体中各个构成因素必须按一定的顺序排列，这个顺序应与各个因素之间的内在联系相一致。各个因素的排列要求是：数量指标因素排列在前，质量指标因素排列在后，从而使每两个相邻的指标因素乘积形成一个新的经济因素。例如，在分析工业产品生产中所消耗的原材料费用时，可以将原材料费用分解为三个因素，并按照产品产量、单位产品原材料消耗量及原材料价格顺序排列，则产品产量与单位产品原材料消耗量的乘积是产品生产中的原材料总消耗量，而单位产品原材料消耗量与原材料价格的乘积是单位产品消耗的原材料费用。

第二，在多因素分析中，为了测定某一指标因素对复杂社会经济现象总体的影响方向和程度，必须将其他指标因素加以固定，即假定在其他条件不变的情况下，分析某一指标因素变动对现象总体的影响方向和程度。各指标因素必须根据综合指数的一般原理加以固定，即：分析数量指标因素变动时，将质量指标因素固定在基期；分析质量指标因素变动时，将数量指标因素固定在报告期。

根据上述两项原则，以原材料费用额（见表 10-13）分析为例说明多因素分析方法。

表 10-13

某企业原材料费用情况表

产品名称	计量单位	产量		单位产品原材料消耗量（千克）		原材料单价（元）	
		基期	报告期	基期	报告期	基期	报告期
甲	件	10	12	8	7	10	12
乙	千克	8	9	6	7	8	9

因为原材料费用是产品产量、单位产品原材料消耗量和原材料单价三个因素的乘积，则：

$$\text{原材料费用指数}=\text{产品产量指数}\times\text{单位产品原材料消耗量指数}\times\text{原材料价格指数}$$

运用综合指数原理得如下公式：

$$\frac{\sum Q_1 m_1 P_1}{\sum Q_0 m_0 P_0}=\frac{\sum Q_1 m_0 P_0}{\sum Q_0 m_0 P_0}\times\frac{\sum Q_1 m_1 P_0}{\sum Q_1 m_0 P_0}\times\frac{\sum Q_1 m_1 P_1}{\sum Q_1 m_1 P_0}$$

式中 Q_1 表示报告期产品产量；

Q_0 表示基期产品产量；

m_1 表示报告期单位产品原材料消耗量；

m_0 表示基期单位产品原材料消耗量；

P_1 表示报告期原材料价格；

P_0 表示基期原材料价格。

它的绝对值分析为：

$$\sum Q_1 m_1 P_1 - \sum Q_0 m_0 P_0 = \sum Q_1 m_0 P_0 - \sum Q_0 m_0 P_0 + \sum Q_1 m_1 P_0 - \sum Q_1 m_0 P_0 + \sum Q_1 m_1 P_1 - \sum Q_1 m_1 P_0$$

根据表 10-13 资料，多因素分析的计算过程如表 10-14 所示：

表 10-14

多因素分析计算表

产品名称	计量单位	产量		单位产品原材料消耗		原材料价格（元）		原材料费用（元）			
		Q_0	Q_1	m_0	m_1	P_0	P_1	$Q_0m_0P_0$	$Q_1m_0P_0$	$Q_1m_1P_0$	$Q_1m_1P_1$
（甲）	（乙）	(1)	(2)	(3)	(4)	(5)	(6)	(7)=(1)×(3)×(5)	(8)=(2)×(3)×(5)	(9)=(2)×(4)×(5)	(10)=(2)×(4)×(6)
甲	件	10	12	8	7	10	12	800	960	840	1 008
乙	千克	8	9	6	7	8	9	384	432	504	567
合计	—	—	—	—	—	—	—	1 184	1 392	1 344	1 575

$$\frac{1\,575}{1\,184} = \frac{1\,392}{1\,184} \times \frac{1\,344}{1\,392} \times \frac{1\,575}{1\,344}$$

$$133.2\% = 117.57\% \times 96.55\% \times 117.19\%$$

计算结果表明：该企业报告期原材料费用总额比基期增长了 33.2%，是由于产品产量增长 17.57%，单位产品原材料消耗量下降 3.45%和原材料价格增长了 17.19%三个因素共同影响的结果。

$$(1\,575 - 1\,184) = (1\,392 - 1\,184) + (1\,344 - 1\,392) + (1\,575 - 1\,344)$$

$$391(\text{元}) = 208(\text{元}) - 48(\text{元}) + 231(\text{元})$$

计算结果表明：报告期原材料费用总额比基期增加 391 元是由于产品产量增长而增加费用 208 元，单位产品原材料消耗下降而减少费用 48 元以及原材料价格增长而增加费用 231 元三个因素共同影响的结果。

第五节　几种常用的经济指数介绍

指数作为一种重要的经济分析指标和方法，被广泛地应用于社会发展的各个领域。不同的指数编制形式反映了不同的经济分析意义。这里介绍几种常用的国内外经济指数的编制及应用。

一、工业生产指数

工业生产指数是反映一个国家或地区工业产品产量的综合变动程度，它是衡量经济增长水平的重要指标之一。在我国，工业生产指数是通过计算各种工业产品的不变价格的产值编制的。其同度量因素是不变价格，工业生产指数的综合指数形式为：

$$\overline{K}_Q=\frac{\sum Q_1 P_N}{\sum Q_0 P_n} \tag{10-10}$$

式中　P_n 表示不变价格；

Q_0，Q_1 表示基期和报告期的各种产品产量。

采用不变价格编制工业生产指数，消除了价格变动的影响因素，便于对比分析。然而，随着时间的推移，不变价格是要变动的。按不同时期不变价格计算的产值，不能直接进行动态对比，需要进行换算。

换算系数的公式为：

$$\overline{K}_p=\frac{\sum P_1 Q_1}{\sum P_0 Q_1} \tag{10-11}$$

式中　P_0，P_1 表示基期和报告期的不变价格；

Q_1 表示报告期的各种产品产量。

二、股票价格指数

股票价格指数，简称股价指数，可以衡量股票市场价格变动的现状及基本趋势。各国的各个证券交易所都编制有自己的股价指数,它是反映一个国家经济景气状况的重要标志之一。股价指数的编制方法多种多样,综合指数是其中的一种重要编制方法。记入编制指数的各种股票的价格为 P,相应股票的发行量(或交易量)为其 Q,则综合形式的股价指数为:

$$\overline{K}_p=\frac{\sum P_1Q}{\sum P_0Q} \tag{10-12}$$

为了计算的简便和可比,同度量因素 Q 通常采用拉氏公式固定在基期水平上(即 Q_0);但也可以采用派氏公式固定在报告期水平上。我国的上证 30 指数、香港的恒生指数等,都是采用综合指数公式编制的。

除了综合指数方法之外,股价指数还可以采用其他方式编制。美国道·琼斯指数的基本编制方法是对入编指数的各种股票分别计算不同时间的简单平均价格,通过对比就得到相应日期的股价指数。其公式为:

$$\overline{K}_p=\frac{\overline{P}_1}{\overline{P}_0}=\frac{\sum P_1/n}{\sum P_0/n}=\frac{\sum P_1}{\sum P_0} \tag{10-13}$$

道·琼斯指数的主要特点是计算简便,没有权数。

三、消费者物价指数

消费者物价指数(Consumer Price Index),简记为 CPI,是综合反映各种消费品和服务价格变动程度的指数。它不仅可以表示市场物价的基本动态,也和消费者的收入来源有着直接的关联。

我国消费者物价指数(居民消费价格指数)的编制采用固定权数的加权算术平均指数方法。其计算公式为:

$$\overline{K}=\frac{\sum Kw}{\sum w}=\frac{\sum Kw}{100} \tag{10-14}$$

其编制过程为，先将各种居民消费划分成八大类(包括食品、衣着、家庭设备及用品、医疗保健、交通和通讯工具、文教娱乐用品、居住项目和服务项目等)，各大类再可细分为若干的中、小类。再从以上各类中选定有代表性的消费项目325种入编指数，计算其个体指数；然后以各商品的销售额比重作为权数。最后用公式(10-14)依次计算各小类、中类的消费价格指数及居民消费价格总指数，计算过程可参照固定权数形式的平均数指数一节中的表10-10资料的计算。

复习思考题

1. 什么是统计指数？它有什么作用？

2. 什么是同度量因素？它有什么作用？在编制质量指标指数和数量指标指数时，同度量因素怎样确定？

3. 什么是指数体系？怎样利用指数体系进行因素分析？

4. 什么是平均数指数？它有哪些特点？

习　题

1. 某厂产品成本资料如下表所示：

产品名称	计量单位	单位成本(元)		产品产量	
		基期	报告期	基期	报告期
甲	件	10	9	1 000	1 100
乙	个	9	9	400	500
丙	米	8	7	700	800

要求计算：(1) 成本个体指数和产量个体指数。

(2) 单位成本指数。

(3) 总成本指数。

2. 某印染厂产量资料如下表所示：

产品名称	上年实际产值 Q_0P_0（万元）	本年实际产值 Q_1P_1（万元）	本年产量比上年产量增长% $Q_1/Q_0-100\%$
甲	200	240	25
乙	450	485	10
丙	350	480	40
合计	1 000	1 205	—

要求：依据上表资料计算加权算术平均数指数以及由于产量增长而增加的产值。

3. 某企业三种产品的单位成本及产量资料如下表所示：

产品名称	计量单位	单位产品成本（元）		产量	
		基期	报告期	基期	报告期
甲	台	350	320	50	50
乙	吨	180	176	50	50
丙	个	30	30	160	200

要求：依据上表资料计算三种产品的总成本指数、成本总指数和产量总指数，并分析由于单位产品和产量变动对产品总成本的影响方向和程度。

4. 某企业三种产品的个体价格指数和销售额资料如下表：

产品名称	计量单位	个体价格指数（%）	销售额（万元）	
			基期	报告期
甲	件	102	50	95
乙	米	95	20	20
丙	千克	100	100	120

要求：依据上表资料，计算价格总指数和销售量总指数。

第十一章 统 计 实 务

第一节 统计报表制度

一、统计报表制度的含义

统计报表是社会主义国家所特有的统计调查组织方式。我国的统计报表制度是按照《中华人民共和国统计法》的规定，以统一的表格形式、统一的指标和内容、统一的报送时间和程序，自下而上定期由企业、行政事业单位向国家履行上报基本统计资料的统计报告制度。

统计报表制度由基层表和各专业综合表两部分组成。基层表是以企业、行政事业单位作为基本统计调查单位，由基层企业、行政事业单位填报基本统计资料的一套统计调查表式，它们是构成国民经济宏观统计资料的基础，也是进行国民经济宏观调控的微观基础。基层表按照国民经济主要行业分为七种，它们是：农业、工业、建筑业、交通运输业、批发零售贸易餐饮业（包括商业、外贸、供销、饮食业）、服务业、行政事业。以上七种基层统计报表基本上覆盖了全社会各行业，并且适用于同一行业中不同经济类型的基层单位。

基层表的指标体系由七个子指标体系构成，它们是：

(1) 企业（单位）基本情况指标体系（101 表），包括企业代码，法人代表，企业名称，地址及代码，行业、经济类型，隶属关系及代码、规模等。

(2) 企业主营业务活动指标体系(102 表),包括企业的生产、销售、库存及经营活动成果等。

(3) 企业财务状况指标体系(103 表),包括企业会计的六大要素:资产、负债、所有者权益、收入、费用和利润,以观察企业的经济实力、经营状况和经济效益,并为计算国内生产总值等国民经济宏观指标提供资料。

(4) 企业劳动情况指标体系(104 表),包括企业从业人员及变动情况、劳动报酬水平及劳动生产率等。

(5) 企业原材料、能源的消耗和库存指标体系(105 表),包括原材料、能源的收入、库存及消耗情况。

(6) 企业技术开发基本情况指标体系(107 表)。

(7) 企业附营业务活动情况指标体系(108-112 表)。

综合表是以基层表为基础,按照国民经济宏观调控的要求,采用多种调查和推算的方式由基层单位的上级主管部门和统计部门填报。综合表共有九种,它们是:工业综合表,建筑业综合表,运输邮电综合表,贸易餐饮业综合表,外商投资企业综合表,劳动综合表,原材料、能源综合表和固定资产投资综合表。

二、统计报表资料的来源

统计报表资料来源于基层企业、行政事业单位的原始记录。基层单位统计工作中的基础工作包括:原始记录、统计台账和内部统计报表。基层企业、行政事业单位只有将基础工作做好了,才能准确、及时地编制各种统计报表,为微观和宏观社会经济管理提供必要的信息,以发挥统计工作应有的作用。在基础统计工作中,做好原始记录是最基本、最重要的,它是统计报表资料的原始依据。

(一) 原始记录

原始记录是基层企业、行政事业单位采用一定的表格形式对本单位的生产经营活动具体发生时所作的第一手记录。它是反映基层企业、行政事业单位内部生产、经营和管理活动的最初资料。例如,工业企业的产品产量记录、生产工时记录、商业企业的商品进销记录、各单位的收付款项记录等。

建立和健全基层企业、行政事业单位的原始记录是贯彻执行统计报表制度的前提条件,是统计报表资料能够准确、及时、全面、系统地上报的基本保证。建立和健全基层单位的原始记录应遵守以下几条原则:

第一,设置原始记录要从基层企业、行政事业单位的实际需要出发。原始记录的建立要符合企业、行政事业单位生产经营的特点和管理水平,防止生搬硬套,脱离本单位的实际情况。

第二,统一组织基层企业、行政事业单位内部的经济核算。基层企业、行政事业单位建立原始记录,必须同时满足单位内部统计、会计和业务三种核算的需要,并且,必须符合国家统计制度和会计制度的要求,以利于基层企业、行政事业单位内部统一组织经济核算。

第三,便利职工参与本单位管理。原始记录大部分由一般职工填写,这样,一方面反映出原始记录是一项大众性的基础工作,另一方面也体现出职工参与单位内部管理的必要性。因此,原始记录的内容设置、表格形式设计、填写方式等都要做到通俗易懂、填写方便、手续简单,以确保原始记录的真实可靠。

(二)统计台账

统计台账是根据统计报表的要求,结合基层企业、行政事业单位生产经营管理的需要,用一定的表格形式将分散的原始记录资料按同一内容和时间先后顺序,系统地登记在一个表册上的,这种表册就称为统计台账。

统计台账是介于原始记录和统计报表之间的一种统计资料积累形式。它既可以满足基层企业、行政事业单位生产经营管理对统计资料的需要,也可以使统计报表资料有可靠的依据,确保各基层单位上报统计报表资料的准确性和及时性。

三、统计报表资料的汇总方式

统计报表资料的汇总方式取决于各级管理部门对统计资料的要求和统计部门所拥有的工具。在手工汇总条件下，统计报表资料的汇总主要是采取逐级汇总的方式。在电子计算机汇总条件下，一般采用集中汇总或集中汇总与逐级汇总相结合的方式。随着电子计算机向小型化发展和网络技术的日趋成熟，用电子计算机进行逐级汇总已成为新趋势。

（一）逐级汇总

逐级汇总是按照一定的统计管理体制，对统计资料进行自下而上地逐级汇总，从而取得各层次统计综合指标的一种统计资料整理方式。

我国定期统计报表大多采用逐级汇总的方式进行统计资料的整理，有些一次性调查也采用这种汇总方式取得资料。

逐级汇总方式的优点是：可以将整理汇总出来的统计资料及时提供给各级领导机关和有关部门使用；当工作人员发现资料差错时便于及时查对。缺点是：由于逐级汇总整理的层次多，需要反复重录，容易发生登记误差；更重要的是在汇总过程中，统计信息的损失较多，对于已经汇总的资料无法进行交叉分组以便进行更深入的分析。例如，在人口普查中，用手工逐级汇总的方式是很难作出职业与文化程度的交叉分组资料的，也难以作出民族与文化程度的交叉分组资料。随着计算机网络技术的发展，逐级汇总方式所存在的缺点都将得到克服，逐级汇总方式将不断发展和完善。

（二）集中汇总

集中汇总是把全部原始资料集中在统计机构中，直接进行汇总以取得综合资料的一种统计资料整理方式。对于十分重要或者时效要求极高的统计资料，往往采用这种方式汇总整理。

集中汇总方式的优点是：在电子计算机汇总的条件下，能够提高统计资料的准确性和时效性；可以进行各种形式的交叉分组，提高统计资料的利用率。缺点是：对原始资料的差错不容易发现和纠正；汇总的结果不能及时满足下级部门对统计资料的需要。

（三）逐级汇总与集中汇总相结合

逐级汇总与集中汇总相结合有两种形式：一种是将一些最基本的统计资料进行逐级汇总，以满足各级领导机关和管理部门的及时需要，同时将全部原始资料进行集中汇总。例如，在工业统计年报中，各级统计部门一方面将本地区汇总后的综合资料上报，另一方面也将本地区所属各单位的原始资料上报，以便上级部门进行集中汇总。另一种形式是在一定层次以下实行集中汇总，而在该层次以上实行逐级汇总。例如，在进行人口统计中，对于地区、省辖市一级的人口资料实行集中汇总，而地区、省辖市以上的人口资料实行逐级汇总。

逐级汇总与集中汇总相结合方式兼有逐级汇总和集中汇总优点，但是，在逐级汇总过程中，必须对计算机工作人员进行统一的严格培训，并在编辑和制表程序之外专门编制运用控制程序，以保证各地分散作业所得资料的一致性。

第二节　基本单位统计

一、基本单位概述

基本单位是指基层企业、行政事业单位及其所属的产业活动单位。基本单位是构成国民经济的细胞，是经济管理的基本单位，也是我国进行统计调查的基本单位。1993 年以前，我国从未组织过基本单位调查，有关这方面的工作都是分散在各个专业统计和专项统计工作之中的。

从 1993 年的年报开始，国家统计局组织全国统一清查基本单位，并决定将清查基本单位的统计报表与工业、建筑业、商业、交通运输业、服务业、科技、劳动工资、原材料能源等专业年报表直接联系起来(即 101 表)，使基本单位调查与各专业统计在整体上相互衔接配套。1994 年，为进一步清查基本单位，国家统计局将原来的七张企业、行政事业单位基本情况表(101 表)合并成一张通用表式，从而形成了我国统计报表制度中一个独立的基本统计调查制度——《统计调查单位统计报表制度》，并再次组织了全国范围内的基本单位清查。1996 年，我国进行了第一次基本单位普查，使基本单位的标准得到了贯彻实施。

基本单位按其性质和作用不同分为机构单位和基层单位两种。

(一) 机构单位

机构单位是指拥有资产、承担负债、从事经济活动并能与其他单位进行交易的经济实体。划分机构单位有以下作用：

第一，划分机构单位可以满足国民经济核算的需要。国民经济核算是对整个国民经济运行即社会再生产过程进行的全面系统的核算，这就要求把组成国民经济的所有单位的经济活动按照一定的核算方法分别编入不同的经济账户或相应的核算表，以便完整、系统地描述国民经济循环的全过程和各种经济联系。为了编制国民经济账户和有关核算表，必须遵循统一的分类标准，将各种经济实体划分为不同的机构单位，并根据机构单位的主要职能进行分类和归并成机构部门，以便对各个单位的经济活动通过国民经济核算体系内的各个账户和核算表进行统一核算、对比和分析，深入反映社会再生产过程中各个环节之间和国民经济各部门之间的各种联系及其发展变化的规律性。

第二，划分机构单位是进行科学地组织统计调查和对统计调查资料进行科学分类整理的基础工作。机构单位不仅是统计调查的对象，而且是各种统计调查报表的填报者或填报组织者。因此，按照统一的标准、科学地划分和规范机构单位，组织好对机构单位的调查是一项非常重要的统计基础工作。

我国的机构单位具体是指独立核算的法人单位，所以机构单位又称法人单位。我国统计制度规定，具有法人资格的独立核算单位应同时具备以下三个条件：① 依法成立，有自己的名称、组织机构和场所，能够承担民事责任。② 独立拥有和使用资产，承担负债，有权与其他单位签定合同。③ 独立核算盈亏，能够编制资产负债表。

法人单位具体包括具有法人资格的企业、事业单位、机关、社会团体和经法定程序批准设立的其他单位。

1. 法人企业

是指经工商行政管理机关核准、登记注册的取得法人资格的各种经济类型的企业。

2. 事业单位法人

是指经各级编制机关或经各级主管部门批准成立，具有法人资格的各类事业单位。

3. 机关法人

是指经各级人民代表大会批准成立的各类国家权力机关、行政机关，中国共产党、各民主党派各级机关及其办事机构。

4. 社会团体法人

是指经各级民政部门核准登记注册的各类社会团体。

5. 其他法人

是指除上述法人以外的其他符合法人条件的单位。

全部机构单位归并成居民部门、企业部门、行政事业部门、金融部门以满足国民经济核算体系的需要。

（二）基层单位

基层单位是指位于一个地点、从事一种或主要从事一种社会经济活动的单位。基层单位是根据从事生产活动的性质和地点对单位所作的划分，所以也称产业活动单位。作为基层单位必须同时满足以下三个条件：

第一，在一个场所，从事一种或主要从事社会经济活动。

第二，相对独立组织生产经营或业务活动。

第三，能够掌握收入和支出等核算资料。

划分基层单位具有以下作用：

第一，划分基层单位是为了能准确地划分国民经济行业以满足国民经济核算的需要。在现实经济生活中，有很多企业或事业单位可能同时从事着各种不同的活动，如果按照机构单位的主要活动进行分类，所得到的有关行业的资料必然是混杂的。例如，一所大学是由交通部门开办的，而该校又有一个附属工业企业。该大学按隶属关系属于交通部门，按照机构单位的主要活动分类属于教育行业，而该大学的附属工业企业却从事着工业生产活动。因此，有必要对各种机构单位进一步按基层单位所从事的经济活动性质分类，才能准确地反映国民经济各行业的经济活动及其成果，研究国民经济的产业结构和比例关系。

第二，划分基层单位可以满足有关经济统计和国民经济核算中投入产出分析的需要。基层单位是从事社会经济活动的基本单位，它是从生产角度出发，按经济活动的性质对单位所作的分类。分类后，同类单位活动的性质基本上是同质的，因此，基层单位能提供有关投入和产出、收入和支出等方面的统计资料，从而满足了各类专项统计和国民经济核算的需要。同时，基层单位也是生产经营、劳动工资和科技活动等统计报表的调查对象和填报者。

基层单位与机构单位之间存在着一种隶属关系，一个机构单位包括一个或多个基层单位，如一个大型公司可以有自己的工业企业、商业企业、运输企业等等,该公司就是机构单位,下属的工业企业、商业企业和运输企业就是基层单位。每一个基层单位只能隶属于一个机构单位。而那些规模小、活动比较单一的机构单位同时也就是基层单位。

二、基本单位调查

基本单位调查的范围包括我国境内除住户和个体经济以外的所有法人单位及其所属产业活动单位。具体是指各类企业法人、事业单位法人、机关法人、社会团体法人和其他法人单位及其所属的产业活动单位。

基本单位调查的主要内容如下:

一是反映基本单位的基本信息,包括单位代码、名称、法定代表人、单位所在地和通讯号码等。

二是反映基本单位的主要属性,包括行业类别、经济类型、隶属关系、主管部门、企事业机关划分等。

三是反映基本单位的基本经济活动情况,包括正式开业时间、营业状态、从业人员人数、企业实收资本、生产经营用固定资产、营业收入等。

四是反映基本单位的其他信息,包括机构单位所执行的会计制度种类、产业活动单位数和产业活动单位归属的法人等。

规范和健全基本单位统计调查对于发展我国统计事业具有十分重要的意义。基本单位统计调查作为其他统计调查的基础主要表现在以下几个方面:

第一,基本单位调查统一规范了其他统计调查的调查单位。这一方面是因为基本单位统计调查统一了法人单位和产业活动单位的划分标准,为其他统计调查确定统计调查单位提供了规范;另一方面是因为基本单位统计调查能够提供已经规范了的企业、行政事业单位和社会团体的名录,这些可以作为其他统计调查确定调查范围、清查调查单位的基础。

第二，基本单位统计调查统一规范了其他统计调查的分类标准。由于基本单位统计对各调查单位品质标志的调查是按照国家的统一标准进行的，所调查的各项标志通过计算机处理后就成为对各种调查资料进行统计分组的基本依据。因此，建立在基本单位基础上的统计分类，不仅在各专业统计内部是统一的，而且在整个国民经济的整体上也是统一的。

第三，基本单位调查为抽样调查建立科学、完整的抽样框提供了基础。抽样调查质量的好坏在很大程度上取决于抽样框是否科学、完整。而抽样调查中相当大的工作量集中在抽样框的编制上。通过基本单位调查所建立的统计调查单位名录库可以为抽样调查建立抽样框提供良好的基础，从而使抽样推断的结果更为准确。

第四，基本单位统计为检验其他统计调查的数据质量提供了依据。由于总量指标的变动范围大，稳定性较差，不易检验总量指标数据的质量，而平均数相对来说比较稳定，因此，有了准确的基本单位统计资料，就可以用来计算各种总量指标的平均值以检验各种统计资料的质量。这也是统计数据质量检验的重要手段之一。这种方法可以帮助我们检验和分析统计数据的某一部分或者整体的可靠性。

第五，基本单位统计调查资料也是进行统计分析的基础资料。在统计研究分析中，将基本单位统计资料结合其他统计资料，可以对国民经济的产业结构、地区分布、经济类型结构、规模及其构成等开展统计分析，为党和国家制定经济政策、编制国民经济规划、进行国民经济宏观控制提供依据。

三、统计分类标准化

（一）统计分类标准化的意义

在社会经济现代化和信息处理自动化迅速发展的形式下，为了便于对统计数据和各种有关信息进行分类研究，国家对某些重要的、复杂的统计分组体系制定、发布和实施统一的标准，实行标准化管理，这就叫统计分类标准化。因此，统计分类标准本质上是一些由国家统一制定发布的重要和复杂的统计分组体系。

统计分类标准化与一般的统计分组体系比较，其特点就在于它的统一性、强制性和稳定性。

统一性是指对社会经济现象的分类、定义、名称、计量方法和编码有主管部门统一规定，任何人都不能自行其是，自搞一套。

强制性是指统计分类标准经由主管部门颁布实施以后，在规定的适用范围内必须强制执行。

稳定性是指统计分类标准一经颁布就长期使用，未经主管部门修改，任何单位不得变更。

统计分类标准化是现代统计的基础工作之一，也是衡量一个国家或地区统计现代化进程的一项重要标志。统计分类标准化对于实现统计工作现代化是十分重要的，主要表现在：

第一，统计分类标准化是社会经济统计活动得以顺利、正常进行的一个前提条件。只有有了各种统计分类标准，并把它与统计指标体系结合起来，才能准确、全面地从各个方面、各个层次和各个环节反映整个社会经济发展的全貌及其过程。

第二，统计分类标准是建立统计信息自动化系统的一个前提条件。只有建立了各种统计分类标准及其相应的编码，并在统计工作中认真贯彻执行，才能使统计信息在电子计算机内得到正确的处理和管理并建立起统计数据库，充分发挥信息自动化技术的功能。

第三，统计分类标准化是实现统计信息共享、深入开发利用统计资料的一个前提条件。只有所有企业、行政事业单位在填报统计报表资料时共同遵守和执行统计分类标准及其相应的编码，才能使各个有关部门从不同方面搜集来的统计信息具有可比性，才可以互相交流、共同使用。同时，也可以使各种统计资料相互补充、相互结合，为进行深入的统计分析研究提供了可能。

(二) 我国已执行的部分统计分类标准简介

1.《全国企业、事业和社会团体代码编制规则》(GB11714-89)

该项国家标准是1989年11月7日由国家技术监督局批准，于1989年12月1日组织实施的。这项标准的内容是对全国的企业、事业单位和社会团体的代码赋予对象、编码办法和管理办法作出具体规定，使全国每一个企业、事业单位和社会团体多能获得一个唯一的、始终不变的法定代码。代码的结构由八位本位码和一位数字(字符)校验码所组成，以适应政府部门对企业、事业单位和社会团体统一管理和实现对有关信息自动化处理的需要。

代码赋予对象包括：根据我国《企业法人登记管理条例》的规定，经登记主管机关核准，具备企业法人条件并依法办理企业法人登记的企业；经各级机构编制由主管机关批准成立的具有法人资格的各类事业单位；经各级社会团体登记主管机关批准成立的具有法人资格的各类社会团体。

2.《国民经济行业分类与代码》(GB/T4754-94)

这项标准是由国家技术监督局1994年7月批准，从1995年4月1日开始实施的。该标准按照基本单位经济活动性质的同一性，将企业、事业单位、机关团体和个体从业人员划分成不同的行业。每一个行业本质上是从事某种或者主要从事某种社会经济活动的所有基本单位的集合体。从理论上讲，划分行业的基本单位应该是产业活动单位，这样才能准确地反映国民经济行业的分布情况。但是，目前我国在实际统计工作中是同时按法人单位和产业活动单位划分的。

《国民经济行业分类与代码》将我国国民经济划分为16个门类、92个大类、368个中类、846个小类，并对每一个类都按层次编制了代码。这16个门类是：

A. 农、林、牧、渔业

B. 采掘业

C. 制造业

D. 电力、煤气及水的生产和供应业

E. 建筑业

F. 地质勘查业、水利管理业

G. 交通运输、仓储及邮电通讯业

H. 批发和零售贸易、餐饮业

I. 金融、保险业

J. 房地产业

K. 社会服务业

L. 卫生、体育和社会福利业

M. 教育、文化艺术及广播电影电视业

N. 科学研究和综合技术服务业

O. 国家机关、政党机关和社会团体

P. 其他行业

该项分类基本接近联合国《国际标准产业分类》(ISIC)中的规定,也比较切合我国产业发展的实际情况。

3.《单位隶属关系代码》(GB12404-90)

这项国家标准是国家技术监督局于1990年颁布实施,它规定了法人单位的隶属关系:

(1) 中央。包括人大常委会、中共中央、国务院各部门及其直属单位等。

(2) 省。包括省、自治区、直辖市的机关及其直属单位。

(3) 地区。包括地区、自治州、盟、省辖市和直辖市辖区的机关及其直属单位。

(4) 县。包括县、地区和自治州及盟的辖市、省辖市辖区、自治县、自治旗、县级市的机关及其直属单位。

(5) 街道。指经国务院批准设置的建制市的市区街道办事处及其管辖的单位。

(6) 镇。指经省、自治区、直辖市人民政府批准设置的建制镇政府及其管辖的单位。

(7) 乡。指乡一级政府及其管辖的单位。

(8) 其他。不隶属于上述各级的企业和单位。

4.《关于划分企业登记注册类型的规定》

该项规定是由国家统计局和国家工商行政管理局 1998 年联合制定颁发的。它以我国工商行政管理部门对企业登记注册的实际类型为基础,将全部企业划分为 3 个大类,16 个中类,部分中类下设若干小类。规定中明确指出了非企业的其他经济组织参照执行。企业登记注册类型具体划分为以下几种:

内资企业

- 国有企业
- 集体企业
- 股份合作企业
- 联营企业
- 有限责任公司
- 股份有限公司
- 私营企业
- 其他企业

港、澳、台商投资企业

- 合资经营企业
- 合作经营企业
- 港、澳、台商独资经营企业
- 港、澳、台商投资股份有限公司

外商投资企业

- 中外合资经营企业

中外合作经营企业
外资企业
外商投资股份有限公司

第三节　国民经济主要统计指标

一、社会生产与使用统计指标

社会再生产过程包括生产、分配、交换和消费四个环节，其中，生产和消费分别是社会再生产过程的首要环节和使用结果。反映社会再生产活动成果和使用结果的主要统计指标是国内生产总值。

国内生产总值是一个国家或一个地区所有常住单位在一定时期内生产和提供的社会最终产品的价值。它反映了一个国家或一个地区的全社会生产活动的最终成果，并且是从总量上衡量国民经济发展规模和水平的基本指标。国内生产总值也是分析国民经济结构、比例关系和宏观经济效益的基础指标。

国内生产总值的统计范围是根据一国的常住单位界定的。所谓常住单位是指在一国经济领土上具有经济利益中心的经济单位（包括企业、事业、行政单位和居民户），而外国和经济领土以外的地区则属于非常住单位。例如，中国的资本在外国开办的企业所生产的最终产品价值不包括在中国的国内生产总值中，而外国资本在中国开办的企业所生产的最终产品价值则应包括在中国的国内生产总值之中。因为中国在国外开办的企业对中国而言属于非常住单位，外国在中国开办的企业对中国则属于常住单位。国内生产总值所反映的社会产品价值，既包括第一、第二产业生产的货物价值，也包括第三产业生产的服务价值。并且，国内生产总值是社会最终产品价值的体现，而不是社会总产品的价值。所谓最终产品，是指在报告期内不再进行加工、可供社会最终使用的产品价值，它是社会总产品扣除中间产品后的余额。

国内生产总值的计算方法有生产法、收入法和支出法三种。

（一）生产法

生产法是从生产角度计算国内生产总值的方法。国民经济各部门在一定时期内生产的总产品价值中，扣除中间投入（既中间消耗）的价值，就得到个部门的增加值，个部门增加值之和就是国内生产总值。其计算公式为：

$$\text{增加值}=\text{总产出}-\text{中间投入} \tag{11-1}$$

$$\text{国内生产总值}=\text{个部门增加值之和} \tag{11-2}$$

（11-1）式中的总产出（即总产值）是指一定时期内生产单位所生产的货物和提供的服务的全部价值，包括中间投入价值和增加价值两部分。总产出一般按生产者价格计算。由于总产出的计算对象不同，因而就有不同的计算方法。各种方法归集如下：

1. 按产品法计算

以产品为对象计算总产值的方法称为产品法，它是一定时期内生产的产品数量与产品单价的乘积。同一产品内部不允许重复计算产值，各种产品之间允许重复计算产值。农业总产值就是按各种农、林、牧、渔产品的产量与相应的单价计算的。例如，牧业产值中猪的产值计算公式为：

$$\text{猪的产值}=\left(\frac{\text{本年净增加头数}}{2}+\text{本年屠宰和调出猪头数}\right)\times\text{猪单价}$$

建筑业总产值是按一定时期内完成的工程进度（工作量）乘以相应的预算单价计算的，也属于按产品法计算之列。建筑业总产值包括建筑工程产值，设备安装工程产值，房屋、构筑物修理产值和非标准设备制造产值。

2. 按工厂法计算

所谓“工厂法”就是以工业企业为对象计算工业总产值的一种

方法。按照这种方法，只计算工业企业在一定时期内完成的产成品价值，对外加工的加工费收入和按规定应该计算的工业企业自制的半成品、在制品期末期初的差额价值。工业企业内部的中间产品价值不允许重复计算，而企业与企业之间则允许重复计算。

3. 按营业收入计算

除上述工农业产品和建筑业产品以外，其余都是服务形态的产品。服务业可分为营利性服务业和非营利性服务业。营利性服务的数量和价格情况比较复杂，不那么直观，不能简单地按数量乘单价的方法来计算总产值，而必须采用按营业收入计算总产值。从某种意义上说，营业收入也可以理解为服务数量与单价的乘积。例如，运输业的营运收入就是按每项运输的吨/公里、人/公里的数量乘以相应的吨/公里、人/公里的运费单价收取的；批发零售贸易业的总产值反映商品买卖活动的总成果，它是商品销售收入减去商品购进价值和外购的运费、装卸搬运费之后的余额，即通常所说的商业毛利再扣除外购运费和装卸搬运费。这部分价值也可以理解为商品销售量与单位商品毛利（即服务价格）的乘积。按营业收入计算总产值的方法适用于第三产业中一切营利性服务单位。

4. 按支出费用计算

非营利性服务单位一般没有经营收入，它们的服务活动成果无论是数量还是价格都难以计算，只能以它们提供服务所发生的费用计算其总产值。非营利性服务单位的总产值包括经常性费用支出和固定资产虚拟折旧费。

(11-1)式中的中间投入是一定时期内生产单位在全部生产活动中消耗的所有货物和服务的价值，也称为中间消耗。计入中间投入的货物和服务的价值，必须具备两个条件：第一，它必须是与总产出相对应的生产过程中消耗的货物和服务；第二，本期消耗的货物必须是不属于固定资产的非耐用品。计入中间投入的货物和服务应该按生产过程中实际使用的数量计算，其价格一般采用实际购进价格。

【例 11-1】 某地区 200×年有关统计资料如下：

农业总产值 3 600 万元，中间消耗 2 900 万元；

工业总产值 7 500 万元，中间消耗 5 500 万元；

建筑业总产值 4 200 万元，中间消耗 3 100 万元；

批发零售贸易业总产值 2 200 万元，中间消耗 1 200 万元；

其他营利性服务业总产值 1 500 万元，中间消耗 730 万元；

非营利性服务业经常性费用支出 300 万元，固定资产虚拟折旧 120 万元，中间消耗 180 万元。

根据上述资料计算得该地区各行业增加值如下：

农业增加值＝3 600－2 900＝700(万元)

工业增加值＝7 500－5 500＝2 000(万元)

建筑业增加值＝4 200－3 100＝1 100(万元)

批发零售贸易业增加值＝2 200－1 200＝1 000(万元)

营利性服务业增加值＝1 500－730＝770(万元)

非营利性服务业增加值＝300＋120－180＝240(万元)

则该地区国内生产总值为：

700＋2 000＋1 100＋1 000＋770＋240＝5 810(万元)

(二) 按收入法计算

收入法也称分配法，是从生产过程创造收入的角度对生产单位生产活动的最终成果进行计算增加值的，即根据生产要素通过生产过程所应得到的收入份额计算增加值，以反映增加值的价值构成。收入法增加值由固定资产折旧、劳动者报酬、生产税净额和营业盈余四个部分组成。其计算公式为：

$$\text{增加值}=\text{固定资产折旧}+\text{劳动者报酬}+\text{生产税净额}+\text{营业盈余} \qquad (11\text{-}3)$$

用收入法计算增加值的主要指标说明如下：

1. 固定资产折旧

固定资产折旧是一定时期内为补偿生产中所消耗的固定资产而从成本费用中提取的价值。在计算增加值的过程中，对固定资产折旧的处理有两种情况：一是实际提取固定资产折旧的生产单位，应将报告期内实际提取的固定资产折旧价值计入增加值中。主要有按年限法提取的固定资产折旧、按产量提取的更新改造基金、油田维护费、补提折旧等项。二是不提取固定资产折旧的单位。这些单位应该采用虚拟折旧的方法计算增加值，即参照与本单位相类似的生产单位提取固定资产折旧的方法，对本单位固定资产虚拟折旧并计入到增加值中。服务部门中的行政机关、事业单位等就属于这类不提取固定资产折旧的单位。城乡居民自有住房也不提取固定资产折旧，同样要计算虚拟房租并计入到房地产业的增加值中，因为房租中包含了房屋的折旧。

2. 劳动者报酬

劳动者报酬是劳动者从事生产活动而从生产单位获得的各种形式的报酬。它包括企业事业单位以工资、福利及其他形式从成本、费用或利润中支付给劳动者个人的报酬。个体劳动者和其他劳动者通过生产经营活动所获得的货币纯收入也属于劳动者报酬。劳动者报酬有以下四种形式：

(1) 工资。工资是指企业、事业单位以工资形式支付给劳动者个人的劳动报酬，包括计时工资、计件工资、奖金、津贴和补贴、加班加点工资、特殊情况下支付的工资等。不管在什么会计科目下支付，工资应该按企业、事业单位在报告期内应付给职工的全部工资总额计算。

(2) 福利。福利是生产单位在报告期内对劳动者应付的福利及社会保险费。具体包括生产单位向劳动者、政府和保险部门应付的职工福利费、劳动保险费、待业保险费以及从税后利润中提取的公益金。但是，从职工福利费中支付给医务人员、后勤人员的工资不能与工资项目重复计算。

(3) 实物性收入。实物性收入是指农民自产并用于个人消费的农副产品的价值，以及劳动者从生产单位得到的用于个人消费的免费或低于市场价格的实物价值。

(4) 其他。其他是指不属于上述内容而由企业、事业单位从利润或成本费用中支付给劳动者个人相当于工资性质的劳动报酬。具体包括误餐补助、冬季取暖肥、工会经费以及职工差旅费中支付给个人的部分。但是，这部分不得与上述工资和福利项目重复。

在计算劳动者报酬时，必须划清实物收入与中间消耗的界限。例如，某生产单位为本单位从事生产活动的劳动者提供货物和服务，从而使他们的实际生活有所改善和提高，而这些货物和服务又是其他普通消费者可以在市场上购买的，那么，这些货物和服务就属于劳动者的实物性收入。如果生产单位为劳动者购买货物和提供服务是为了保证本单位生产活动的正常进行，则应属于中间投入。

3. 生产税净额

生产税净额是各生产单位应该向政府缴纳的生产税与政府向各生产单位支付的生产补贴相抵后的差额。

生产税是政府向各生产单位征收的生产、销售、购买、使用货物和服务的税金和规费。根据生产税征收的形式及来源分，目前我国的生产税分为以下三类：

(1) 销售税金。销售税金是国家对生产单位的生产、销售产品和从事经营活动所征收的税金，它包括增值税、各种农牧业税、营业税、资源税、进出口关税、城市建设维护税等。

(2) 进成本税。进成本税是国家对生产单位从事生产经营活动所使用的某项固定资产或针对某项活动而征收的税，这部分税都列支生产单位的成本费用中。主要包括车船使用牌照税、房产税、印花税、土地使用税以及烧油特别税等。

(3) 各种附加和规费。附加和规费是国家为发展某些公用事业和公用设施对生产单位所征收的一些固定费用。目前我国征收的附加和规费主要有教育费附加和某些地方征收的电费附加、水费附加、排污费和养路费等。

政府向生产单位支付的补贴是指国家对生产单位在生产和销售过程中，由于政策性原因而产生的亏损所作的单方面转移。补贴通常包括对企业的政策性亏损补贴、对粮食企业的价格补贴等。补贴作为负税处理。

特别需要注意的是，销售税金中的增值税是价外税，因此，无论是总产出还是中间消耗中都不包含增值税。然而，增值税是增加值的重要组成部分，为了准确反映生产活动成果，在按生产法计算增加值时，必须加上应交增值税；在按收入法计算增加值时，在生产税净额中也要加上应交增值税。应交增值税的计算公式为：

$$\text{报告期应交增值税}=\text{销项税额}-\left(\text{进项税额}-\text{出口退税}-\text{进项税额转出}\right) \qquad (11\text{-}4)$$

4. 营业盈余

营业盈余是从总产出中扣除中间投入、固定资产折旧、劳动者报酬、生产税净额后的余额。营业盈余实质上是企业、事业单位所创造的增加值在扣除对固定资产损耗进行价值补偿、对劳动者进行分配、上缴国家生产税和规费以后所余下的份额。营业盈余不同于会计指标中的营业利润，它是一个平衡项，其计算公式为：

$$\text{营业盈余}=\text{总产出}-\text{中间投入}-\text{固定资产折旧}-\text{劳动者报酬}-\text{生产税净额} \qquad (11\text{-}5)$$

【例 10-2】 根据例[10-1]资料可得该地区总产出为 19 420 万元，中间消耗为 13 610 万元。其他统计资料如下：全社会固定资产折旧额 800 万元(含虚拟折旧)，全社会劳动者报酬 1 640 万元，生产税 950 万元，财政补贴 80 万元，则该地区的营业盈余为：

营业盈余＝19 420－13 610－1 640－800－(950－80)＝2 500(万元)

按收入法计算的该地区国内生产总值为：

国内生产总值＝800＋1 640＋(950－80)＋2500＝5 810(万元)

(三) 支出法

支出法是从最终使用的角度来计算国内生产总值的方法，它反映了社会最终产品的使用结果。一定时期的国内生产总值的最终使用包括最终消费、资本形成总额和净出口三部分。将这三部分价值相加即得国内生产总值。其计算公式为：

国内生产总值＝最终消费＋资本形成总额＋净出口　　(11-6)

1. 最终消费

最终消费是指一定时期内最终用于居民消费和政府消费的货物和服务价值。其中，居民消费总额包括商品性消费、自给性消费、生活服务性消费、住房及水电气消费、企事业单位为个人支付的医疗保健费、保险费、对所获实物性报酬的消费；政府消费主要是指一定时期内对公共货物和服务的消费。政府消费等于政府财政支出的有关行政费用支出科目，扣除其中不属于政府消费的设备购置费和人民助学金，加上行政事业单位的固定资产虚拟折旧。

2. 资本形成总额

资本形成总额指常驻单位在报告期内对固定资产和存货的投资支出合计，包括固定资本形成总额和存货增加两项。

(1) 固定资本形成总额指常驻单位在报告期内购置、转入和建造的固定资产，扣除旧固定资产的销售和转让后的价值。固定资本形成总额可分为有形固定资本形成总额和无形固定资本形成总额。有形固定资本形成总额包括在报告期内完成的建筑工程、设备安装工程和设备工具器具购置的价值，以及土地改良、新增役、种、奶、毛、娱乐用牲畜、新增经济林木价值和与非生产资产所有权转移有关的费用。无形固定资本形成总额包括矿藏勘探的支出、计算机软件、娱乐和文学艺术品原件等的价值。

(2) 存货增加指常驻单位在报告期内入库货物的价值和出库货物价值的差额，也就是存货的期末价值减期初价值的差额。存货增加可以是正值，也可以是负值，正值表示存货增加，负值表示存货减少。存货包括生产单位从其他单位购买的原材料、燃料和储备物资以及生产单位生产的产成品、在制品和半成品等。

3. 净出口

净出口是指货物和服务的出口价值减去进口价值后的差额。货物和服务的出口和进口都按离岸价格计算。

支出法是一种从宏观角度计算国内生产总值的方法，这是它与生产法、分配法的重要区别。生产法和分配法都是从常驻单位和国民经济各行业的增加值开始计算，然后汇总得到国内生产总值，而支出法确定最终消费、资本形成总额、净出口都是从全社会角度出发，直接计算国内生产总值的。

用生产法、分配法和支出法计算国内生产总值，在理论上其结果应该相等，称为三面等值。但是，由于资料来源不同，在实际工作中，这三种方法的计算结果往往会有一些差异，这种差异被称为统计误差。

国内生产总值中包括了固定资产折旧。固定资产折旧是固定资产在使用中由于磨损而转移到产品中去的价值，因此，国内生产总值是增加的价值，而不是新创造的价值。为反映一定时期内新创造的价值，必须计算国内生产净值，即将国内生产总值扣除其中的固定资产折旧就得到所需要的国内生产净值。

二、国民收入与分配统计指标

(一) 国民生产总值

国民生产总值是指一个国家或地区在一定时期内国内生产总值与来自国外的尽要素收入之和,反映了一个国家或地区常驻单位原始收入的总和。值得注意的是:国民生产总值是一个收入概念,而不是一个生产概念,因此,国民生产总值也称为国民总收入。国民生产总值的计算公式为:

$$\text{国民生产总值}=\text{国内生产总值}+\text{来自国外的要素收入}-\text{国外从本国获得的要素收入} \quad (11\text{-}7)$$

式中,来自国外的要素收入是本国的常驻单位从国外(即非常驻单位)获得的劳动报酬、进口税和财产收入(包括利润、利息和税金等);国外从本国获得的要素收入是国外(即非常住单位)从本国的常住单位获得的劳动报酬、进口税和财产收入。来自国外的要素收入与国外从本国获得的要素收入之差称为来自国外的净要素收入。

国民生产总值是与国内生产总值相对应的、反映国民总收入分配的统计指标。按收入法计算的国内生产总值,其收入构成项目分别归入政府、企业、居民部门。生产税净额为政府所得,固定资产折旧和营业盈余为企业所得,劳动者报酬为居民所得。因此,国内生产总值反映了社会最终产品在常住单位(即政府、企业居民)初次分配中的关系。国民生产总值把社会最终产品初次分配范围扩大到非常住单位,因为本国常住单位获得的原始收入有一部分要分配给非常住单位,相应的,国外生产的一部分原始收入也同样要分配给本国常住单位。国内生产总值的有关构成项目减去本国常住单位分配给非常住单位的原始收入,加上非常住单位分配给常住单位的原始收入后,国内生产总值中的劳动者报酬、生产税净额、营业盈余数值都会有增有减,调整后的总量就形成了国民生产总值。因此，国民生产总值的构成项目可以更确切地反映政府、企业、居民三者初次分配的关系。

国民生产总值扣除固定资产折旧后的余额就称为国民生产净值，也称国民净收入。

（二）国民可支配收入

国民可支配收入是指本国在一定时期内的原始收入，经过分配再分配后可作为社会最终使用的收入。它反映了社会最终产品最终分配的结果。这里的国民生产总值的再分配是指经常转移收支，包括所得税、财产税及经常性财政拨款、社会保险及赔偿、社会福利、无偿捐赠等。各部门的原始收入加上经常转移收入净额后，形成各部门的可支配收入，反映经过再分配后各部门可供最终使用的国民收入。由于在一个国家或一个地区内部各部门之间的经常性转移收支是相互抵销的，不会改变国民可支配收入的总量，因此，国民可支配收入只包括常住单位与非常住单位之间的收支转移。例如，向国外征收或交纳的所得税，与国际组织和国外之间的相互援助和捐赠，以及本国居民与国外亲友之间的相互捐赠等。国民可支配收入可以按总额计算，也可以按净额计算。其计算公式为：

国民可支配收入（总额）＝国民生产总值＋来自国外的经常转移－支付给国外的经常转移

国民可支配收入（净额）＝国民生产净值＋来自国外的经常转移－支付给国外的经常转移

或

国民可支配收入（净额）＝国民可支配收入（总额）－固定资产折旧

【例 10-3】 某地区 2000 年统计资料如下：国内生产总值为 3 052 090万元，来自国外的要素收入为 86 527 万元，支付给国外的要素收入为 39 251 万元，固定资产折旧为 419 019 万元，来自国外的经常转移收入为 1 393 万元，支付给国外的经常转移支出为

9 498万元，则该地区的国民生产总值和国民可支配收入如下：

国民生产总值＝3 052 090＋86 527－39 251＝3 099 366(万元)

国民生产净值＝3 099 366－419 019＝2 680 347(万元)

国民可支配收入(总额)＝3 099 366＋1 393－9 498＝3 091 261(万元)

国民可支配收入(净额)＝2 680 347＋1 393－9 498＝2 672 242(万元)

三、国民经济效益统计指标

经济效益是经济活动中投入与产出之间的数量对比关系。国民经济效益是在一定时期内整个国民经济运行过程中总投入与总产出之间的数量比例关系，是宏观经济效益，是国民经济各部门、各环节整体综合作用的结果。其主要指标有：

1. 社会总成本增加值率

社会总成本增加值率＝国内生产总值/社会总成本

2. 社会总成本利税率

社会总成本利税率＝利税总额/社会总成本

3. 社会劳动生产率

$$\text{社会劳动生产率}=\frac{\text{国内生产总值(或社会总产值)}}{\text{社会劳动者平均人数}}$$

4. 社会生产中间消耗率

$$\text{社会生产中间消耗率}=\frac{\text{全社会消耗中间产品价值}}{\text{社会总产出}}$$

5. 每万元国内生产总值消耗的能源

$$\text{每万元国内生产总值消耗的能源}=\frac{\text{报告期生产部门标准能源消耗量}}{\text{报告期国内生产总值}}$$

6. 资金利税率

$$\text{资金利税率}=\frac{\text{报告期上缴利税额}}{\text{报告期资金占用量}}$$

7. 固定资产投资效果系数

$$\text{固定资产投资效果系数}=\frac{\text{报告期国内生产总值增加额}}{\text{报告期固定资产投资完成额}}$$

8. 技术进步经济效益

$$\text{技术进步经济效益}=\frac{\text{报告期国内生产总值增长额}}{\text{报告期固定资产增长额}+\text{报告期流动资金增长额}}$$

复习思考题

1. 什么是基本单位？划分机构单位和产业活动单位有什么意义？
2. 简述统计分类标准的特点。
3. 什么是增加值？增加值有几种计算方法？
4. 什么是总产出？总产出有几种计算方法？

附表一

标准正态分布表

$$\Phi(z)=\int_{-\infty}^{z}\frac{1}{\sqrt{2\pi}}e^{-u^2/2}\,du=P(Z\leqslant z)$$

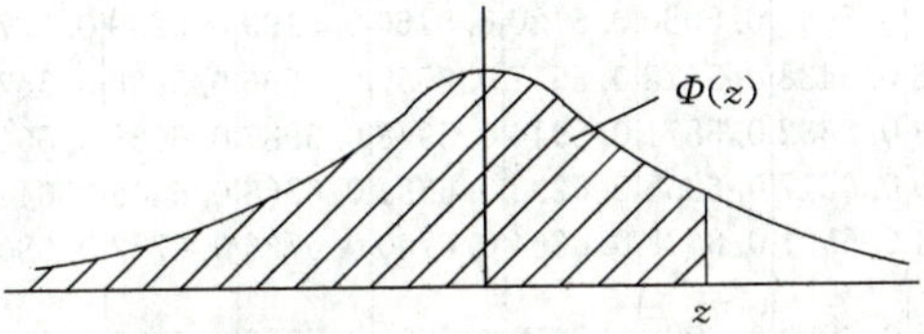

z	0	1	2	3	4	5	6	7	8	9
−3.0	0.0013	0.0010	0.0007	0.0005	0.0003	0.0002	0.0002	0.0001	0.0001	0.0000
−2.9	0.0019	0.0018	0.0017	0.0017	0.0016	0.0016	0.0015	0.0015	0.0014	0.0014
−2.8	0.0026	0.0025	0.0024	0.0023	0.0023	0.0022	0.0021	0.0021	0.0020	0.0019
−2.7	0.0035	0.0034	0.0033	0.0032	0.0031	0.0030	0.0029	0.0028	0.0027	0.0026
−2.6	0.0047	0.0045	0.0044	0.0043	0.0041	0.0040	0.0039	0.0038	0.0037	0.0036
−2.5	0.0062	0.0060	0.0059	0.0057	0.0055	0.0054	0.0052	0.0051	0.0049	0.0048
−2.4	0.0082	0.0080	0.0078	0.0075	0.0073	0.0071	0.0069	0.0068	0.0066	0.0064
−2.3	0.0107	0.0104	0.0102	0.0099	0.0096	0.0094	0.0091	0.0089	0.0087	0.0084
−2.2	0.0139	0.0136	0.0132	0.0129	0.0126	0.0122	0.0119	0.0116	0.0113	0.0110
−2.1	0.0179	0.0174	0.0170	0.0166	0.0162	0.0158	0.0154	0.0150	0.0146	0.0143
−2.0	0.0228	0.0222	0.0217	0.0212	0.0207	0.0202	0.0197	0.0192	0.0188	0.0183
−1.9	0.0287	0.0281	0.0274	0.0268	0.0262	0.0256	0.0250	0.0244	0.0238	0.0233
−1.8	0.0359	0.0352	0.0344	0.0336	0.0329	0.0322	0.0314	0.0307	0.0300	0.0294
−1.7	0.0446	0.0436	0.0427	0.0418	0.0409	0.0401	0.0392	0.0384	0.0375	0.0367
−1.6	0.0548	0.0537	0.0526	0.0516	0.0505	0.0495	0.0485	0.0475	0.0465	0.0455
−1.5	0.0668	0.0655	0.0643	0.0630	0.0618	0.0606	0.0594	0.0582	0.0570	0.0559
−1.4	0.0808	0.0793	0.0778	0.0764	0.0749	0.0735	0.0722	0.0708	0.0694	0.0681
−1.3	0.0968	0.0951	0.0934	0.0918	0.0901	0.0885	0.0869	0.0853	0.0838	0.0823
−1.2	0.1151	0.1131	0.1112	0.1093	0.1075	0.1056	0.1038	0.1020	0.1003	0.0985
−1.1	0.1357	0.1335	0.1314	0.1292	0.1271	0.1251	0.1230	0.1210	0.1190	0.1170
−1.0	0.1587	0.1562	0.1539	0.1515	0.1492	0.1469	0.1446	0.1423	0.1401	0.1379
−0.9	0.1841	0.1814	0.1788	0.1762	0.1736	0.1711	0.1685	0.1660	0.1635	0.1611
−0.8	0.2119	0.2090	0.2061	0.2033	0.2005	0.1977	0.1949	0.1922	0.1894	0.1867
−0.7	0.2420	0.2389	0.2358	0.2327	0.2297	0.2266	0.2236	0.2206	0.2177	0.2148
−0.6	0.2743	0.2709	0.2676	0.2643	0.2611	0.2578	0.2546	0.2514	0.2483	0.2451
−0.5	0.3085	0.3050	0.3015	0.2981	0.2946	0.2912	0.2877	0.2843	0.2810	0.2776
−0.4	0.3446	0.3409	0.3372	0.3336	0.3300	0.3264	0.3228	0.3192	0.3156	0.3121
−0.3	0.3821	0.3783	0.3745	0.3707	0.3669	0.3632	0.3594	0.3557	0.3520	0.3483
−0.2	0.4207	0.4168	0.4129	0.4090	0.4052	0.4013	0.3974	0.3936	0.3897	0.3859
−0.1	0.4602	0.4562	0.4522	0.4483	0.4443	0.4404	0.4364	0.4325	0.4286	0.4247
−0.0	0.5000	0.4960	0.4920	0.4880	0.4840	0.4801	0.4761	0.4721	0.4681	0.4641

续表

z	0	1	2	3	4	5	6	7	8	9
0.0	0.5000	0.5040	0.5080	0.5120	0.5160	0.5199	0.5239	0.5279	0.5319	0.5359
0.1	0.5398	0.5438	0.5478	0.5517	0.5557	0.5596	0.5636	0.5675	0.5714	0.5753
0.2	0.5793	0.5832	0.5871	0.5910	0.5948	0.5987	0.6026	0.6064	0.6103	0.6141
0.3	0.6179	0.6217	0.6255	0.6293	0.6331	0.6368	0.6406	0.6443	0.6480	0.6517
0.4	0.6554	0.6591	0.6628	0.6664	0.6700	0.6736	0.6772	0.6808	0.6844	0.6879
0.5	0.6915	0.6950	0.6985	0.7019	0.7054	0.7088	0.7123	0.7157	0.7190	0.7224
0.6	0.7257	0.7291	0.7324	0.7357	0.7389	0.7422	0.7454	0.7486	0.7517	0.7549
0.7	0.7580	0.7611	0.7642	0.7673	0.7703	0.7734	0.7764	0.7794	0.7823	0.7852
0.8	0.7881	0.7910	0.7939	0.7967	0.7995	0.8023	0.8051	0.8078	0.8106	0.8133
0.9	0.8159	0.8186	0.8212	0.8238	0.8264	0.8289	0.8315	0.8340	0.8365	0.8389
1.0	0.8413	0.8438	0.8461	0.8485	0.8508	0.8531	0.8554	0.8577	0.8599	0.8621
1.1	0.8643	0.8665	0.8686	0.8708	0.8729	0.8749	0.8770	0.8790	0.8810	0.8830
1.2	0.8849	0.8869	0.8888	0.8907	0.8925	0.8944	0.8962	0.8980	0.8997	0.9015
1.3	0.9032	0.9049	0.9066	0.9082	0.9099	0.9115	0.9131	0.9147	0.9162	0.9177
1.4	0.9192	0.9207	0.9222	0.9236	0.9251	0.9265	0.9278	0.9292	0.9306	0.9319
1.5	0.9332	0.9345	0.9357	0.9370	0.9382	0.9394	0.9406	0.9418	0.9430	0.9441
1.6	0.9452	0.9463	0.9474	0.9484	0.9495	0.9505	0.9515	0.9525	0.9535	0.9545
1.7	0.9554	0.9564	0.9573	0.9582	0.9591	0.9599	0.9608	0.9616	0.9625	0.9633
1.8	0.9641	0.9648	0.9656	0.9664	0.9671	0.9678	0.9686	0.9693	0.9700	0.9706
1.9	0.9713	0.9719	0.9726	0.9732	0.9738	0.9744	0.9750	0.9756	0.9762	0.9767
2.0	0.9772	0.9778	0.9783	0.9788	0.9793	0.9798	0.9803	0.9808	0.9812	0.9817
2.1	0.9821	0.9826	0.9830	0.9834	0.9838	0.9842	0.9846	0.9850	0.9854	0.9857
2.2	0.9861	0.9864	0.9868	0.9871	0.9874	0.9878	0.9881	0.9884	0.9887	0.9890
2.3	0.9893	0.9896	0.9898	0.9901	0.9904	0.9906	0.9909	0.9911	0.9913	0.9916
2.4	0.9918	0.9920	0.9922	0.9925	0.9927	0.9929	0.9931	0.9932	0.9934	0.9936
2.5	0.9938	0.9940	0.9941	0.9943	0.9945	0.9946	0.9948	0.9949	0.9951	0.9952
2.6	0.9953	0.9955	0.9956	0.9957	0.9959	0.9960	0.9961	0.9962	0.9963	0.9964
2.7	0.9965	0.9966	0.9967	0.9968	0.9969	0.9970	0.9971	0.9972	0.9973	0.9974
2.8	0.9974	0.9975	0.9976	0.9977	0.9977	0.9978	0.9979	0.9979	0.9980	0.9981
2.9	0.9981	0.9982	0.9982	0.9983	0.9984	0.9984	0.9985	0.9985	0.9986	0.9986
3.0	0.9987	0.9990	0.9993	0.9995	0.9997	0.9998	0.9998	0.9999	0.9999	1.0000

附表二

标准正态分布概率度表

t	$F(t)$	t	$F(t)$	t	$F(t)$	t	$F(t)$
0.00	0.0000	0.33	0.2586	0.66	0.4907	0.99	0.6778
0.01	0.0080	0.34	0.2661	0.67	0.4971	1.00	0.6827
0.02	0.0160	0.35	0.2737	0.68	0.5035	1.01	0.6875
0.03	0.0239	0.36	0.2812	0.69	0.5098	1.02	0.6923
0.04	0.0319	0.37	0.2886	0.70	0.5161	1.03	0.6970
0.05	0.0399	0.38	0.2961	0.71	0.5223	1.04	0.7017
0.06	0.0478	0.39	0.3035	0.72	0.5285	1.05	0.7063
0.07	0.0558	0.40	0.3108	0.73	0.5346	1.06	0.7109
0.08	0.0638	0.41	0.3182	0.74	0.5407	1.07	0.7154
0.09	0.0717	0.42	0.3255	0.75	0.5467	1.08	0.7199
0.10	0.0797	0.43	0.3328	0.76	0.5527	1.09	0.7243
0.11	0.0876	0.44	0.3401	0.77	0.5587	1.10	0.7287
0.12	0.0955	0.45	0.3473	0.78	0.5646	1.11	0.7330
0.13	0.1034	0.46	0.3545	0.79	0.5705	1.12	0.7373
0.14	0.1113	0.47	0.3616	0.80	0.5763	1.13	0.7415
0.15	0.1192	0.48	0.3688	0.81	0.5821	1.14	0.7457
0.16	0.1271	0.49	0.3759	0.82	0.5878	1.15	0.7499
0.17	0.1350	0.50	0.3829	0.83	0.5935	1.16	0.7540
0.18	0.1428	0.51	0.3899	0.84	0.5991	1.17	0.7580
0.19	0.1507	0.52	0.3969	0.85	0.6047	1.18	0.7620
0.20	0.1585	0.53	0.4039	0.86	0.6102	1.19	0.7660
0.21	0.1663	0.54	0.4108	0.87	0.6157	1.20	0.7699
0.22	0.1741	0.55	0.4177	0.88	0.6211	1.21	0.7737
0.23	0.1819	0.56	0.4245	0.89	0.6265	1.22	0.7775
0.24	0.1897	0.57	0.4313	0.90	0.6319	1.23	0.7813
0.25	0.1974	0.58	0.4381	0.91	0.6372	1.24	0.7850
0.26	0.2051	0.59	0.4448	0.92	0.6424	1.25	0.7887
0.27	0.2128	0.60	0.4515	0.93	0.6476	1.26	0.7923
0.28	0.2205	0.61	0.4581	0.94	0.6528	1.27	0.7959
0.29	0.2282	0.62	0.4647	0.95	0.6579	1.28	0.7995
0.30	0.2358	0.63	0.4713	0.96	0.6629	1.29	0.8030
0.31	0.2434	0.64	0.4778	0.97	0.6680	1.30	0.8064
0.32	0.2510	0.65	0.4843	0.98	0.6729	1.31	0.8098

续表

t	F(t)	t	F(t)	t	F(t)	t	F(t)
1.32	0.8132	1.65	0.9011	1.98	0.9523	2.62	0.9912
1.33	0.8165	1.66	0.9031	1.99	0.9534	2.64	0.9917
1.34	0.8198	1.67	0.9051	2.00	0.9545	2.66	0.9922
1.35	0.8230	1.68	0.9070	2.02	0.9566	2.68	0.9926
1.36	0.8262	1.69	0.9090	2.04	0.9587	2.70	0.9931
1.37	0.8293	1.70	0.9109	2.06	0.9606	2.72	0.9935
1.38	0.8324	1.71	0.9127	2.08	0.9625	2.74	0.9939
1.39	0.8355	1.72	0.9146	2.10	0.9643	2.76	0.9942
1.40	0.8385	1.73	0.9164	2.12	0.9660	2.78	0.9946
1.41	0.8415	1.74	0.9181	2.14	0.9676	2.80	0.9949
1.42	0.8444	1.75	0.9199	2.16	0.9692	2.82	0.9952
1.43	0.8473	1.76	0.9216	2.18	0.9707	2.84	0.9955
1.44	0.8501	1.77	0.9233	2.20	0.9722	2.86	0.9958
1.45	0.8529	1.78	0.9249	2.22	0.9736	2.88	0.9960
1.46	0.8557	1.79	0.9265	2.24	0.9749	2.90	0.9962
1.47	0.8584	1.80	0.9281	2.26	0.9762	2.92	0.9965
1.48	0.8611	1.81	0.9297	2.28	0.9774	2.94	0.9967
1.49	0.8638	1.82	0.9312	2.30	0.9786	2.96	0.9969
1.50	0.8664	1.83	0.9328	2.32	0.9797	2.98	0.9971
1.51	0.8690	1.84	0.9342	2.34	0.9807	3.00	0.9973
1.52	0.8715	1.85	0.9357	2.36	0.9817	3.20	0.9936
1.53	0.8740	1.86	0.9371	2.38	0.9827	3.40	0.9993
1.54	0.8764	1.87	0.9385	2.40	0.9836	3.60	0.99968
1.55	0.8789	1.88	0.9399	2.42	0.9845	3.80	0.99986
1.56	0.8812	1.89	0.9412	2.44	0.9853	4.00	0.99994
1.57	0.8836	1.90	0.9426	2.46	0.9861	4.50	0.999993
1.58	0.8859	1.91	0.9439	2.48	0.9869	5.00	0.999999
1.59	0.8882	1.92	0.9451	2.50	0.9876		
1.60	0.8904	1.93	0.9464	2.52	0.9883		
1.61	0.8926	1.94	0.9476	2.54	0.9889		
1.62	0.8948	1.95	0.9488	2.56	0.9895		
1.63	0.8969	1.96	0.9500	2.58	0.9901		
1.64	0.8990	1.97	0.9512	2.60	0.9907		

附表三

t检验临界值表

α	单侧	0.100	0.050	0.025	0.010	0.005
	双侧	0.200	0.100	0.050	0.020	0.010
自由度数m	1	3.078	6.31	12.71	31.82	63.66
	2	1.89	2.92	4.30	6.96	9.92
	3	1.64	2.35	3.18	4.54	5.84
	4	1.53	2.13	2.78	3.75	4.60
	5	1.48	2.02	2.57	3.37	4.03
	6	1.44	1.94	2.45	3.14	3.71
	7	1.41	1.89	2.37	3.00	3.50
	8	1.40	1.86	2.31	2.90	3.36
	9	1.38	1.83	2.26	2.82	3.25
	10	1.37	1.81	2.23	2.76	3.17
	11	1.36	1.80	2.20	2.72	3.11
	12	1.36	1.78	2.18	2.68	3.05
	13	1.35	1.77	2.16	2.65	3.01
	14	1.35	1.76	2.14	2.62	2.98
	15	1.34	1.75	2.13	2.60	2.95
	16	1.34	1.75	2.12	2.58	2.92
	17	1.33	1.74	2.11	2.57	2.90
	18	1.33	1.73	2.10	2.55	2.88
	19	1.33	1.73	2.09	2.54	2.86
	20	1.33	1.72	2.09	2.53	2.85
	21	1.32	1.72	2.08	2.52	2.83
	22	1.32	1.72	2.07	2.51	2.82
	23	1.32	1.71	2.07	2.50	2.81
	24	1.32	1.71	2.06	2.49	2.80
	25	1.32	1.71	2.06	2.49	2.79
	26	1.31	1.71	2.06	2.48	2.78
	27	1.31	1.70	2.05	2.47	2.77
	28	1.31	1.70	2.05	2.47	2.76
	29	1.31	1.70	2.05	2.46	2.76
	30	1.31	1.70	2.04	2.46	2.75
	40	1.30	1.68	2.02	2.42	2.70
	60	1.30	1.67	2.00	2.39	2.66
	120	1.29	1.66	1.98	2.36	2.62
	∞	1.28	1.64	1.96	2.33	2.58

附表四

F 分布表

$$P\{F(n_1,n_2)>F_\alpha(n_1,n_2)\}=\alpha$$

$$\alpha=0.10$$

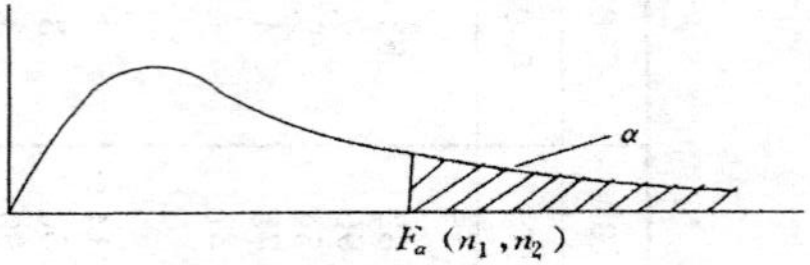

n_2 \ n_1	1	2	3	4	5	6	7	8	9	10	12	15	20	24	30	40	60	120	∞
1	39.86	49.50	53.59	55.83	57.24	58.20	58.91	59.44	59.86	60.19	60.71	61.22	61.74	62.00	62.26	62.53	62.79	63.06	63.33
2	8.53	9.00	9.16	9.24	9.29	9.33	9.35	9.37	9.38	9.39	9.41	9.42	9.44	9.45	9.46	9.47	9.47	9.48	9.49
3	5.54	5.46	5.39	5.34	5.31	5.28	5.27	5.25	5.24	5.23	5.22	5.20	5.18	5.18	5.17	5.16	5.15	5.14	5.13
4	4.54	4.32	4.19	4.11	4.05	4.01	3.98	3.95	3.94	3.92	3.90	3.87	3.84	3.83	3.82	3.80	3.79	3.78	3.76
5	4.06	3.78	3.62	3.52	3.45	3.40	3.37	3.34	3.32	3.30	3.27	3.24	3.21	3.19	3.17	3.16	3.14	3.12	3.10
6	3.78	3.46	3.29	3.18	3.11	3.05	3.01	2.98	2.96	2.94	2.90	2.87	2.84	2.82	2.80	2.78	2.76	2.74	2.72
7	3.59	3.26	3.07	2.96	2.88	2.83	2.78	2.75	2.72	2.70	2.67	2.63	2.59	2.58	2.56	2.54	2.51	2.49	2.47
8	3.46	3.11	2.92	2.81	2.73	2.67	2.62	2.59	2.56	2.54	2.50	2.46	2.42	2.40	2.38	2.36	2.34	2.32	2.29
9	3.36	3.01	2.81	2.69	2.61	2.55	2.51	2.47	2.44	2.42	2.38	2.34	2.30	2.28	2.25	2.23	2.21	2.18	2.16
10	3.29	2.92	2.73	2.61	2.52	2.46	2.41	2.38	2.35	2.32	2.28	2.24	2.20	2.18	2.16	2.13	2.11	2.08	2.06
11	3.23	2.86	2.66	2.54	2.45	2.39	2.34	2.30	2.27	2.25	2.21	2.17	2.12	2.10	2.08	2.05	2.03	2.00	1.97
12	3.18	2.81	2.61	2.48	2.39	2.33	2.28	2.24	2.21	2.19	2.15	2.10	2.06	2.04	2.01	1.99	1.96	1.93	1.90
13	3.14	2.76	2.56	2.43	2.35	2.28	2.23	2.20	2.16	2.14	2.10	2.05	2.01	1.98	1.96	1.93	1.90	1.88	1.85
14	3.10	2.73	2.52	2.39	2.31	2.24	2.19	2.15	2.12	2.10	2.05	2.01	1.96	1.94	1.91	1.89	1.86	1.83	1.80
15	3.07	2.70	2.49	2.39	2.27	2.21	2.16	2.12	2.09	2.06	2.02	1.97	1.92	1.90	1.87	1.85	1.82	1.79	1.76
16	3.05	2.67	2.46	2.33	2.24	2.18	2.13	2.09	2.06	2.03	1.99	1.94	1.89	1.87	1.84	1.81	1.78	1.75	1.72
17	3.03	2.64	2.44	2.31	2.22	2.15	2.10	2.06	2.03	2.00	1.96	1.91	1.86	1.84	1.81	1.78	1.75	1.72	1.69
18	3.01	2.62	2.42	2.29	2.20	2.13	2.08	2.04	2.00	1.98	1.93	1.89	1.84	1.81	1.78	1.75	1.72	1.69	1.66
19	2.99	2.61	2.40	2.27	2.18	2.11	2.06	2.02	1.98	1.96	1.91	1.86	1.81	1.79	1.76	1.73	1.70	1.67	1.63

20	2.97	2.59	2.38	2.25	2.16	2.09	2.04	2.00	1.96	1.94	1.89	1.84	1.79	1.77	1.74	1.71	1.68	1.64	1.61
21	2.96	2.57	2.36	2.23	2.14	2.08	2.02	1.98	1.95	1.92	1.87	1.83	1.78	1.75	1.72	1.69	1.66	1.62	1.59
22	2.95	2.56	2.35	2.22	2.13	2.06	2.01	1.97	1.93	1.90	1.86	1.81	1.76	1.73	1.70	1.67	1.64	1.60	1.57
23	2.94	2.55	2.34	2.21	2.11	2.05	1.99	1.95	1.92	1.89	1.84	1.80	1.74	1.72	1.69	1.66	1.62	1.59	1.55
24	2.93	2.54	2.33	2.19	2.10	2.04	1.98	1.94	1.91	1.88	1.83	1.78	1.73	1.70	1.67	1.64	1.61	1.57	1.53
25	2.92	2.53	2.32	2.18	2.09	2.02	1.97	1.93	1.89	1.87	1.82	1.77	1.72	1.69	1.66	1.63	1.59	1.56	1.52
26	2.91	2.52	2.31	2.17	2.08	2.01	1.96	1.92	1.88	1.86	1.81	1.76	1.71	1.68	1.65	1.61	1.58	1.54	1.50
27	2.90	2.51	2.30	2.17	2.07	2.00	1.95	1.91	1.87	1.85	1.80	1.75	1.70	1.67	1.64	1.60	1.57	1.53	1.49
28	2.89	2.50	2.29	2.16	2.06	2.00	1.94	1.90	1.87	1.84	1.79	1.74	1.69	1.66	1.63	1.59	1.56	1.52	1.48
29	2.89	2.50	2.28	2.15	2.06	1.99	1.93	1.89	1.86	1.83	1.78	1.73	1.68	1.65	1.62	1.58	1.55	1.51	1.47
30	2.88	2.49	2.28	2.14	2.05	1.98	1.93	1.88	1.85	1.82	1.77	1.72	1.67	1.64	1.61	1.57	1.54	1.50	1.46
40	2.84	2.44	2.23	2.09	2.00	1.93	1.87	1.83	1.79	1.76	1.71	1.66	1.61	1.57	1.54	1.51	1.47	1.42	1.38
60	2.79	2.39	2.18	2.04	1.95	1.87	1.82	1.77	1.74	1.71	1.66	1.60	1.54	1.51	1.48	1.44	1.40	1.35	1.29
120	2.75	2.35	2.13	1.99	1.90	1.82	1.77	1.72	1.68	1.65	1.60	1.55	1.48	1.45	1.41	1.37	1.32	1.26	1.19
∞	2.71	2.30	2.08	1.94	1.85	1.77	1.72	1.67	1.63	1.60	1.55	1.49	1.42	1.38	1.34	1.30	1.24	1.17	1.00

$\alpha=0.05$

1	161.4	199.5	215.7	224.6	230.2	234.0	236.8	238.9	240.5	241.9	243.9	245.9	248.0	249.1	250.1	251.1	252.2	253.3	254.3
2	18.51	19.00	19.16	19.25	19.30	19.33	19.35	19.37	19.38	19.40	19.41	19.43	19.45	19.45	19.46	19.47	19.48	19.49	19.50
3	10.13	9.55	9.28	9.12	9.01	8.94	8.89	8.85	8.81	8.79	8.74	8.70	8.66	8.64	8.62	8.59	8.57	8.55	8.53
4	7.71	6.94	6.59	6.39	6.26	6.16	6.09	6.04	6.00	5.96	5.91	5.86	5.80	5.77	5.75	5.72	5.69	5.66	5.63
5	6.61	5.79	5.41	5.19	5.05	4.95	4.88	4.82	4.77	4.74	4.68	4.62	4.56	4.53	4.50	4.46	4.43	4.40	4.36
6	5.99	5.14	4.76	4.53	4.39	4.28	4.21	4.15	4.10	4.06	4.00	3.94	3.87	3.84	3.81	3.77	3.74	3.70	3.67
7	5.59	4.74	4.35	4.12	3.97	3.87	3.79	3.73	3.68	3.64	3.57	3.51	3.44	3.41	3.38	3.34	3.30	3.27	3.23
8	5.32	4.46	4.07	3.84	3.69	3.58	3.50	3.44	3.39	3.35	3.28	3.22	3.15	3.12	3.08	3.04	3.01	2.97	2.93
9	5.12	4.26	3.86	3.63	3.48	3.37	3.29	3.23	3.18	3.14	3.07	3.01	2.94	2.90	2.86	2.83	2.79	2.75	2.71

续表

n_2 \ n_1	1	2	3	4	5	6	7	8	9	10	12	15	20	24	30	40	60	120	∞
10	4.96	4.10	3.71	3.48	3.33	3.22	3.14	3.07	3.02	2.98	2.91	2.85	2.77	2.74	2.70	2.66	2.62	2.58	2.54
11	4.84	3.98	3.59	3.36	3.20	3.09	3.01	2.95	2.90	2.85	2.79	2.72	2.65	2.61	2.57	2.53	2.49	2.45	2.40
12	4.75	3.89	3.49	3.26	3.11	3.00	2.91	2.85	2.80	2.75	2.69	2.62	2.54	2.51	2.47	2.43	2.38	2.34	2.30
13	4.67	3.81	3.41	3.18	3.03	2.92	2.83	2.77	2.71	2.67	2.60	2.53	2.46	2.42	2.38	2.34	2.30	2.25	2.21
14	4.60	3.74	3.34	3.11	2.96	2.85	2.76	2.70	2.65	2.60	2.53	2.46	2.39	2.35	2.31	2.27	2.22	2.18	2.13
15	4.54	3.68	3.29	3.06	2.90	2.79	2.71	2.64	2.59	2.54	2.48	2.40	2.33	2.29	2.25	2.20	2.16	2.11	2.07
16	4.49	3.63	3.24	3.01	2.85	2.74	2.66	2.59	2.54	2.49	2.42	2.35	2.28	2.24	2.19	2.15	2.11	2.06	2.01
17	4.45	3.59	3.20	2.96	2.81	2.70	2.61	2.55	2.49	2.45	2.38	2.31	2.23	2.19	2.15	2.10	2.06	2.01	1.96
18	4.41	3.55	3.16	2.93	2.77	2.66	2.58	2.51	2.46	2.41	2.34	2.27	2.19	2.15	2.11	2.06	2.02	1.97	1.92
19	4.38	3.52	3.13	2.90	2.74	2.63	2.54	2.48	2.42	2.38	2.31	2.23	2.16	2.11	2.07	2.03	1.98	1.93	1.88
20	4.35	3.49	3.10	2.87	2.71	2.60	2.51	2.45	2.39	2.35	2.28	2.20	2.12	2.08	2.04	1.99	1.95	1.90	1.84
21	4.32	3.47	3.07	2.84	2.68	2.57	2.49	2.42	2.37	2.32	2.25	2.18	2.10	2.05	2.01	1.96	1.92	1.87	1.81
22	4.30	3.44	3.05	2.82	2.66	2.55	2.46	2.40	2.34	2.30	2.23	2.15	2.07	2.03	1.98	1.94	1.89	1.84	1.78
23	4.28	3.42	3.03	2.80	2.64	2.53	2.44	2.37	2.32	2.27	2.20	2.13	2.05	2.01	1.96	1.91	1.86	1.81	1.76
24	4.26	3.40	3.01	2.78	2.62	2.51	2.42	2.36	2.30	2.25	2.18	2.11	2.03	1.98	1.94	1.89	1.84	1.79	1.73
25	4.24	3.39	2.99	2.76	2.60	2.49	2.40	2.34	2.28	2.24	2.16	2.09	2.01	1.96	1.92	1.87	1.82	1.77	1.71
26	4.23	3.37	2.98	2.74	2.59	2.47	2.39	2.32	2.27	2.22	2.15	2.07	1.99	1.95	1.90	1.85	1.80	1.75	1.69
27	4.21	3.35	2.96	2.73	2.57	2.46	2.37	2.31	2.25	2.20	2.13	2.06	1.97	1.93	1.88	1.84	1.79	1.73	1.67
28	4.20	3.34	2.95	2.71	2.56	2.45	2.36	2.29	2.24	2.19	2.12	2.04	1.96	1.91	1.87	1.82	1.77	1.71	1.65
29	4.18	3.33	2.93	2.70	2.55	2.43	2.35	2.28	2.22	2.18	2.10	2.03	1.94	1.90	1.85	1.81	1.75	1.70	1.64
30	4.17	3.32	2.92	2.69	2.53	2.42	2.33	2.27	2.21	2.16	2.09	2.01	1.93	1.89	1.84	1.79	1.74	1.68	1.62
40	4.08	3.23	2.84	2.61	2.45	2.34	2.25	2.18	2.12	2.08	2.00	1.92	1.84	1.79	1.74	1.69	1.64	1.58	1.51
60	4.00	3.15	2.76	2.53	2.37	2.25	2.17	2.10	2.04	1.99	1.92	1.84	1.75	1.70	1.65	1.59	1.53	1.47	1.39
120	3.92	3.07	2.68	2.45	2.29	2.17	2.09	2.02	1.96	1.91	1.83	1.75	1.66	1.61	1.55	1.50	1.43	1.35	1.25
∞	3.84	3.00	2.60	2.37	2.21	2.10	2.01	1.94	1.88	1.83	1.75	1.67	1.57	1.52	1.46	1.39	1.32	1.22	1.00

$n=0.025$

1	647.8	799.5	864.2	899.6	921.8	937.1	948.2	956.7	963.3	968.6	976.7	984.9	993.1	997.2	1001	1006	1010	1014	1018
2	38.51	39.00	39.17	39.25	39.30	39.33	39.36	39.37	39.39	39.40	39.41	39.43	39.45	39.46	39.46	39.47	39.48	39.49	39.50
3	17.44	16.04	15.44	15.10	14.88	14.73	14.62	14.54	14.47	14.42	14.34	14.25	14.17	14.12	14.08	14.04	13.99	13.95	13.90
4	12.22	10.65	9.98	9.60	9.36	9.20	9.07	8.98	8.90	8.84	8.75	8.66	8.56	8.51	8.46	8.41	8.36	8.31	8.26
5	10.01	8.43	7.76	7.39	7.15	6.98	6.85	6.76	6.68	6.62	6.52	6.43	6.33	6.28	6.23	6.18	6.12	6.07	6.02
6	8.81	7.26	6.60	6.23	5.99	5.82	5.70	5.60	5.52	5.46	5.37	5.27	5.17	5.12	5.07	5.01	4.96	4.90	4.85
7	8.07	6.54	5.89	5.52	5.29	5.12	4.99	4.90	4.82	4.76	4.67	4.57	4.47	4.42	4.36	4.31	4.25	4.20	4.14
8	7.57	6.06	5.42	5.05	4.82	4.65	4.53	4.43	4.36	4.30	4.20	4.10	4.00	3.95	3.89	3.84	3.78	3.73	3.67
9	7.21	5.71	5.08	4.72	4.48	4.32	4.20	4.10	4.03	3.96	3.87	3.77	3.67	3.61	3.56	3.51	3.45	3.39	3.33
10	6.94	5.46	4.83	4.47	4.24	4.07	3.95	3.85	3.78	3.72	3.62	3.52	3.42	3.37	3.31	3.26	3.20	3.14	3.08
11	6.72	5.26	4.63	4.28	4.04	3.88	3.76	3.66	3.59	3.53	3.43	3.33	3.23	3.17	3.12	3.06	3.00	2.94	2.88
12	6.55	5.10	4.47	4.12	3.89	3.73	3.61	3.51	3.44	3.37	3.28	3.18	3.07	3.02	2.96	2.91	2.85	2.79	2.72
13	6.41	4.97	4.35	4.00	3.77	3.60	3.48	3.39	3.31	3.25	3.15	3.05	2.95	2.89	2.84	2.78	2.72	2.66	2.60
14	6.30	4.86	4.24	3.89	3.66	3.50	3.38	3.29	3.21	3.15	3.05	2.95	2.84	2.79	2.73	2.67	2.61	2.55	2.49
15	6.20	4.77	4.15	3.80	3.58	3.41	3.29	3.20	3.12	3.06	2.96	2.86	2.76	2.70	2.64	2.59	2.52	2.46	2.40
16	6.12	4.69	4.08	3.73	3.50	3.34	3.22	3.12	3.05	2.99	2.89	2.79	2.68	2.63	2.57	2.51	2.45	2.38	2.32
17	6.04	4.62	4.01	3.66	3.44	3.28	3.16	3.06	2.98	2.92	2.82	2.72	2.62	2.56	2.50	2.44	2.38	2.32	2.25
18	5.98	4.56	3.95	3.61	3.38	3.22	3.10	3.01	2.93	2.87	2.77	2.67	2.56	2.50	2.44	2.38	2.32	2.26	2.19
19	5.92	4.51	3.90	3.56	3.33	3.17	3.05	2.96	2.88	2.82	2.72	2.62	2.51	2.45	2.39	2.33	2.27	2.20	2.13
20	5.87	4.46	3.86	3.51	3.29	3.13	3.01	2.91	2.84	2.77	2.68	2.57	2.46	2.41	2.35	2.29	2.22	2.16	2.09
21	5.83	4.42	3.82	3.48	3.25	3.09	2.97	2.87	2.80	2.73	2.64	2.53	2.42	2.37	2.31	2.25	2.18	2.11	2.04
22	5.79	4.38	3.78	3.44	3.22	3.05	2.93	2.84	2.76	2.70	2.60	2.50	2.39	2.33	2.27	2.21	2.14	2.08	2.00
23	5.75	4.35	3.75	3.41	3.18	3.02	2.90	2.81	2.73	2.67	2.57	2.47	2.36	2.30	2.24	2.18	2.11	2.04	1.97
24	5.72	4.32	3.72	3.38	3.15	2.99	2.87	2.78	2.70	2.64	2.54	2.44	2.33	2.27	2.21	2.15	2.08	2.01	1.94

续表

n_2 \ n_1	1	2	3	4	5	6	7	8	9	10	12	15	20	24	30	40	60	120	∞
25	5.69	4.29	3.69	3.35	3.13	2.97	2.85	2.75	2.68	2.61	2.51	2.41	2.30	2.24	2.18	2.12	2.05	1.98	1.91
26	5.66	4.27	3.67	3.33	3.10	2.94	2.82	2.73	2.65	2.59	2.49	2.39	2.28	2.22	2.16	2.09	2.03	1.95	1.83
27	5.63	4.24	3.65	3.31	3.08	2.92	2.80	2.71	2.63	2.57	2.47	2.36	2.25	2.19	2.13	2.07	2.00	1.93	1.85
28	5.61	4.22	3.63	3.29	3.06	2.90	2.78	2.69	2.61	2.55	2.45	2.34	2.23	2.17	2.11	2.05	1.98	1.91	1.83
29	5.59	4.20	3.61	3.27	3.04	2.88	2.76	2.67	2.59	2.53	2.43	2.32	2.21	2.15	2.09	2.03	1.96	1.89	1.81
30	5.57	4.18	3.59	3.25	3.03	2.87	2.75	2.65	2.57	2.51	2.41	2.31	2.20	2.14	2.07	2.01	1.94	1.87	1.79
40	5.42	4.05	3.46	3.13	2.90	2.74	2.62	2.53	2.45	2.39	2.29	2.18	2.07	2.01	1.94	1.88	1.80	1.72	1.64
60	5.29	3.93	3.34	3.01	2.79	2.63	2.51	2.41	2.33	2.27	2.17	2.06	1.94	1.88	1.82	1.74	1.67	1.58	1.48
120	5.15	3.80	3.23	2.89	2.67	2.52	2.39	2.30	2.22	2.16	2.05	1.94	1.82	1.76	1.69	1.61	1.53	1.43	1.31
∞	5.02	3.69	3.12	2.79	2.57	2.41	2.29	2.19	2.11	2.05	1.94	1.83	1.71	1.64	1.57	1.48	1.39	1.27	1.00

$\alpha=0.01$

1	4052	4999.5	5403	5625	5764	5859	5928	5982	6022	6056	6106	6157	6209	6235	6261	6287	6313	6339	6366
2	98.50	99.00	99.17	99.25	99.30	99.33	99.36	99.37	99.39	99.40	99.42	99.43	99.45	99.46	99.47	99.47	99.48	99.49	99.50
3	34.12	30.82	29.46	28.71	28.24	27.91	27.67	27.49	27.35	27.23	27.05	26.87	26.69	26.60	26.50	26.41	26.32	26.22	26.13
4	21.20	18.00	16.69	15.98	15.52	15.21	14.98	14.80	14.66	14.55	14.37	14.20	14.02	13.93	13.84	13.75	13.65	13.56	13.46
5	16.26	13.27	12.06	11.39	10.97	10.67	10.46	10.29	10.16	10.05	9.89	9.72	9.55	9.47	9.38	9.29	9.20	9.11	9.02
6	13.75	10.92	9.78	9.15	8.75	8.47	8.26	8.10	7.98	7.87	7.72	7.56	7.40	7.31	7.23	7.14	7.06	6.97	6.88
7	12.25	9.55	8.45	7.85	7.46	7.19	6.99	6.84	6.72	6.62	6.47	6.31	6.16	6.07	5.99	5.91	5.82	5.74	5.65
8	11.26	8.65	7.59	7.01	6.63	6.37	6.18	6.03	5.91	5.81	5.67	5.52	5.36	5.28	5.20	5.12	5.03	4.95	4.86
9	10.56	8.02	6.99	6.42	6.06	5.80	5.61	5.47	5.35	5.26	5.11	4.96	4.81	4.73	4.65	4.57	4.48	4.40	4.31

$\alpha=0.01$

10	10.04	7.56	6.55	5.99	5.64	5.39	5.20	5.06	4.94	4.85	4.71	4.56	4.41	4.33	4.25	4.17	4.08	4.00	3.91
11	9.65	7.21	6.22	5.67	5.32	5.07	4.89	4.74	4.63	4.54	4.40	4.25	4.10	4.02	3.94	3.86	4.78	3.69	3.60
12	9.33	6.93	5.95	5.41	5.06	4.82	4.64	4.50	4.39	4.30	4.16	4.01	3.86	3.78	3.70	3.62	3.54	3.45	3.36
13	9.07	6.70	5.74	5.21	4.86	4.62	4.44	4.30	4.19	4.10	3.96	3.82	3.66	3.59	3.51	3.43	3.34	3.25	3.17
14	8.86	6.51	5.56	5.04	4.69	4.46	4.28	4.14	4.03	3.94	3.80	3.66	3.51	3.43	3.35	3.27	3.18	3.09	3.00
15	8.68	6.36	5.42	4.89	4.56	4.32	4.14	4.00	3.89	3.80	3.67	3.52	3.37	3.29	3.21	3.13	3.05	2.96	2.87
16	8.53	6.23	5.29	4.77	4.44	4.20	4.03	3.89	3.78	3.69	3.55	3.41	3.26	3.18	3.10	3.02	2.93	2.84	2.75
17	8.40	6.11	5.18	4.67	4.34	4.10	3.93	3.79	3.68	3.59	3.46	3.31	3.16	3.08	3.00	2.92	2.83	2.75	2.65
18	8.29	6.01	5.09	4.58	4.25	4.01	3.84	3.71	3.60	3.51	3.37	3.23	3.08	3.00	2.92	2.84	2.75	2.66	2.57
19	8.18	5.93	5.01	4.50	4.17	3.94	3.77	3.63	3.52	3.43	3.30	3.15	3.00	2.92	2.84	2.76	2.67	2.58	2.49
20	8.10	5.85	4.94	4.43	4.10	3.87	3.70	3.56	3.46	3.37	3.23	3.09	2.94	2.86	2.78	2.69	2.61	2.52	2.42
21	8.02	5.78	4.87	4.37	4.04	3.81	3.64	3.51	3.40	3.31	3.17	3.03	2.88	2.80	2.72	2.64	2.55	2.46	2.36
22	7.95	5.72	4.82	4.31	3.99	3.76	3.59	3.45	3.35	3.26	3.12	2.98	2.83	2.75	2.67	2.58	2.50	2.40	2.31
23	7.88	5.66	4.76	4.26	3.94	3.71	3.54	3.41	3.30	3.21	3.07	2.93	2.78	2.70	2.62	2.54	2.45	2.35	2.26
24	7.82	5.61	4.72	4.22	3.90	3.67	3.50	3.36	3.26	3.17	3.03	2.89	2.74	2.66	2.58	2.49	2.40	2.31	2.21
25	7.77	5.57	4.68	4.18	3.85	3.63	3.46	3.32	3.22	3.13	2.99	2.85	2.70	2.62	2.54	2.45	2.36	2.27	2.17
26	7.72	5.53	4.64	4.14	3.82	3.59	3.42	3.29	3.18	3.09	2.96	2.81	2.66	2.58	2.50	2.42	2.33	2.23	2.13
27	7.68	5.49	4.60	4.11	3.78	3.56	3.39	3.26	3.15	3.06	2.93	2.78	2.63	2.55	2.47	2.38	2.29	2.20	2.10
28	7.64	5.45	4.57	4.07	3.75	3.53	3.36	3.23	3.12	3.03	2.90	2.75	2.60	2.52	2.44	2.35	2.26	2.17	2.06
29	7.60	5.42	4.54	4.04	3.73	3.50	3.33	3.20	3.09	3.00	2.87	2.73	2.57	2.49	2.41	2.33	2.23	2.14	2.03
30	7.56	5.39	4.51	4.02	3.70	3.47	3.30	3.17	3.07	2.98	2.84	2.70	2.55	2.47	2.39	2.30	2.21	2.11	2.01
40	7.31	5.18	4.31	3.83	3.51	3.29	3.12	2.99	2.89	2.80	2.66	2.52	2.37	2.29	2.20	2.11	2.02	1.92	1.80
60	7.08	4.98	4.13	3.65	3.34	3.12	2.95	2.82	2.72	2.63	2.50	2.35	2.20	2.12	2.03	1.94	1.84	1.73	1.60
120	6.85	4.79	3.95	3.48	3.17	2.96	2.79	2.66	2.56	2.47	2.34	2.19	2.03	1.95	1.86	1.76	1.66	1.53	1.38
∞	6.63	4.61	3.78	3.32	3.02	2.80	2.64	2.51	2.41	2.32	2.18	2.04	1.88	1.79	1.70	1.59	1.47	1.32	1.00

续表

$\alpha=0.005$

n_2 \ n_1	1	2	3	4	5	6	7	8	9	10	12	15	20	24	30	40	60	120	∞
1	16211	20000	21615	22500	23056	23437	23715	23925	24091	24224	24426	24630	24836	24940	25044	25148	25253	25359	25465
2	198.5	199.0	199.2	199.2	199.3	199.3	199.4	199.4	199.4	199.4	199.4	199.4	199.4	199.5	199.5	199.5	199.5	199.5	199.5
3	55.55	49.80	47.47	46.19	45.39	44.84	44.43	44.13	43.88	43.69	43.39	43.08	42.78	42.62	42.47	42.31	42.15	41.99	41.83
4	31.33	26.28	24.26	23.15	22.46	21.97	21.62	21.35	21.14	20.97	20.70	20.44	20.17	20.03	19.89	19.75	19.61	19.47	19.32
5	22.78	18.31	16.53	15.56	14.94	14.51	14.02	13.96	13.77	13.62	13.38	13.15	12.90	12.78	12.66	12.53	12.40	12.27	12.14
6	18.63	14.54	12.92	12.03	11.46	11.07	10.79	10.57	10.39	10.25	10.03	9.81	9.59	9.47	9.36	9.24	9.12	9.00	8.88
7	16.24	12.40	10.88	10.05	9.52	9.16	8.89	8.68	8.51	8.38	8.18	7.97	7.75	7.65	7.53	7.42	7.31	7.19	7.08
8	14.69	11.04	9.60	8.81	8.30	7.95	7.69	7.50	7.34	7.21	7.01	6.81	6.61	6.50	6.40	6.29	6.18	6.06	5.95
9	13.61	10.11	8.72	7.96	7.47	7.13	6.88	6.69	6.54	6.42	6.23	6.03	5.83	5.73	5.62	5.52	5.41	5.30	5.19
10	12.83	9.43	8.08	7.34	6.87	6.54	6.30	6.12	5.97	5.85	5.66	5.47	5.27	5.17	5.07	4.97	4.86	4.75	4.64
11	12.23	8.91	7.60	6.88	6.42	6.10	5.86	5.68	5.54	5.42	5.24	5.05	4.86	4.76	4.65	4.55	4.44	4.34	4.23
12	11.75	8.51	7.23	6.52	6.07	5.76	5.52	5.35	5.20	5.09	4.91	4.72	4.53	4.43	4.33	4.23	4.12	4.01	3.90
13	11.37	8.19	6.93	6.23	5.79	5.48	5.25	5.08	4.94	4.82	4.64	4.46	4.27	4.17	4.07	3.97	3.87	3.76	3.65
14	11.06	7.92	6.68	6.00	5.56	5.26	5.03	4.86	4.72	4.60	4.43	4.25	4.06	3.96	3.86	3.76	3.66	3.55	3.44
15	10.80	7.70	6.48	5.80	5.37	5.07	4.85	4.67	4.54	4.42	4.25	4.07	3.88	3.79	3.69	3.58	3.48	3.37	3.26
16	10.58	7.51	6.30	5.64	5.21	4.91	4.69	4.52	4.38	4.27	4.10	3.92	3.73	3.64	3.54	3.44	3.33	3.22	3.11
17	10.38	7.35	6.16	5.50	5.07	4.78	4.56	4.39	4.25	4.14	3.97	3.79	3.61	3.51	3.41	3.31	3.21	3.10	2.98
18	10.22	7.21	6.03	5.37	4.96	4.66	4.44	4.28	4.14	4.03	3.86	3.68	3.50	3.40	3.30	3.20	3.10	2.99	2.87
19	10.07	7.09	5.92	5.27	4.85	4.56	4.34	4.18	4.04	3.93	3.76	3.59	3.40	3.31	3.21	3.11	3.00	2.89	2.78
20	9.94	6.99	5.82	5.17	4.76	4.47	4.26	4.09	3.96	3.85	3.68	3.50	3.32	3.22	3.12	3.02	2.92	2.81	2.69
21	9.83	6.89	5.73	5.09	4.68	4.39	4.18	4.01	3.88	3.77	3.60	3.43	3.24	3.15	3.05	2.95	2.84	2.73	2.61
22	9.73	6.81	5.65	5.02	4.61	4.38	4.11	3.94	3.81	3.70	3.54	3.36	3.18	3.08	2.98	2.88	2.77	2.66	2.55
23	9.63	6.73	5.58	4.95	4.54	4.26	4.05	3.88	3.75	3.64	3.47	3.30	3.12	3.02	2.92	2.82	2.71	2.60	2.48
24	9.55	6.66	5.52	4.89	4.49	4.20	3.99	3.83	3.69	3.59	3.42	3.25	3.06	2.97	2.87	2.77	2.66	2.55	2.43

25	9.48	6.60	5.46	4.84	4.43	4.15	3.94	3.78	3.64	3.54	3.37	3.20	3.01	2.92	2.82	2.72	2.61	2.50	2.38
26	9.41	6.54	5.41	4.79	4.38	4.10	3.89	3.73	3.60	3.49	3.33	3.15	2.97	2.87	2.77	2.67	2.56	2.45	2.33
27	9.34	6.49	5.36	4.74	4.34	4.06	3.85	3.69	3.56	3.45	3.28	3.11	2.93	2.83	2.73	2.63	2.52	2.41	2.29
28	9.28	6.44	5.32	4.70	4.30	4.02	3.81	3.65	3.52	3.41	3.25	3.07	2.89	2.79	2.69	2.59	2.48	2.37	2.25
29	9.23	6.40	5.28	4.66	4.26	3.98	3.77	3.61	3.48	3.38	3.21	3.04	2.86	2.76	2.66	2.56	2.45	2.33	2.21
30	9.18	6.35	5.24	4.62	4.23	3.95	3.74	3.58	3.45	3.34	3.18	3.01	2.82	2.73	2.63	2.52	2.42	2.30	2.18
40	8.83	6.07	4.98	4.37	3.99	3.71	3.51	3.35	3.22	3.12	2.95	2.78	2.60	2.50	2.40	2.30	2.18	2.96	1.93
60	8.49	5.79	4.73	4.14	3.76	3.49	3.29	3.13	3.01	2.90	2.74	2.57	2.39	2.29	2.19	2.08	1.96	1.83	1.69
120	8.18	5.54	4.50	3.92	3.55	3.28	3.09	2.93	2.81	2.71	2.54	2.37	2.19	2.09	1.98	1.87	1.75	1.61	1.43
∞	7.88	5.30	4.28	3.72	3.35	3.09	2.90	2.74	2.62	2.52	2.36	2.19	2.00	1.90	1.79	1.67	1.53	1.36	1.00

$\alpha=0.001$

1	4053⁺	5000⁺	5404⁺	5625⁺	5764⁺	5859⁺	5929⁺	5981⁺	6023⁺	6056⁺	6107⁺	6158⁺	6209⁺	6235⁺	6261⁺	6287⁺	6313⁺	6340⁺	6366⁺
2	998.5	999.0	999.2	999.2	999.3	999.3	999.4	999.4	999.4	999.4	999.4	999.4	999.4	999.5	999.5	999.5	999.5	999.5	999.5
3	167.0	148.5	141.1	137.1	134.6	132.8	131.6	130.6	129.9	129.2	128.3	127.4	126.4	125.9	125.4	125.0	124.5	124.0	123.5
4	74.14	61.25	56.18	53.44	51.71	50.53	49.66	49.00	48.47	48.05	47.41	46.76	46.10	45.77	45.43	45.09	44.75	44.40	44.05
5	47.18	37.12	33.20	31.09	29.75	28.84	28.16	27.64	27.24	26.92	26.42	25.91	25.39	25.14	24.87	24.60	24.33	24.06	23.79
6	35.51	27.00	23.70	21.92	20.81	20.03	19.46	19.03	18.69	18.41	17.99	17.56	17.12	16.89	16.67	16.44	16.21	15.99	15.75
7	29.25	21.69	18.77	17.19	16.21	15.52	15.02	14.63	14.33	14.08	13.71	13.32	12.93	12.73	12.53	12.33	12.12	11.91	11.70
8	25.42	18.49	15.83	14.39	13.49	12.86	12.40	12.04	11.77	11.54	11.19	10.84	10.48	10.30	10.11	9.92	9.73	9.53	9.33
9	22.86	16.39	13.90	12.56	11.71	11.13	10.70	10.37	10.11	9.89	9.57	9.24	8.90	8.72	8.55	8.37	8.19	8.00	7.81

续表

n_2 \ n_1	1	2	3	4	5	6	7	8	9	10	12	15	20	24	30	40	60	120	∞
10	21.04	14.91	12.55	11.28	10.48	9.92	9.52	9.20	8.96	8.57	8.45	8.13	7.80	7.64	7.47	7.30	7.12	6.94	6.76
11	19.69	13.81	11.56	10.35	9.58	9.05	8.66	8.35	8.12	7.92	7.63	7.32	7.01	6.85	6.68	6.52	6.35	6.17	6.00
12	18.64	12.97	10.80	9.63	8.89	8.38	8.00	7.71	7.48	7.29	7.00	6.71	6.40	6.25	6.09	5.93	5.76	5.59	5.42
13	17.81	12.31	10.21	9.07	8.35	7.86	7.49	7.21	6.98	6.80	6.52	6.23	5.93	5.78	5.63	5.47	5.30	5.14	4.97
14	17.14	11.78	9.73	8.62	7.92	7.43	7.08	6.80	6.58	6.40	6.13	5.85	5.56	5.41	5.25	5.10	4.94	4.77	4.60
15	16.59	11.34	9.34	8.25	7.57	7.09	6.74	6.47	6.26	6.08	5.81	5.54	5.25	5.10	4.95	4.80	4.64	4.47	4.31
16	16.12	10.97	9.00	7.94	7.27	6.81	6.46	6.19	5.98	5.81	5.55	5.27	4.99	4.85	4.70	4.54	4.39	4.23	4.06
17	15.72	10.66	8.73	7.68	7.02	6.56	6.22	5.96	5.75	5.58	5.32	5.05	4.78	4.63	4.48	4.33	4.18	4.02	3.85
18	15.38	10.39	8.49	7.46	6.81	6.35	6.02	5.76	5.56	5.39	5.13	4.87	4.59	4.45	4.30	4.15	4.00	3.84	3.67
19	15.08	10.16	8.28	7.26	6.62	6.18	5.85	5.59	5.39	5.22	4.97	4.70	4.43	4.29	4.14	3.99	3.84	3.68	3.51
20	14.82	9.95	8.10	7.10	6.46	6.02	5.69	5.44	5.24	5.08	4.82	4.56	4.29	4.15	4.00	3.86	3.70	3.54	3.38
21	14.59	9.77	7.94	6.95	6.32	5.88	5.56	5.31	5.11	4.95	4.70	4.44	4.17	4.03	3.88	3.74	3.58	3.42	3.26
22	14.38	9.61	7.80	6.81	6.19	5.76	5.44	5.19	4.99	4.83	4.58	4.33	4.06	3.92	3.78	3.63	3.48	3.32	3.15
23	14.19	9.47	7.67	6.69	6.08	5.65	5.33	5.09	4.89	4.73	4.48	4.23	3.96	3.82	3.68	3.53	3.38	3.22	3.05
24	14.03	9.34	7.55	6.59	5.98	5.55	5.23	4.99	4.80	4.64	4.39	4.14	3.87	3.74	3.59	3.45	3.29	3.14	2.97
25	13.88	9.22	7.45	6.49	5.88	5.46	5.15	4.91	4.71	4.56	4.31	4.06	3.79	3.66	3.52	3.37	3.22	3.06	2.89
26	13.74	9.12	7.36	6.41	5.80	5.38	5.07	4.83	4.64	4.48	4.24	3.99	3.72	3.59	3.44	3.30	3.15	2.99	2.82
27	13.61	9.02	7.27	6.33	5.73	5.31	5.00	4.76	4.57	4.41	4.17	3.92	3.66	3.52	3.38	3.23	3.08	2.92	2.75
28	13.50	8.93	7.19	6.25	5.66	5.24	4.93	4.69	4.50	4.35	4.11	3.86	3.60	3.46	3.32	3.18	3.02	2.86	2.69
29	13.39	8.85	7.12	6.19	5.59	5.18	4.87	4.64	4.45	4.29	4.05	3.80	3.54	3.41	3.27	3.12	2.97	2.81	2.64
30	13.29	8.77	7.05	6.12	5.53	5.12	4.82	4.58	4.39	4.24	4.00	3.75	3.49	3.36	3.22	3.07	2.92	2.76	2.59
40	12.61	8.25	6.60	5.70	5.13	4.73	4.44	4.21	4.02	3.87	3.64	3.40	3.15	3.01	2.87	2.73	2.57	2.41	2.23
60	11.97	7.76	6.17	5.31	4.76	4.37	4.09	3.87	3.69	3.54	3.31	3.08	2.83	2.69	2.55	2.41	2.25	2.08	1.89
120	11.38	7.32	5.79	4.95	4.42	4.04	3.77	3.55	3.38	3.24	3.02	2.78	2.53	2.40	2.26	2.11	1.95	1.76	1.54
∞	10.83	6.91	5.42	4.62	4.10	3.74	3.47	3.27	3.10	2.96	2.74	2.51	2.27	2.13	1.99	1.84	1.66	1.45	1.00

＋表示要将所列数乘以 100。